Emergency Drill Design and Practice

应急演练
设计与推演

王飞 郑晓翠 李鑫 房龄航 编著

清华大学出版社
北京

内 容 简 介

本书对应急演练领域的知识、方法和工具进行了系统的整理和总结，对应急演练的规划、设计、准备、实施、评估、改进等全流程进行了完整的介绍，并以一则典型安全生产事故引发多起次生衍生事件为例，详细阐述了演练方法和工具的具体应用，书中提供了大量中外政府部门应急演练实例，指导读者将知识串联起来，实现自主设计和组织一个专业的演练活动。此外针对专业教学需求，本书详细介绍了一套创新的应急演练桌面游戏，以卡牌和地图为道具，采取团队配合的回合制模式实现特定突发事件的推演，确保专业性与趣味性并存。本书注重理论与实践相结合，突出实用性和可操作性，可作为高等院校开展安全科学与工程、应急管理等学科专业教学，或政府部门、社会企事业单位中应急管理相关的机构开展演练培训的参考教材。

版权所有，侵权必究。举报：010-62782989，beiqinquan@tup.tsinghua.edu.cn。

图书在版编目(CIP)数据

应急演练设计与推演/王飞等编著.—北京：清华大学出版社，2020.4（2025.1重印）
ISBN 978-7-302-55208-6

Ⅰ.①应… Ⅱ.①王… Ⅲ.①突发事件－处理－研究 Ⅳ.①D035.34

中国版本图书馆 CIP 数据核字(2020)第 050406 号

责任编辑：许　龙
封面设计：郑晓翠
责任校对：赵丽敏
责任印制：刘海龙

出版发行：清华大学出版社
　　　　网　　址：https://www.tup.com.cn，https://www.wqxuetang.com
　　　　地　　址：北京清华大学学研大厦 A 座　　邮　　编：100084
　　　　社 总 机：010-83470000　　邮　　购：010-62786544
　　　　投稿与读者服务：010-62776969，c-service@tup.tsinghua.edu.cn
　　　　质量反馈：010-62772015，zhiliang@tup.tsinghua.edu.cn
印 装 者：三河市科茂嘉荣印务有限公司
经　　销：全国新华书店
开　　本：185mm×230mm　　印　张：13.75　　插　页：2　　字　数：286 千字
版　　次：2020 年 6 月第 1 版　　印　次：2025 年 1 月第 4 次印刷
定　　价：45.00 元

产品编号：087326-01

前言

应急演练是应急管理的重要组成部分，是推进应急管理体系和能力现代化的工作举措之一，对于提高政府、基层单位应急能力，增强公众公共安全意识，提升社会责任意识和自救互救能力都具有重要意义。无论是应急管理体制机制的设置与磨合、应急预案的编制与实施、应急装备的调度与应用、应急资源的部署，还是应急队伍能力的培养，都需要通过专业化、系统化、多样化的演练，才能满足突发事件应急响应过程中的实际需求。

一个好的演练设计应能够提供更真实的事件体系和演练场景，聚焦更关键的应急能力，挖掘更深层次的问题。然而实际的演练中，由于缺乏专业知识，演练的规划和实施往往依赖组织者的经验，或者上级部门的指示，常导致参演者仅关心自己演什么，缺乏全局的理解；组织者仅关心演练流程的完成，缺乏动态环节的导调；观摩者仅关心是否符合演练脚本，缺乏全方位的评价，这些情况会导致演练效果大打折扣。

本书对应急演练领域的知识、方法和工具进行了系统的整理和总结，并结合作者在清华大学开设的同名课程的教学经验，希望能为政府部门、社会企事业单位组织与开展应急演练提供一个清晰的、完整的思路，辅助其完成演练规划、设计、准备、实施、评估、总结、改进等全流程。书中第一章介绍了开展应急演练需要具备的背景知识。第二章介绍了应急演练的发展历史和国内外现状。第三章至第五章介绍了应急演练相关的理论方法和工具表单。第六章以一则校园典型突发事件为例，详细阐述了相关方法和工具的具体应用，指导读者将理论知识串联起来。同时，笔者团队自主研发了一套创新的应急演练桌面游戏，并在第七章详细介绍了游戏的规则和流程。该游戏将应急演练过程中的重要元素抽象提炼，结合卡牌、地图等工具，采取团队配合的回合制模式实现特定突发事件的推演，确保专业性与趣味性并存。该游戏已通过了多轮的测试完善，并在实际教学中得到广泛好评，非常欢迎各院校师生使用并提出宝贵意见。此外，本书附录提供了部分国内外演练实例，供读者参考。

非常感谢清华大学深圳国际研究生院对安全工程学科专业课程建设的一贯支持，感谢清华大学公共安全研究院、广东省应急平台技术研究中心的研究人员在本书编写过程中给予的建议，感谢郑亮、刘彬彬、徐伟涛对数据整理、稿件校对等付出的努力，感谢姜文宇、章腾飞、洪吉飞、李子浩、吴龙等参与了应急演练桌面游戏的测试和改进。感谢国家重点研发项目"典型灾害模型构建与管理技术"(2016YFC0803107)、广东省重点领域研发计划项目"多灾种耦合和灾害事件链综合监测预警关键技术及装备的研发与示范"(2019B111104001)、深圳市学科布局项目"城市综合场景混合火灾建模方法与VR智能推演研究"(JCYJ20180508152055235)对本书出版的资助。特别感谢清华大学出版社对本书出版的大力支持。

由于水平有限,书中难免有疏漏之处,恳请读者不吝指正。

作者

2020年1月于深圳

目 录

第一章　应急演练概论　/1

第一节　突发事件 …………………………………………………… 1
一、公共安全三角形理论模型 …………………………………… 1
二、突发事件定义与特征 ………………………………………… 3
三、突发事件的分类分级 ………………………………………… 5
四、突发事件的链式效应 ………………………………………… 6

第二节　应急管理 …………………………………………………… 7
一、应急管理发展 ………………………………………………… 8
二、应急管理体系建设 …………………………………………… 12

第三节　应急演练 …………………………………………………… 16
一、应急演练的定义和目的 ……………………………………… 16
二、应急演练的基本要求 ………………………………………… 17
三、应急演练的分类 ……………………………………………… 18
四、应急演练的系统要素 ………………………………………… 20
五、应急演练的过程 ……………………………………………… 21

第二章　应急演练的发展与国内外现状　/23

第一节　应急演练的发展历史 ……………………………………… 23

第二节　应急演练的国内外现状 …………………………………… 27
一、美国应急演练现状 …………………………………………… 27
二、日本应急演练现状 …………………………………………… 32
三、英国应急演练现状 …………………………………………… 33
四、我国应急演练现状 …………………………………………… 35

第三章　应急演练规划与设计　　/39

第一节　应急演练规划 … 39
一、确立演练组织方 … 39
二、梳理演练需求 … 40
三、明确演练目的 … 41
四、确定演练范围 … 43
五、设定演练目标 … 43
六、制定演练规划 … 44

第二节　应急演练设计 … 45
一、设计演练情景 … 45
二、设计演练流程 … 47
三、制定评估方案 … 51
四、编写演练手册 … 52
五、形成演练方案 … 53

第四章　应急演练准备与实施　　/55

第一节　应急演练准备 … 55
第二节　应急演练实施 … 58
一、应急演练角色 … 58
二、应急演练实施流程 … 61

第五章　应急演练评估与改进　　/66

第一节　应急演练的评估流程 … 66
一、评估准备阶段 … 66
二、评估实施阶段 … 74
三、评估总结阶段 … 76

第二节　演练总结及后继任务 … 77
一、应急演练总结 … 77
二、后继任务 … 77

第六章　基于脚本的桌面应急推演　　/78

第一节　桌面演练概论 … 78

第二节　基于脚本的桌面应急演练设计实例 ················· 81
　　　一、演练规划与设计 ················· 81
　　　二、演练准备 ················· 89
　　　三、演练实施 ················· 90
　　　四、演练评估 ················· 93
　　第三节　拓展练习 ················· 98

第七章　基于桌面游戏的应急推演　/99

　　第一节　应急演练桌面游戏介绍 ················· 99
　　　一、桌面游戏简介 ················· 99
　　　二、游戏化学习 ················· 100
　　　三、"野火危情"桌面游戏设计简介 ················· 101
　　第二节　"野火危情"游戏说明 ················· 106
　　　一、游戏简介 ················· 106
　　　二、游戏组件 ················· 107
　　　三、游戏流程 ················· 119
　　第三节　基于桌面游戏的应急推演实例 ················· 124
　　　一、演练规划与设计 ················· 124
　　　二、演练准备 ················· 127
　　　三、演练实施 ················· 127
　　　四、演练评估 ················· 129

附录 A　《生产安全事故应急演练评估规范》(AQ/T 9009—2015)　/132

附录 B　森林草原火灾的基础知识　/143

　　第一节　森林草原火灾的概念及燃烧特点 ················· 143
　　　一、森林草原火灾概念及等级划分 ················· 143
　　　二、典型森林草原火灾燃烧特点 ················· 144
　　　三、森林草原火灾的影响因素 ················· 146
　　第二节　森林草原火灾的扑救 ················· 147
　　　一、森林草原火灾扑救原理与原则 ················· 147
　　　二、森林草原火灾扑救过程 ················· 153
　　　三、森林草原火灾扑救战法 ················· 154

四、森林草原火灾扑救设备 ……………………………………… 161
五、森林草原火灾扑救安全 ……………………………………… 164

附录 C　国内外应急演练实例资料　/167

第一节　应急演练计划实例——深圳市 2018 年应急演练工作计划 ………… 167
第二节　应急演练方案实例——2017 年攀枝花市食品安全突发事件
　　　　应急演练实施方案 ……………………………………………………… 172
第三节　桌面应急演练实施实例——2014 年美国全国高等教育机构
　　　　桌面演练 ………………………………………………………………… 177
第四节　实战应急演练实例——2012 年深圳地铁综合应急演练 ………… 189
第五节　应急演练评估指标体系实例——美国应急演练评估设计 ………… 192

参考文献　/204

第一章

应急演练概论

第一节 突发事件

一、公共安全三角形理论模型

我国幅员辽阔,地形条件与环境条件复杂,加之目前处于经济与社会快速发展与转型的关键时期,人与自然、人与人之间的多种因素相互高度作用,导致我国各类突发事件频发。据国家减灾委核定,2016 年我国各类自然灾害共造成全国近 1.9 亿人次受灾,1706 人因灾死亡失踪,直接经济损失高达 5032.9 亿元,如图 1-1 所示[1];在事故灾难方面,2018 年我国仅矿业事故、爆炸事故、火灾、毒物泄漏与中毒事故就发生了 392 起,死亡人数超过 1478 人,如图 1-2 所示[2]。重大突发事件的发生严重影响了社会的长治久安,对应急管理提出了严峻的挑战。

分析突发事件从发生、发展到造成灾害作用直至我们采取应急措施的全过程,可以发现突发事件及其应对中存在三条主线,我们也可以把它们称为公共安全科学的三个主体。其一是灾害事故本身,称之为突发事件;其二是突发事件作用的对象,可以称之为承灾载体;其三是采取应对措施的过程,称之为应急管理。

范维澄院士提出了公共安全三角形理论模型[3],如图 1-3 所示,突发事件、承灾载体、应急管理,构成了一个三角形的闭环框架。三角形理论模型描述了三者的相互关系,以及联系它们的灾害要素。突发事件是灾害要素的状态发展演化到超出临界区造成破坏性作用的过程;承灾载体是承受突发事件破坏性作用的载体,同时承灾载体本身也蕴含着灾害要素,可能在突发事件作用下被意外释放进而造成次生灾害;应急管理的对象既包含

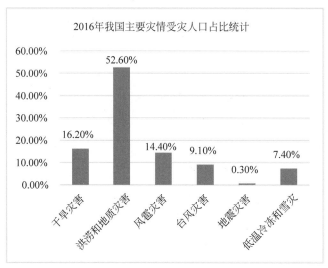

图 1-1　2016 年我国主要自然灾害灾情占比统计[1]

造成突发事件的灾害要素，也包括承灾载体蕴含的灾害要素。公共安全问题需要研究突发事件的孕育、发生、发展到突变的演化规律及其产生的能量、物质和信息等风险作用的类型、强度及时空特性；研究承灾载体在突发事件作用下和自身演化过程中的状态及其变化，可能产生的本体和功能破坏，以及可能发生的次生衍生事件；还需要研究在上述过程中如何施加人为干扰，从而预防或减少突发事件的发生，弱化其作用，增强承灾载体的抵御能力，阻断次生事件的链生，减少损失，避免应急不当可能造成的突发事件再生及承灾载体破坏，以及代价过度等。

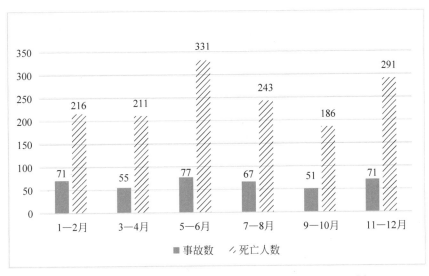

图 1-2　2018 年我国主要安全生产事故数及死亡人数统计[2]

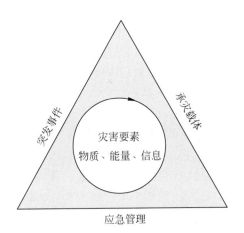

图 1-3　公共安全三角形理论模型

二、突发事件定义与特征

从广义上讲,突发事件是指组织或者个人原定计划之外或者其认识范围之外突然发生的,对其利益具有损伤性或潜在危害性的一切事件。从狭义上来讲,突发事件是指突然发生,造成或者可能造成严重社会危害,需要采取应急处置措施予以应对的自然灾害、事故灾难、公共卫生事件和社会安全事件[4]。刘奕、范维澄等学者根据公共安全三角形理论模型,将突发事件定义为由灾害要素导致的,具有较高强度的破坏性并已经或即将施加在承灾载体上的事件[5]。突发事件构成了开展应急管理工作的客体和对象,应急管理的本质是对突发事件进行干预和控制,从而减小事件造成的损失。

闪淳昌等学者总结了突发事件具有以下特征[6]:

(1) 突发性和紧急性。突发事件必定是突然发生的,要求管理者迅速做出决策,调动和配置一切可得的资源进行应对,尽快控制事态,消除不利后果。当然,突发性是相对的,往往是风险积累到一定程度,突破临界点后的突然暴发,因此突发事件应急管理特别强调预防为主。

(2) 严重性。突发事件造成的伤害不仅体现在人员伤亡、财产损失和环境破坏等方面,还包括对社会/个人心理所造成的破坏性冲击,进而渗透到社会生活的各个层面上。

(3) 不确定性。从纵向上看,突发事件的发展态势和后果很难确定,可能不断升级或延伸扩展。从横向上看,一类突发事件可能相继引起其他类型的次生衍生事件,造成复合型灾难。

(4) 社会性。由于突发事件在时间、地点、危害程度、危害对象等方面的不确定性,并受到人的社会性的影响,以及新兴媒体的作用,突发事件所威胁和影响的不单单是特定区域的生命财产安全,而是必将产生广泛的社会影响。

(5) 同时涉及程序化和非程序化决策。在突发事件应急管理的不同阶段,决策行为也表现得不同,当突发事件上升到紧急状态时,往往需要在信息、资源、时间非常有限的条件下,采用程序化与非程序化决策相结合来寻求"比较满意"的解决方案。

此外,随着社会、经济、文化的不断进步和发展,传统的突发事件在规模、性质、类型等方面都发生了质的变化,导致常规的应急处置措施难以应对这类事件,因此"非常规突发事件"的概念被提出来,并成为学术界新的研究热点。国家自然科学基金委员会在其制定的重大研究计划"非常规突发事件应急管理研究"中对非常规突发事件所给出的定义是"前兆不充分,具有明显的复杂性特征和潜在次生危害,破坏性严重,采用常规管理方式难以应对处置的突发事件。"对于非常规突发事件,社会往往没有或者极少经历过,缺乏对其演化规律的认识和处理经验的积累,从而对人类的生存和发展造成难以估量的后果和危害。除了具有上述突发事件的特征之外,非常规突发事件还具有如下特征[7]:

(1) 稀缺性和高度不确定性。非常规突发事件发生的频率低,其发展趋势、影响因素和产生后果均具有多变性。同时应急管理人员缺乏处置和控制事件的经验和知识,难以对非常规突发事件进行建模和预测,以及进行有效的预防和应对。

(2) 信息高度缺失。非常规突发事件信息具有很高的不完备性,一方面这是由非常规突发事件的稀缺性和不确定性决定的,应急管理人员在有限时间内,无法搜集到该事件的全面信息,无法有效支持应急响应工作开展;另一方面则是应急管理人员缺乏对非常规突发事件的认识和技术准备,难以支撑对突发事件的应对过程。

(3) 复杂性。非常规突发事件往往涉及一系列相互联系和同时发生的突发事件,事件的成因涉及多个致灾因素,同时其态势发展变化迅速,影响范围广,产生的后果也具有复杂性。成因与后果的复杂性使得应急管理人员一方面难以全面了解事件信息,同时也难以有效预测事件后果的严重程度,进而难以制定有效的应对方案。

(4) 影响范围广和持续时间长。非常规突发事件的应对往往涉及多个单位和部门的共同参与,是一种大规模的社会响应行为,甚至需要展开全国动员。同时,非常规突发事件的发生、发展、演变和消亡的时间范围较长,且不同阶段具有不同的特性,这导致对不同阶段的事件应采取具有针对性的应对措施和手段。

三、突发事件的分类分级

根据突发事件的发生过程、性质和机理,我国将突发事件分为自然灾害、事故灾难、公共卫生事件、社会安全事件四大类。在《国家突发公共事件总体应急预案》(2006年发布)中对这四大类突发事件做了具体说明[8]。进一步,国家标准《突发事件分类与编码》(GB/T 35561—2017)又在四大类突发事件下细分了若干亚类和细类,共归纳总结了270类突发事件。

(1) 自然灾害。自然灾害是指由于自然原因而导致的突发事件,主要包括水旱灾害、气象灾害、地震灾害、地质灾害、海洋灾害、生物灾害和森林草原火灾等。

(2) 事故灾难。事故灾难是指由于人类生产活动而导致的突发事件,主要包括工矿商贸等企业的各类安全事故、交通运输事故、公共设施和设备事故、环境污染和生态破坏事件等。

(3) 公共卫生事件。公共卫生事件主要包括传染病疫情、群体性不明原因疾病、食品安全和职业危害、动物疫情,以及其他严重影响公众健康和生命安全的卫生事件。

(4) 社会安全事件。社会安全事件是指由于人类的主观意愿产生的危及社会安全的突发事件,主要包括恐怖袭击事件、经济安全事件和涉外突发事件等。

各类突发公共事件按照其性质、严重程度、可控性和影响范围等因素,一般分为四级:Ⅰ级(特别重大)、Ⅱ级(重大)、Ⅲ级(较大)和Ⅳ级(一般)。相应的,可以预警的自然灾害、事故灾难和公共卫生事件的预警级别也划分为四个等级,并用红、橙、黄、蓝四种颜色标明。不同类型的突发事件需要启动不同的应急预案,不同级别的突发事件需要启动不同级别的应急响应,不同类型、级别的应急响应涉及不同的应急管理体制机制。

四、突发事件的链式效应

大量研究表明,各类突发事件虽然在发生机理、发展过程、演化规律、后果影响等方面呈现出很大的差异,但其之间却始终存在着某些共性的特征。现有针对突发事件共性特征的研究多是从灾害研究的角度出发,即认为灾害是由致灾因子、承灾载体与孕灾环境组成的系统[9]。致灾因子是直接作用于承灾载体并使其遭受破坏的客观事物,如洪水事件中的水、森林火灾中的火。承灾载体是突发事件作用过程中遭受破坏的客观事物,如洪水事件中的建筑物、森林火灾中的树木。孕灾环境是外部环境中影响致灾因子与承灾载体作用过程的客观事物,如洪水事件中的地形、森林火灾中的空气温湿度和风速等。突发事件是致灾因子与承灾载体在孕灾环境的影响下互相作用并导致承灾载体破坏的过程。致灾因子、承灾载体和孕灾环境都是客观存在的事物,并在一定条件下可以互相转化,如河道中的河水,在洪水事件中是致灾因子,在污染事件中是承灾载体,在船舶事件中为孕灾环境。

大量历史案例表明,突发事件的发生不是孤立的,虽然突发事件本身受到自然的、社会的、偶然的等多种因素相互作用,其演变过程、影响范围、破坏程度等具有高度的不确定性,但是突发事件本身的发展演化存在着一定的内在规律,不同类型的突发事件之间也存在某种"必然"的联系。突发事件链式效应是不同事件由于某种必然的内在联系而相继发生的现象[10,11]。如2011年日本本州岛发生的里氏9.0级地震引发了海啸,海啸进一步破坏了福岛核电站,引发核泄漏,继而导致全球范围内的环境污染事件。突发事件的作用过程会导致承灾载体与孕灾环境发生变化,从而产生新的事件对象,进而成为新的致灾因子、承灾载体和孕灾环境,这是突发事件间存在链式效应的原因。最先发生并引发其他事件的事件被称为原生事件,被原生事件引发的事件称为次生或衍生事件。其中,与原生事件类型相同或相似的、发生机理相近的、具有连带性或延续性的事件为次生事件,与原生事件类型显著不同、发生机理相差较大的事件为衍生事件。但许多情况下,次生事件与衍生事件之间往往不加以详细区分,统称次生衍生事件。次生衍生事件有可能进一步作为新的原生事件引发更多新的次生衍生事件,从而构成突发事件多级、多层次的链式关系,称之为灾害链或事件链。需要注意的是,相继发生的突发事件不一定构成事件链,只有当前一事件对后一事件的发生起了一定作用的情况下,才认为两个事件构成了事件链。由于事件链式效应,尤其各级次生衍生事件往往会造成更加严重的后果,对社会造成的危害与影响也比原生事件大得多,因此针对突发事件链式效应的研究已经受到越来越多的关注。图1-4所示为某国家"十三五"重点研发计划项目中,针对新疆某县实地情况构建的典型地质灾害事件链,两类突发事件之间的连线上显示了它们之间的触发因素。

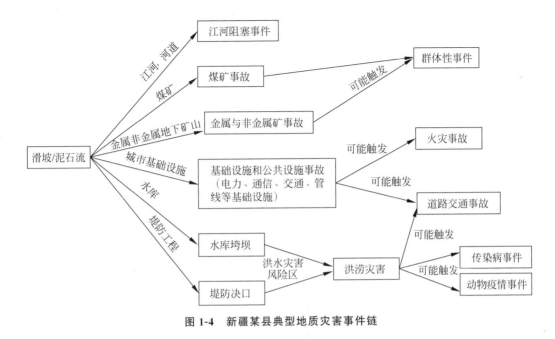

图 1-4 新疆某县典型地质灾害事件链

第二节 应急管理

应急管理是指可以预防或减少突发事件及其后果的各种人为干预手段。应急管理可以针对突发事件实施,从而减少事件的发生或降低突发事件作用的时空强度;也可以针对承灾载体实施,从而增强承灾载体的抗御能力。对应急管理的研究重点在于掌握对突发事件和承灾载体施加人为干预的适当方式、力度和时机,从而最大限度地阻止或控制突发事件的发生、发展,减弱突发事件的作用以及减少承灾载体的破坏。

我国的应急管理过程分为预防与应急准备、监测与预警、应急处置与救援、恢复与重建四个阶段[4]。

(1) 预防与应急准备是应急管理的基础,是防患于未然的阶段,也是应对突发事件最重要的阶段,体现了预防为主、预防与应急并重、常态与非常态相结合的原则。这一阶段主要是针对可能发生的突发事件的特点和规律、承灾载体的特征和布局,分析应急管理的需求,从体制、机制、法制、预案和设施、资源、队伍、保障等方面进行科学有效的预防准备。

(2) 监测与预警是预防与应急准备的逻辑延伸,突发事件的早发现、早报告、早预警,是有效预防、减少突发事件的发生,控制、减轻和消除突发事件引起的严重社会危害的重要保障。这一阶段主要是基于对突发事件作用机理和规律、承灾载体脆弱性与鲁棒性的认识,确认合理有效地监测监控源头、范围、方式、方法等;基于可能发生、即将发生或已经发生的突发事件进行风险分析、发展态势预测及可能破坏程度分析;对应急管理的组织、流程、设施、资源、队伍、基础保障等进行全面的数据统计并及时更新;对应急管理流程进行跟踪记录并对应急管理能力的冗余度进行预测预警。

（3）应急处置与救援是应对突发事件最关键的阶段,旨在快速反应、有效应对,最大限度地保障人民生命财产安全,最大限度地减少突发事件造成的损失。这一阶段需要根据突发事件和承灾载体的综合情况的实时发展与态势分析,及时调整应对方案和措施,从而使应急管理更加科学有效,保证应急过程中的组织、流程、设施、资源、队伍、基础保障等各方面的协同应对。

（4）恢复与重建是应对突发事件过程中的最后环节,旨在尽快恢复正常的生产、生活、工作和社会秩序,妥善解决应急处置过程中引发的矛盾和问题,并进入一个新阶段——突发事件应对中的后处理阶段,重在提高防灾减灾能力和应急管理能力。这一阶段主要是对突发事件应对过程进行总结评估,对损耗的应急设施、资源、队伍、基础保障等进行补充修整,恢复应急能力。

一、应急管理发展

中华人民共和国成立后,我国各种灾害应对基本上是建立在各个专业部门之下的,属于部门式分割管理应对模式。1994年,时任国务院总理朱镕基访美,参观了芝加哥应急联动中心后,提出政府应建立一个统一的社会应急联动中心,将公安、交警、消防、急救、防洪、防火、防震等政府部门纳入一个统一的指挥调度系统。

2003年春末夏初爆发的"非典"疫情给我国应对突发事件的能力带来了巨大挑战。在2003年7月28日举行的全国防治非典工作会议上,国务院第一次把非常态管理工作提上政府议事日程,明确指出"我国突发事件应急机制不健全,处理和管理危机能力不强",要求政府在做好常态管理的同时,要高度重视非常态管理,提出"争取用3年左右的时间,建立健全突发公共卫生事件应急机制",提高突发公共卫生事件应急能力。同年,党的十六届三中全会提出"要建立健全各种预警和应急机制,提高政府应对突发事件和风险的能力"。国务院在2003年下半年,围绕应急管理重点抓了四项工作:一是成立国务院办公厅应急预案工作小组,启动国家突发公共事件总体应急预案的编制工作;二是召开专家座谈会,研究如何建设具有我国特色的应急管理体系;三是探索如何在全国和地方各级政府建立一个应对突发公共事件的体制机制;四是加快国家有关突发公共事件方面的立法工作。由此我国的应急管理工作开始以"一案三制"(应急预案、应急体制、应急机制、应急法制)为主要内容和基本框架启动建设进程。可以说,2003年是我国全面加强应急管理工作的起步之年。

2005年，国务院组织制定了《国家突发公共事件总体应急预案》（2006年1月正式发布），以及应对自然灾害、事故灾难、公共卫生和社会安全等方面的105个专项和部门应急预案，各省（区、市）也完成了省级总体应急预案的编制工作。至此，我国应急预案框架体系基本形成。同年，第一次全国应急管理工作会议召开，提出加强全国应急体系建设和应急管理工作，做好健全组织体系、运行机制、保障制度等工作。随后，在历年的全国应急管理工作会议上，都对体制机制建设问题进行了反复强调。

2006年，为深入贯彻实施《国家突发公共事件总体应急预案》，国务院下发《关于全面加强应急管理工作的意见》，提出"构建统一指挥、功能齐全、反应灵敏、协调有序、运转高效的应急管理机制"。此外，根据中编办《关于增设国务院办公厅国务院应急管理办公室的批复》和《国务院办公厅关于设置国务院应急管理办公室（国务院总值班室）的通知》文件精神，国务院办公厅设置国务院应急管理办公室（国务院总值班室），承担国务院应急管理的日常工作和国务院总值班工作，履行应急值守、信息汇总和综合协调职能，发挥运转枢纽作用。同年，党的十六届六中全会通过《关于构建社会主义和谐社会若干重大问题的决定》，正式提出了我国按照"一案三制"的总体要求建设应急管理体系。

2007年，我国颁布实施了《中华人民共和国突发事件应对法》，确定了我国的应急管理体制的建设原则为"统一领导、综合协调、分类管理、分级负责、属地管理为主"，同时作为一部综合性的法律，为我国政府全面履行政府职能和依法行政提供了根本的依据。随后针对各类突发公共事件的法律、法规、条例文件相继制定，各省市相继出台地方的突发事件应对法的实施办法，依法加强应急管理体制、机制和法制建设，依法加强应急救援队伍建设和必要的应急物资储备，全国应对突发事件的能力明显提升。以《突发事件应对法》为核心的应急管理法制体系建设全面铺开。

2008年，我国相继经历了南方冰冻雨雪灾害、汶川地震、奥运会和残奥会等一系列重大事件，"一案三制"的建设和国家的应急管理能力经受住了一次又一次重大考验，为保障人民生命财产安全、维护社会安全稳定发挥了重要作用。在第十一届全国人大一次会议上所做的政府工作报告中，时任国务院总理温家宝宣布"全国应急管理体系基本建立"，我国应急管理体系建设再一次站到了历史的新起点上。

2013年，十八届三中全会提出健全公共安全体系，同时提出设立国家安全委员会，建立集中统一、高效权威的国家安全体制，加强对国家安全工作的领导，完善国家安全战略，确保国家安全。2014年，我国正式成立中央国家安全委员会，习近平总书记担任该委员会主席。2015年5月29日中共中央政治局就健全公共安全体系进行第二十三次集体学习。习近平总书记在主持学习时强调，公共安全连着千家万户，确保公共安全事关人民群众生命财产安全，事关改革发展稳定大局。这一系列举措，标志着我国对安全问题的重视程度提升到一个新的战略高度。

2018年，中共中央印发《深化党和国家机构改革方案》，提出将国家安全生产监督管理总局的职责、国务院办公厅的应急管理职责、公安部的消防管理职责、民政部的救灾职责、国土资源部的地质灾害防治、水利部的水旱灾害防治、农业部的草原防火、国家林业局的森林防火相关职责，地震局的震灾应急救援职责以及国家防汛抗旱总指挥部、国家减灾委员会、国务院抗震救灾指挥部、国家森林防火指挥部的职责进行整合，组建应急管理部，作为国务院组成部门。应急管理部的主要职责是组织编制国家应急总体预案和规划，指导各地区各部门应对突发事件工作，推动应急预案体系建设和预案演练；建立灾情报告系统并统一发布灾情，统筹应急力量建设和物资储备并在救灾时统一调度，组织灾害救助体系建设，指导安全生产类、自然灾害类应急救援，承担国家应对特别重大灾害指挥部工作；指导火灾、水旱灾害、地质灾害等防治；负责安全生产综合监督管理和工矿商贸行业安全生产监督管理等。公安消防部队、武警森林部队转制后，与安全生产等应急救援队伍一并作为综合性常备应急骨干力量，由应急管理部管理。地震局、国家煤矿安全监察局与防灾救灾联系紧密，划由应急管理部管理。应急管理部的组建是我国应急管理发展进程的重要里程碑，对健全我国公共安全体系，整合优化应急力量和资源，推动形成统一指挥、专常兼备、反应灵敏、上下联动、平战结合的中国特色应急管理体制具有非常重大的意义[12]。在国家的统一部署下，各省应急管理相关机构、队伍也相继开展应急管理体制改革，确定"三定"方案。截至2018年年底，31个省级应急管理厅（局）已全部挂牌成立。

在国际上，我国的应急管理力量也不断发声，积极参与全球各区域的防灾减灾合作和应急救援行动。包括参与《2015—2030年仙台减少灾害风险框架》《2030年可持续发展议程》等国际减灾战略的磋商和制定，加强与周边国家的救灾应急演练合作，通过提供救援物资、派遣优秀的救援队伍等方式对埃博拉疫情、伊朗地震、古巴飓风、智利洪灾等多国的灾害事件开展人道主义救援。2019年3—4月，非洲莫桑比克、津巴布韦和马拉维三国遭受热带气旋"伊代"袭击，暴风和强降雨引发了严重的洪涝灾害、山体滑坡和河水决堤，造成重大人员伤亡和财产损失，应急管理部派出中国救援队65名队员携带20吨搜救、医疗、通信设施和物资前往莫桑比克进行国际救援，获得极高的国际赞誉[13]。在世界卫生组织的应急系统规划设计招标中，我国学者组成的团队在与英、美等国家的技术团队竞争中胜出，与世界卫生组织在应急系统的标准、设计等方面开展了密切合作。我国企业在应急平台方面的研究成果还应用于多个国家，如辰安科技承建了厄瓜多尔Babahoyo911中心[14]，为我国赢得了良好的国际声誉。

总的来说，我国的突发事件应急管理体系建设经历了三个阶段，如图1-5所示。第一阶段是从中华人民共和国成立至2003年"非典"疫情暴发，这一阶段我国突发事件应急管理体系建设尚处于起步与摸索阶段；第二阶段是从2003年"非典"事件至2008年汶川地震，这是我国突发事件应急管理体系建设快速发展的阶段，期间涌现出大量的研究成果，国家层面也出台了诸多关于突发事件应对方面的法律和法规，这一阶段被学术界称为我

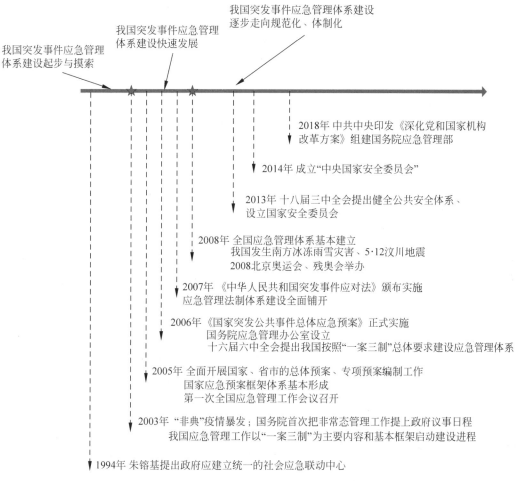

图 1-5 以时间为轴的我国应急管理发展历史[6,7,15,16]

国应急管理的丛林阶段;第三阶段是 2008 年至今,这是我国突发事件应急管理体系建设逐步走向规范化、体制化的阶段。

经过十多年的发展,我国应急管理工作逐渐由单项向综合转变;由处置向预防与处置并重,加强风险管理转变;由单纯减灾向减灾与可持续发展相结合转变;由政府统揽向政府主导、社会协同、公众参与转变;由单一地区应对向加强区域联动和加强国际合作转变。在党中央和国务院的领导下,国家的应急管理能力与防灾减灾能力不断提升,有中国特色的应急管理体制不断完善和创新,以"一案三制"为核心内容的应急管理体系建设取得了长足的进展,为保障人民生命财产安全、维护社会稳定发挥了重要作用。

二、应急管理体系建设

我国以"一案三制"为核心内容开展应急管理体系建设。"一案三制"是指为应对突发事件所制定的应急管理预案和所建立的应急体制、应急机制与应急法制的简称。"一案三制"建设属于应急管理领域的顶层设计,具有高屋建瓴、总揽全局的重大意义。赵秋红等学者总结了"一案三制"的属性特征、功能定位与相互关系,如表1-1所列。

表1-1 "一案三制"的属性特征、功能定位与相互关系[7]

一案三制	核心	主要内容	所要解决问题	特征	定位	形态
预案	操作	实践操作	应急管理实际操作	使能性	前提	显在
体制	权力	组织机构	权限划分和隶属关系	结构性	基础	显在
机制	运作	工作流程	运作的动力和活力	功能性	关键	潜在
法制	程序	法律制度	行为的依据和规范	规范性	保障	显在

1. 应急预案体系

应急预案是针对可能发生的突发事件,为保证迅速、有序、有效地开展应急与救援行动,降低人员伤亡和经济损失而预先制定的有关计划或方案[6]。它是在辨识和评估潜在重大风险,预判突发事件情景过程、事件影响严重程度等基础上,对应急机构与职责、人员、技术、装备、设施、物资、救援行动及指挥协调等方方面面做出具体安排,它规定了突发事件应急管理部门在事前、事发、事中、事后的工作程序和内容,明确回答了谁来做、怎样做、做什么、何时做、用什么资源做等问题。应急预案不仅是为有效应对各类突发事件提供一个迅速、有效、有序的行动方案,更重要的是,应急预案体系的建设极大地推动了我国应急管理工作的发展,尤其是在思想上强化了应急管理理念,在整个应急管理体系建设中起到龙头的作用。

2003年12月,国务院办公厅应急预案工作小组成立,标志着我国应急预案体系建设的开始。按照"横向到边、纵向到底"的原则,各级地方政府及部门陆续制定或修订其应急预案,至2005年年初,我国的应急预案体系结构框架初步建成,如图1-6所示。

按照预案类别,我国的应急预案体系包括总体预案、专项预案、部门预案三大类,每一类又可分为国家级、省级、地市级、县乡镇级甚至企事业单位级。总体预案是处置突发事件的总纲,如《国家突发公共事件总体应急预案》《广东省突发事件总体应急预案》等;专项预案是针对某一类突发事件制定的、涉及多个部门的应急预案,如《国家自然灾害救助应急预案》《国家重大海上溢油应急处置预案》《广东省森林火灾应急预案》等;部门预案是各个部门/单位根据其自身的职责分工而编制的预案,如《新疆应急测绘地理信息保障预案》等。

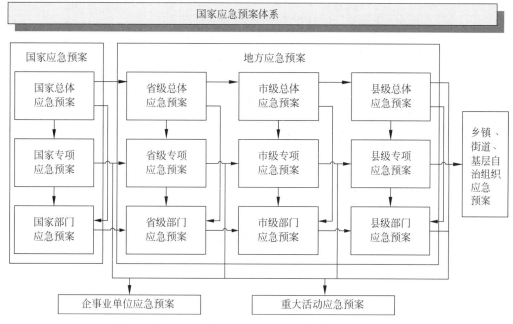

图 1-6 我国应急预案体系结构框架

突发事件发生时,最先启动的是与其对应的专项预案,如发生地质灾害应启动突发地质灾害应急预案,发生森林火灾应启动森林火灾应急预案。对于尚未制定专项预案的,则需根据总体预案的指导展开工作。总体预案或专项预案中涉及的各个部门单位,以总体预案/专项预案中规定的职责为指导,根据各自的部门预案展开具体的应急处置与救援工作。

2. 应急管理体制

应急管理体制是国家机关、军队、企事业单位、社会团体、公众等各利益相关方在应对突发事件过程中,在机构设置、领导隶属关系和管理权限划分等方面的体系、制度、方法、形式的总称[15]。应急管理体制是有效实施我国应急管理工作的组织保证。根据《国家突发公共事件总体应急预案》规定,我国的应急管理机构可以分为领导机构、办事机构、工作机构、地方机构、专家组五个层次。类似地,各级政府部门在地方应急管理体系建设过程中,也可参照这五个层次设置应急管理组织机构,图 1-7 所示的广东省应急管理体系,便是沿用了国家总体预案的组织机构设置方法。需说明的是,目前我国正在进行应急管理机构改革,图 1-7 所示的是原来的组织架构图,根据 2011 年颁布的《广东省突发公共事件总体应急预案》整理。新的组织架构还未有公开的文献资料可供参考。

《中华人民共和国突发事件应对法》明确规定"国家建立统一领导、综合协调、分类管理、分级负责、属地管理为主的应急管理体制"。

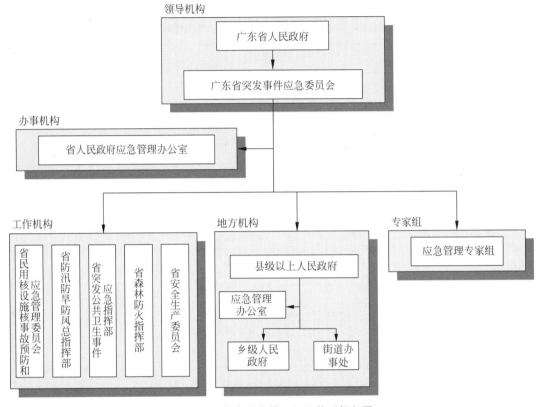

图 1-7 广东省应急管理组织体系框架图

(按照《广东省突发公共事件总体应急预案》(2011年)整理)

(1) 统一领导体现的是应急指挥决策核心对所属相关地区、部门和单位的领导,既包含了中央政府对地方政府、对部委的领导,也包含了地方政府对下级政府、地方部门的领导。

(2) 综合协调与统一领导实际上是同一个问题的不同表达方式,也可以理解为统一领导的手段。参与应急管理工作的政府机构众多、职能各异,在日常工作中缺乏联系的一些部门可能需要在短时间内按照共同目标开展有效的合作,因此综合协调工作是实现上下级政府间、部门间、地区间、政府与社会企事业单位间信息互通、资源共享、协调配合、高效联动的基础。我国国务院及各省市人民政府均设置了应急管理办公室(已于2018年进行了体制改革,国家设置应急管理部,省设置应急管理厅,地市设置应急管理局),履行应急值守、信息汇总和综合协调职责,发挥运转枢纽的作用。

(3) 分类管理是指对于不同类型的突发事件,设置相应的指挥机构及应急部门进行统一管理。我国的突发事件分为自然灾害、事故灾难、公共卫生和社会安全四大类,每一类下又细分了多个子类,一类突发事件往往由一个或几个相关部门牵头负责,其他部门参与协同应对,如自然灾害与事故灾难由应急管理部及其下级单位牵头处置,反恐处突由公安部门负责,公共卫生由卫生部门牵头。

(4) 分级负责是指不同层级的政府部门在应急管理中的不同责任。我国按照突发事件的严重程度、可控性和影响范围等因素,将其分为特别重大(Ⅰ级)、重大(Ⅱ级)、较大(Ⅲ级)和一般(Ⅳ级)四个级别。较高层级的政府具有更多的权限,更广泛的资源协调能力,能够开展跨区域、跨部门的应对工作,因此一般和较大突发事件应对工作由发生地的市/县级人民政府统一领导,重大和特别重大的由省级政府统一领导,跨省级行政区域或者超出省级人民政府处置能力的特别重大突发事件应对工作,由国务院统一领导。社会安全事件由于其特殊性,原则上由发生地市/县级人民政府组织处置,必要时上级人民政府可以直接处置。

(5) 属地管理为主是指突发事件应急处置工作原则上由地方政府负责,上级领导部门最主要的任务是协助协调各种资源、力量。由于地方政府和事发部门作为突发事件的第一响应者,能比更高层级的政府更及时了解突发事件信息,了解地方的地理条件和人文条件,也能够更准确做出决策和实施救援,因此属地管理为主的原则保证了应急管理的效率,有效降低了行政成本。

3. 应急管理机制

应急管理机制是指涵盖了突发事件应对全过程中各种系统化、制度化、程序化、规范化的方法与措施,是一组建立在相关法律法规及部门规章基础上的应急管理工作流程[17]。应急管理机制不同于体制的特点在于它是一种内在的机理性制度,贯穿于应急管理中各个利益相关体。机制与体制之间既有互相约束的关系,也有互相促进的关系。一方面,体制是机制的载体,是机制能够顺利实施的保障,体制建设决定了机制建设的具体内容和特点。另一方面,体制容易固化,其建设往往具有滞后性,而机制易于创新,机制创新能够弥补体制建设的不足,并促进体制的发展和完善。

应急管理机制的整体框架一般都以应急管理全过程为主线,涵盖事前、事发、事中、事后各个阶段。闪淳昌等将我国应急管理机制概括为 20 大类,如图 1-8 所示。这 20 个机制围绕有效应对突发事件,在统一的管理框架下融会贯通,相互作用和相互影响,共同构成"统一指挥、反应灵敏、协调有序、运转高效"的应急管理机制。

4. 应急管理法制

应急法律体系由应急管理法律、法规和规章组成,是在突发事件引起的公共紧急情况下,处理国家权力之间、国家权力与公民权利之间、公民权利之间各种社会关系的法律规范和原则的总和,其核心和主干是宪法中的紧急条款和统一的突发事件应对法或紧急状态法[7,15]。法制的优越性在于形成统一的行动,其主要目的是防止各自为政及保障令行

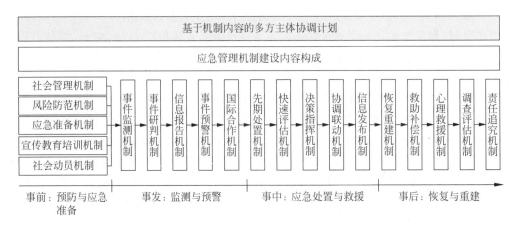

图 1-8 我国应急管理机制总体架构图[17]

禁止。在紧急状态下,政府的权力和措施将突破平常法制框架,超越平时法制要求,甚至暂停某些法律乃至某些宪法条款的执行或效力。非常法制实际上是一种预备法制,其目的是明确紧急状态下的特殊行政程序的规范,对紧急状态下行政越权和滥用权力进行监督,并对权利救济做出具体规定,从而使应急管理逐步实现常态化、规范化和制度化,并通过对实践的总结,促进法律、法规和规章的不断完善。

我国的应急管理法律体系以宪法为依据,以《中华人民共和国突发事件应对法》(以下简称《突发事件应对法》)(2007年11月1日正式实施)为核心,以国家和各部门相关单项法律法规为配套(如《中华人民共和国防洪法》《中华人民共和国传染病防治法》《中华人民共和国安全生产法》《突发公共卫生事件应急条例》等),以各地各部门为落实《突发事件应对法》等制定的相关配套制度、为开展应急管理工作制定的有关规定、为建设应急体系制定的技术性规范、标准等为补充。

第三节　应急演练

一、应急演练的定义和目的

演练就是集体性练习活动。在不同的语境里,演练有着不同的称谓。如在军队中称之为演习或军事演习;在教育培训机构称之为角色扮演或情景模拟;在政府机构称之为应急演练或预案演练。在英语中,通常用"exercise"或者"drill"表示演练。

2008年汶川地震受灾最严重的是学校和医院。但是在紧邻受灾重县北川的安县桑枣中学,全校2200多名学生和百余名教师无一伤亡。地震发生后1分36秒内,所有的学生和老师从不同的教学楼全部集中到操场。原来从2004年起,该校校长叶志平每学期都会组织全校师生进行应急疏散演练[5]。事实上应急演练对于提高政府、基层单位的应急能力,增强公众公共安全意识、社会责任意识和自救互救能力都具有重要意义。

应急演练属于应急管理中的应急准备范畴。根据原国务院应急办编制的《突发事件应急演练指南》(2009年9月印发)的定义,应急演练是指各级人民政府及其部门、企事业单位、社会团体等组织相关单位及人员,依据有关应急预案,模拟应对突发事件的活动[18]。应急演练是应急管理的重要组成部分,是对应急管理机制、应急能力建设的综合性检验手段。

应急演练的目的包括以下五个方面[18]:

(1) 检验预案。通过开展应急演练,直观检验应急预案和应急处置方案的科学性、合理性、有效性及预案之间的协调性,查找应急预案中存在的问题,进而完善应急预案,提高应急预案的实用性和可操作性。

(2) 完善准备。通过开展应急演练,检查应对突发事件所需应急队伍、物资、装备、技术等方面的准备情况,发现不足及时予以调整补充,做好应急准备工作。

(3) 锻炼队伍。通过开展应急演练,增强演练组织单位、参与单位和人员等对应急预案的熟悉程度,提高其应急处置能力。

(4) 磨合机制。通过开展应急演练,进一步明确各应急部门、机构、人员的岗位、职责和任务,理顺工作关系,提高各级应急管理机构、应急救援机构和应急救援队伍协同应对突发事件的处理能力,完善应急管理机制。

(5) 科普宣教。通过开展应急演练,普及应急知识,提高公众风险防范意识和自救互救能力,提高社会整体应急反应能力。

二、应急演练的基本要求

根据《突发事件应急演练指南》,应急演练原则包括如下四点:

(1) 结合实际,合理定位。紧密结合应急管理工作实际,明确演练目的,根据资源条件确定演练方式和规模。

(2) 着眼实战、讲求实效。以提高应急指挥人员的指挥协调能力、应急队伍的实战能力为着眼点。重视对演练效果及组织工作的评估、考核,总结推广好经验,及时整改存在的问题。

(3) 精心组织、确保安全。围绕演练目的,精心策划演练内容,科学设计演练方案,周密组织演练活动,制订并严格遵守有关安全措施,确保演练参与人员及演练装备设施的安全。

(4) 统筹规划、厉行节约。统筹规划应急演练活动,适当开展跨地区、跨部门、跨行业的综合性演练,充分利用现有资源,努力提高应急演练效益。

三、应急演练的分类

应急演练的类型按组织形式划分,可分为桌面演练、模拟演练和实战演练;按内容划分,可分为单项演练和综合演练;按目的和作用划分,可分为检验性演练、示范性演练和研究性演练,如图1-9所示。

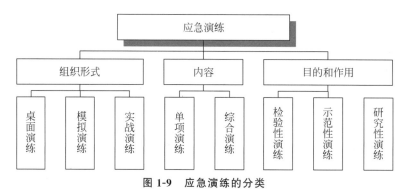

图1-9 应急演练的分类

1. 按组织形式划分

(1)桌面演练。桌面演练是指参演人员利用地图、沙盘、流程图、计算机模拟、视频会议等辅助手段,针对事先假定的演练情景,讨论和推演应急决策及现场处置的过程,从而促进相关人员掌握应急预案中所规定的职责和程序,提高指挥决策和协同配合能力。桌面演练的主要特点是对演练情景进行口头演练,通常在室内完成,参演人员主要来自应急组织的代表和关键人员,事后一般采取口头评论的形式收集参演人员的建议,并形成书面报告,总结并评估演练活动。桌面演练的方法成本较低,操作和实施较为方便,缺点是不涉及具体应急行动,体验感不强。实战演练之前一般都需要先通过桌面演练进行前期准备。

(2)模拟演练。模拟演练是随着信息科技,尤其是计算机技术和虚拟现实技术的发展而出现的新型演练方式,其演练环境设置、参演组织、演练内容、演练进程可以与实战演练基本一致,所不同的是在模拟演练中,突发事件的情景、事件态势的发展、各种应急响应行动和应对策略都是通过模拟仿真技术实现的。相对于桌面演练,模拟演练中的声、光、多媒体效果能够为参演人员提供更为真实和紧张的演练场景,使得参演人员在心理上更为接近实战,获得更好的演练效果。相对于实战演练,模拟演练依托计算机网络开展多角色、大范围演练,能大大降低对应急装备和演练空间的要求,能更方便地组织跨省、跨部门的联合演练,尤其是针对重大或特别重大突发事件的应急演练。

(3)实战演练。实战演练是指参演人员利用应急处置涉及的设备和物资,针对事先设置的突发事件情景及其后续的发展情景,通过实际决策、行动和操作,完成真实应急响应的过程,从而检验和提高相关人员的临场组织指挥、队伍调动、应急处置技能和后勤保障等应急能力。实战演练需要调动真实的应急人员和应急装备、资源等,以应急指挥中心为中心节点,延伸至各下级应急指挥机构、救援队伍、应急保障机构、公众等参演单位/人员开展现场演练,这个过程涉及了应急管理的决策层、管理层、执行层、实施层,演练规模一般较大,成本较高,组织协调工作难度也较大。但实战演练是体验感最强,最能检验应急人员以及应急体系的策划和响应能力,以及应急技术、应急装备的协调性、有效性和合理性。

2. 按内容划分

(1) 单项演练。单项演练是指涉及应急预案或现场处置方案中一项或几项特定应急响应功能的演练活动。注重针对一个或少数几个参与单位(岗位)的特定环节和功能进行检验,例如对新的流程程序的测试,对新型装备或特定技能的训练等。单项演练是综合演练的基础,通过验证每一个功能和系统都能够良好运转,为综合演练做好准备工作。

(2) 综合演练。综合演练是指涉及应急预案中多项或全部应急响应功能的演练活动。注重对多个环节和功能进行检验,特别是对不同单位之间应急机制和联合应对能力的检验。综合演练一般会尽可能地模拟真实事件情景,形成一种"压力环境",并激活预案中涉及的大部分应急行动部门和应急资源。

3. 按目的与作用划分

(1) 检验性演练。检验性演练是指为检验应急预案的可行性、应急准备的充分性、应急机制的协调性及相关人员的应急处置能力而组织的演练。检验性演练注重对应急能力的评估,无论是桌面演练形式还是实战演练形式,都需要制定相应的检验细则,形成评估表单,以确保检验的可操作性。总结评估,并对评分值较低的项目进行整改跟踪,是检验性演练的重要步骤。

(2) 示范性演练。示范性演练是指为向观摩人员展示应急能力或提供示范教学而开展的表演性演练。示范性演练注重教学培训,需要根据观摩学习人员的类别、水平、特点等进行演练设计和实施。演练可分为若干个阶段,在阶段中间可中断演练进程,并进行更细致的分析和讲解。示范性演练的成功与否,以观摩人员的学习收获程度和能力提升程度为评判依据。

(3) 研究性演练。研究性演练是指为研究和解决突发事件应急处置的重点、难点问题,试验新方案、新技术、新装备而组织的演练。研究性演练往往会基于一定的假设条件,设置特殊突发事件情景,将难点问题充分暴露,并在此基础上对新的方案进行试验和验证。

不同类型的演练相互组合,可以形成单项桌面演练、综合桌面演练、单项实战演练、综合实战演练、单项示范性演练、综合示范性演练等。其他国家也有其他的应急演练分类方法,如美国国土安全部(U. S. Department of Homeland Security,DHS)将应急演练分为讨论型演练(Discussion-Based Exercises)和实操型演练(Operations-Based Exercises)两大类,其中讨论型演练又分为小型研讨会(seminars)、专题研讨会(workshops)、桌面演练(tabletop exercises,TTX)、情景模拟游戏(games)四类;实操型演练又分为操练(drills)、功能性演练(functional exercises,FEs)、全面演练(full-scal exercises,FSEs)三类。在学术界也有其他的分类方法和分类标准[5,6,19,20],但均视为上述某种演练的别称,或者某几种演练的组合,在此不予展开赘述。

四、应急演练的系统要素

李雪峰等提出,应急演练的系统要素包括主体性要素、客体性要素和过程性要素三个方面[19]。

主体性要素是指演练的各参与方,包括组织者、模拟者、参演者、评估者和观摩者。演练组织者是指设计演练、组织实施、组织评估的人员或机构,如演练控制组、演练导调组。参演者是指在演练中扮演特定角色,被赋予了特定应对任务,获得演练目标所期望的能力提高方面的收益的人员或机构,如各种专业应急救援队伍。演练模拟者是指负责扮演演练中需要参演者合作或应对的角色的人员,如新闻媒体、受伤人员等。评估者是指负责对参演者行为进行评估的人员。观摩者是指对演练活动进行观摩和学习的人员。

客体性要素是指支撑应急演练活动的物质条件,包括演练场地、道具、专业装备、应急资源、各种软硬件系统等。

过程性要素是指驱动演练进程的演练信息和演练规则,如演练脚本、应急预案、工作流程等。

三类要素之间的关系如图 1-10 所示。

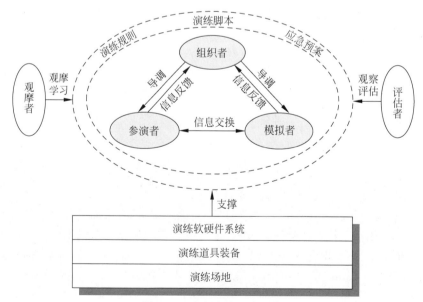

图 1-10 应急演练系统要素

五、应急演练的过程

完整的应急演练活动可以分为演练规划、演练设计、演练准备、演练实施、演练评估与总结,以及演练的改进和善后六个阶段,如图 1-11 所示,详细的过程说明见第三、四、五章内容。

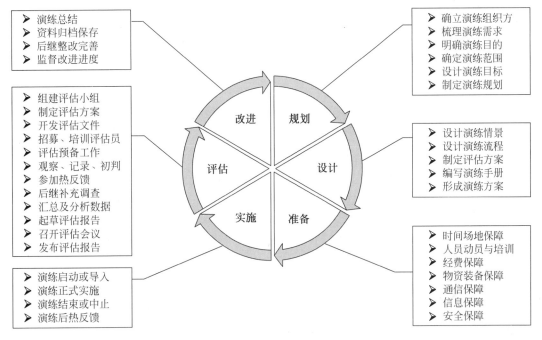

图 1-11 应急演练的六个阶段

应急演练规划是指演练组织单位根据实际情况与应急预案的规定,对应急演练项目做出基本构想和总体计划。进行应急演练规划时,需要对演练的目标、需求、范围进行详细分析,并形成分析文本和演练规划文本。应急演练规划可以是针对某一特定演练的计划,也可以是一个中长期的系列规划,如年度演练规划等。

应急演练设计是指为演练设计演练脚本,勾画突发事件的初始情景和动态的事件清单,并根据演练脚本进行详细的工作文件开发,包括给各参与方的工作手册和各类表单等。应急演练设计是将演练规划落实到一次具体演练的桥梁。

应急演练准备是指根据演练脚本进行演练前的综合保障工作,如人员、经费、场地、物资和器材、通信、信息等保障。

应急演练实施包括演练导入(如发布预警或启动响应)、演练实施、演练结束和演练后初步总结等环节。

应急演练评估与总结是在全面分析演练记录的基础上,针对演练活动的组织过程、参演者的表现进行反思和评估,填写评估表单,并形成评估报告的过程。

应急演练的改进和善后是指召开应急演练总结会后,对照应急演练工作中暴露的问题,明确改进计划并进行改进提高的过程,包括对预案、演练规划的修订,对组织机构和工作流程的调整,对应急装备的改进等。

第二章

应急演练的发展与国内外现状

第一节 应急演练的发展历史

应急演练发轫于军事演习,演习原义是针对假想敌进行作战指挥和演练,是军事训练的高级阶段,后来逐渐推广到经济、政治、社会等各个领域[21]。如今,应急演练是指各级人民政府及其部门、企事业单位、社会团体等组织相关单位及人员,依据有关应急预案,模拟应对突发事件的预警行动、指挥调度、现场处置等活动。

如前所述,应急演练按组织形式划分可分为桌面演练、实战演练和模拟演练三大类。桌面演练与实战演练都属于传统的演练方式,具有很长的历史,在古代军事演习中就可窥见其身影。早在 4500 年前,古人就开始使用石块、木条等工具,以"桌面演练"的形式研究战争中的排兵布阵。我国历史上由少数民族统治的王朝,如辽、金、元、清等,一直推行"捺钵制度",即帝王每年必须外出渔猎,以保持贵族与近卫军队的实力,同时展现皇家的武力,来震慑属下的各个部族。这类活动名为渔猎,其背后的真实含义却是军事演习。清代宫廷收藏的《元人秋猎图》就记载了古代元人的一次围猎活动,如图 2-1 所示。画面中的将士披甲骑马,手持长枪、弓箭等 20 多种武器,声势浩大,士气非凡[22]。1811 年,普鲁士的宫廷战争顾问冯·莱斯维茨发明了兵棋的原型,如图 2-2 所示。利用一幅地图,一套代表军队的硬方块,一本详细规则,一张概率表和一个骰子,可以逼真地推演预测战场的实际作战活动[23]。经过长期的发展,桌面演练和实战演练这两种形式(如图 2-3 和图 2-4 所示)都已经比较成熟,而且随着科学技术的进步,多种多样的多媒体技术、计算机软硬件平台、专业应急救援装备,以及互联互通的通信网络等的加入,让现代的桌面演练和实战演练也具有了更丰富的元素,更加逼近真实。

图 2-1　古老的实战演练——《元人秋猎图》[22]

图 2-2　古老的桌面演练——普鲁士兵棋[24]

桌面演练由于其具有形式灵活、不受场地限制、人/财/物投入少、能够开展多种决策方法模拟和多种决策结果分析、能够增大应急人员的受训机会等优点,逐渐成为目前应急演练的主要方式[27]。桌面演练多针对突发事件处置流程、应急指挥部职责、多方协同机制、应急决策方法等方面进行推演。而为了检验各应急救援专业队伍的快速响应和实际处置能力,则需要组织较大规模、由多方参与、需实地搭建多种场景的实战演练。实战演练能够提供更加真实的演练情景,然而其成本较高,不适合高频次开展。随着计算机仿真技术、电子信息技术、三维模拟技术以及虚拟现实技术等的发展,人们提出了虚拟与现实

图 2-3　现代的桌面演练——美国费城校园危险物质泄漏应急演练[25]

图 2-4　现代的实战演练——森林草原防火应急演练[26]

结合的应急模拟演练,以期在"真实"与"成本"之间找到平衡,如图 2-5 所示。

目前模拟演练正是应急演练领域的研究热点。北京辰安科技股份有限公司承担的核应急管理实时交互仿真平台项目,利用虚拟结合交互式仿真技术,在应急演练脚本的指引下,实现三维场景中核泄漏事故应急管理与指挥调度的交互式模拟演练,为事故应急处置提供技术支持。辰安科技开发的核与辐射应急平台,同时也是核应急技术培训平台和核应急演练平台,该平台全面覆盖核应急预案的任务和要素,具有地震、洪水、气象、海啸等

图 2-5 现代的模拟演练——铁路应急模拟演练[30]

重大自然灾害引发核与辐射事故的综合预测预警模型、大规模人群疏散模型、基于地理信息系统和实时灾情的核应急决策模型与专家系统等,为核与辐射应急的日常管理、应急准备和应急响应提供有力的技术支持[28,29]。美国应急演练模拟中心(National Exercise Simulation Center,NESC)也已开发出能在虚拟环境下运用烟羽模型、疾病传播模型等进行基于组织机构的多人参与的模拟演练。NESC 还运用仿真技术将自身的虚拟演练网络和模型网络与国土安全部数据传输系统进行连接,实现联网演练,将政府工作数据直接用于模拟演练,极大提高了演练建模的准确性和模拟情境的真实性[27]。在学术界,模拟火灾、地震、洪水、人群等各类突发事件的发展过程或关键要素演化规律的计算机模型也不断被提出,并在演练实践中甚至是实战中多次应用。

在演练规模上,早期阶段的应急演练多为单区域的单项演练,注重于增强应急预案或现场处置方案中一项或几项特定应急响应能力。在应急能力不断提升,部门之间联系逐渐紧密,领导机构对应急演练重要程度的认识不断加强的基础上,能够检验多个环节和功能,特别是检验不同机构之间协同应对、信息共享等机制的综合应急演练才逐渐推广开来。

而随着各区域、各国之间的联系日益紧密,加上多种应急管理科技支撑技术,如协同会商技术、应急一张图、应急平台技术等的推广应用,应急演练从在单区域开展,发展到跨省、跨区域,甚至是跨国举行。演练规模的不断扩大,对全国、全球范围内快速、协同、灵活、精准的应对大规模非常规突发事件具有非常重要的意义。

2013 年 5 月 12 日,我国作为太平洋海啸预警系统成员国,第四次参与联合国教科文组织政府间海洋学委员会发起的泛太平洋区域大规模跨国海啸演习。国家海洋局组织国家海洋环境预报中心、国家海洋局各分局及沿海各省、区、市海洋部门参加了2013年海啸演习,如图2-6所示,演习全程利用全国海洋预报远程视频会商系统开展,涵盖海啸预警信息制作分发以及海啸应急响应决策服务等环节。演习模拟在菲律宾以西海域发生9.0级海底地震,引发特大海啸,国家海洋预报台接收地震信息后,第一时间将海啸警报向国家海洋局汇报,国家海洋局和沿海各级海洋部门启动应急响应,迅速将海啸警报发送至受影响的沿海各地。各级海洋预报机构针对相关海域内的核电、港口、交通、石化、仓储等重点保障目标开展海啸预警工作。在确认海啸过程已经结束后,国家海洋预报台发布了海啸警报解除通报[31]。

图2-6　我国参与泛太平洋区域大规模跨国海啸演习[32]

此外,近些年许多应急管理机构开始尝试开展"无脚本"演练[33]、"双盲"演练(即不预先通知参演者、不预先告知演练地点和科目)[34]等创新的演练模式,以期更真实地检验参演机构的应急准备情况和参演人员的应急知识、技能储备、实战指挥能力和应急反应水平等。

第二节　应急演练的国内外现状

一、美国应急演练现状

1979年4月1日,美国成立联邦应急管理署(Federal Emergency Management Agency,FEMA),从建立至今,FEMA一直致力于引领美国的应急准备、灾害预防、应急响应以及灾后恢复。2003年3月1日,FEMA并入美国国家安全部(DHS),其中心任务是保护国家免受各种威胁,维护美国的国家安全。美国联邦政府应急演练由DHS领导,主要设有10个国家级项目,如表2-1所列[27]。这10个国家级项目中,国家演练项目(National Exercise Program,NEP)和国土安全演练与评估项目(Homeland Security Exercise and Evaluation Program,HSEEP)是DHS应急演练的两大核心项目。

表2-1 美国联邦政府应急演练国家级项目

国家级项目名称	介绍
国家演练项目 (National Exercise Program)	为联邦政府编制符合国情和战略部署的应急演练年度计划,并关注和分析演练成果及存在问题,为提高国家应急演练水平提供可靠依据
国土安全演练与评估项目 (Homeland Security Exercise and Evaluation Program)	关注演练实施的表现和应急能力评价标准
国际交通安全演练与评价项目 (National Intermodal Transportation Security Exercise and Evaluation Program)	美国国际交通运输业应对恐怖主义的演练
危险化学品储存应急演练项目 (Chemical Stockpile Emergency Preparedness Program)	帮助全美六个危险化学品储存地附近社区通过演练增强其应急能力
放射性物质的应急准备演练项目 (Radiological Emergency Preparedness Program)	提高邻近放射源社区应对辐射危机的自救互救能力
高级演练实践专家项目 (Master Exercise Practitioner Program)	美国应急管理学院(EMI)培养高级演练人才的教育课程
海岸警卫队应急准备与响应演练项目(U.S. Coast Guard National Preparedness for Response Exercise Program)	侧重于演练和评估政府区域应急预案和海岸工业泄漏(石油和危险物质)应急响应计划
重大石油泄漏演练项目 (Spill of National Significance Exercise Program)	防止石油或危险物质泄漏严重事件
大城市医疗救援响应系统项目 (Metropolitan Medical Response System program)	提升医疗危机下的城市医疗急救效率
国家战略储备演练 (Strategic National Stockpile Exercises)	关注药品和医疗用品的快速分配与供给

应急演练在美国有多种分类,在国土安全演练与评估项目(HSEEP)中,将其分为讨论型演练和实操型演练两大类,详见表2-2[35]。讨论型演练侧重于战略与策略问题,实操型演练侧重于与应急响应有关的战术问题。

表 2-2　美国的应急演练分类

讨论型演练 (Discussion-Based Exercises)	小型研讨会(Seminars)
	专题讨论会(Workshops)
	桌面演练(Tabletop Exercises)
	情景模拟游戏(Games)
实操型演练 (Operations-Based Exercises)	操练(Drills)
	功能演练(Functional Exercises)
	全面演练(Full-scale Exercises)

HSEEP 为应急演练全过程提供了一整套具体的方法、信息和工具支持，包括如何进行演练管理、设计、实施、评估和改进等。HSEEP 适用于应急演练的所有任务阶段，包括预防、准备、减缓、响应以及恢复，该项目在战略层面提供标准化方法、术语体系、全局性的元政策和宏观战略，为所有政府应急演练项目提供标准化方法和指导原则。HSEEP 提出的"Exercise Cycle"将美国的应急演练分为设计开发、实施、评估和改进计划四个环节。HSEEP 将每个环节都具体化为清晰的流程化工作步骤[35]，如图 2-7 所示。

为了使演练设计与实施过程更加科学规范化，HSEEP 提供了一系列的应用工具，来辅助组织者或评估者开展相关工作，如《国家应急目标能力清单》规定了 37 项能力，辅助组织者设计演练的目的；《国家应急通用任务清单》将上述目标能力分解为 2000 多项任务，辅助组织者设计演练目标和脚本；《国家应急演练评估指南》包含数十个评估模板，辅

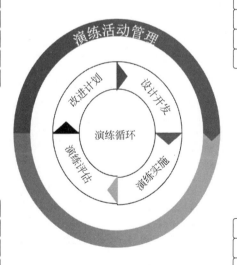

图 2-7　HSEEP 提出的"Exercise Cycle"

助评估者设计演练评估表。此外 HSEEP 还提供了一系列文件模板(如工作手册模板、总结报告模板)、工作模板(如会议议程模板)、多媒体资料(如针对不同突发事件的图片、场景音视频等),以简化和规范各级政府的应急演练工作。通过这种工程化的管理,能够减少演练过程中的人为因素造成的影响,有效保证输出高质量的应急演练。HSEEP 项目形成了一套体系化的方法,即 HSEEP 方法。尽管没有强制的规定,但几乎所有接受国土安全部批准资助的应急演练项目都按照 HSEEP 方法开展应急演练。

美国的国家演练项目(NEP)是集全国演练制度、规程、方法、学习与交流平台、政策支持为一体的国家总体演练工作安排,具有统领全国演练工作的职能。在 NEP 中规定了全国演练工作的基本政策与战略,以及国家演练总体安排,为各级政府制定应急演练年度计划提供依据。NEP 是对此前已设立的 HSEEP 项目及其他所有各类演练项目的整合与提升,旨在最大限度地提升美国政府体系的整体应急准备能力。在 NEP 的实施文件中,HSEEP 方法被定义为权威参照文件和所有层次 NEP 演练计划的文献基础之一[27]。

经过多年的实践,NEP 现已形成以两年为一个周期的演练模式。在每个 NEP 周期内,FEMA 会组织一次国家级应急演练(National Level Exercise,NLE)。2018 年 5 月初,NLE 汇集了 12 000 多人,学习 2017 年飓风"哈维""艾玛""玛利亚"的经验教训,目的是在 2018 年飓风季来临之前检验各级政府、私营部门和非政府组织的应急能力,改进各级政府、私营组织和公众的运作和协调能力,以防范、应对中大西洋飓风[36]。此外,作为演练的一部分,超过 45 000 人参与了应急准备活动和演练活动。演练场景以一场虚构的大型飓风"Cora"为背景,该飓风在弗吉尼亚州汉普顿路附近登陆,对经过地区的住宅、商业和重要基础设施造成了严重破坏,包括造成了大规模的停电和级联效应,给通信、交通、供水和公共设施带来了巨大影响。

这场演练由联邦支持,州进行管理和指导,当地负责执行。来自白宫和内阁的高级领导人以及 91 个联邦部门和机构,以及马里兰州、特拉华州、弗吉尼亚州、宾夕法尼亚州和西弗吉尼亚州 5 个州和 67 个地方管辖区以及哥伦比亚特区共同参与了本次 NLE,如图 2-8 所示。几个州联合开展了演练以检验疏散决策和飓风登陆前保护行动,州长主持了现实世界的媒体活动,讨论和推广 NLE。FEMA 的Ⅲ区行政长官与州应急管理主任、其他州和地方官员举行了多次电话会议,协调、统一联邦政府对州和地方合作伙伴的支持;67 个地方管辖区参与了演练,测试了应急行动中心并和社区共享了准备信息;超过 160 个非政府组织和 FEMA 国家商业应急行动中心合作,讨论公众和非政府组织如何在灾害期间更好地协调。

在演练过程中,使用了很多创新性的技术,包括一整套动态在线工具和资源,可以将地面实况和场景数据可视化展示,如图 2-9 所示。这些工具展现了风暴的影响、停电、疏散路线和交通数据,演练参与者可以访问实时数据,推进演练的进行。演练组织员还开发了实时 GIS 产品,支持演练参与人员对新的或扩展的场景效果的请求。NLE 还提供了一

第二章 应急演练的发展与国内外现状　31

图 2-8　来自 FEMA 的领导和跨部门合作伙伴、州官员在飓风"Cora"登陆前商讨准备行动[37]

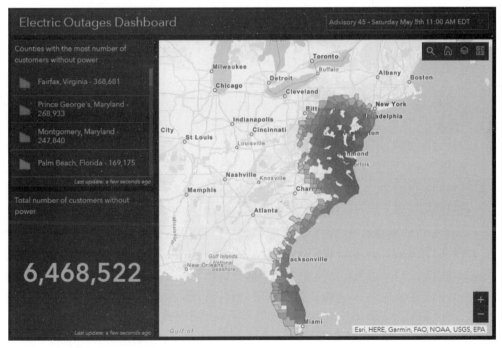

图 2-9　飓风"Cora"事件日志提供基础设施受到的影响和其他数据的实时更新[37]

个综合的模拟媒体环境,包括合成电视、广播、社交媒体以及组织网站等。通过合成媒体平台向演练人员展示新闻报道、风暴预警、演练人员访谈、GIS建模等场景元素。合成媒体平台的新闻和社交媒体会随着演练人员的行动、采访和公共事务活动而变化更新。

二、日本应急演练现状

日本是北太平洋上由若干个岛屿组成的狭长岛国,由于处在欧亚板块、太平洋板块的交汇区域和太平洋环火山带频繁活动地区,地震、台风、海啸、火山喷发、暴雨等自然灾害频发。面对各种灾害特别是自然灾害的严峻挑战,日本各级政府高度重视防灾减灾工作、应急能力培训以及应急演练工作。

为纪念1923年9月1日的关东大地震,日本自1960年起,将每年的9月1日定为"防灾日",8月30日—9月5日为"防灾训练周"。在防灾训练周期间,各个地区的政府、企业单位、学校等机构都要进行应急演练、开展防灾教育培训活动,普及防灾避灾和应急救援知识。在日本的县市,由政府出资建设了众多市民防灾体验中心,免费向公众开放,公众通过体验和感受不同程度的灾害,增强防灾意识,通过实践掌握基本的自救、互救技能[38]。

日本积极开展应急教育,各都/道/府/县基本都编有《危机管理和应对手册》或《应急教育指导资料》等教材,指导中小学开展灾害预防和应对教育[39]。日本将防灾应急教育内容列入国民中小学教育课程,通过理论授课、参观应急单位相关活动、参加应急演练等方式培养学生的应急能力。同时,教育部门还规定学校每个学期都要举行防灾应急演练活动。日本各地一般还设有应急教育培训中心,通过多种交互式、体验型防灾学习培训项目,如急救救护、灭火、人员逃生等,让民众充分学习、体验到防灾、避灾、救助、逃生等多方面的基础知识和基本技能。

日本的综合防灾演练多以地震防灾演练为主,也有开展水灾害应急演练、核能防灾演练等其他灾害演练。2015年"防灾日",日本中央政府实施了假想首都发生直下型地震的综合防灾演练,召开了由首相安倍晋三主持的"紧急灾害对策总部会议",安倍晋三出席与东京都对策总部的电视会议,在确认"受灾"情况后召开记者会。

2016年"防灾日",日本政府举行了例行综合防灾训练,模拟和歌山县南部海域发生里氏9.1级大地震,有关部门对太平洋一侧沿海地区发出了大海啸警报,日本内阁成员召开"紧急灾害对策总部会议",确认中央各部门的对策方针等事宜。

2017年"防灾日",日本中央政府再次进行了假想首都发生直下型地震的综合防灾演练,在神奈川县小田原市,首都圈9个都县市与自卫队、驻日美军携手进行了联合防灾演练。

2018年"防灾日",日本中央政府及多地政府与当地居民携手,共同开展应对大地震及海啸等灾害的防灾演练,内阁成员召开"紧急灾害对策总部会议",确认各地的受灾情况以及各省、厅的应对情况,之后召开临时内阁会议,会议确立了"人命救助第一"的基本方针,决定从全日本向受灾地派遣自卫队、警察、消防队等力量进行全力救援,同时要确保广大受灾者生活必需品的供应和避难场所充足。此外,首都圈多个地方政府与自卫队合作,在川崎市进行了假想首都发生大地震的联合训练,如图 2-10 所示。

图 2-10　日本 2018 年"防灾日"东京地震模拟演习[40]

三、英国应急演练现状

英国是以地方政府为主,实行属地管理的应急管理体制,发生突发事件后,一般由所在地政府组织当地警察、消防、医护等部门进行处置,其他政府部门与非政府组织参与协助和支持[41]。中央政府负责应对全国性的重大突发公共事件,并在地方政府提请帮助时,进行跨地区跨部门的协调支援。基于这种体制设置,英国的各项应急演练活动主要都是以地方政府或企业为单位举行。

2004 年,英国政府通过了最新的《国内紧急状态法》(The Civil Contingencies Act, CCA),该法案和支持性条例以及法定指南《应急准备》(Emergency Preparedness)明确了从国家到地方各级参与应急准备和响应的人员的角色和责任,有助于各地方政府提供更一致的民事保护活动,促进响应人员之间系统性的合作,同时为健全的绩效管理奠定基础[42]。CCA 的具体内容包括在日常工作中,对可能引起突发事件的各种潜在因素进行风险评估,制定相应的预防措施,进行应急处理的规划、培训及演练;在突发事件出现后快速进行处置,在应对过程中强调各相关部门之间的合作、协调和沟通;突发事件处置结束后,要使社会及公众从心理、生理和政治、经济、文化的非常状态中迅速恢复到平常状态,并及时总结应急处理过程中的经验教训[43]。

在突发事件应急管理机制建设方面,英国强调事前、主动、系统的应急响应理念,在应急准备阶段对于应急预案、应急资源等各项工作都有充分的投入,一旦发生事故能够迅速启动整个应急系统,集结中央、地方、商企、民间等各方面的力量来应对和处理紧急事件。英国建立了"金、银、铜"三级应急指挥机制,实现了突发事件应急处置的统一、高效。如图 2-11 所示,"金"层级也称作战略层,是指挥和控制的战略层,为各响应机构建立和管理政策、战略和总体响应框架;"银"层级也称作战术层,是指单一机构的指挥和控制的战术层,管理突发事件的应急响应;"铜"层级也称作行动层,是指单一机构内的指挥和控制层级,在事件现场或相关区域负责实际行动管理工作。

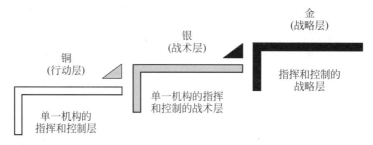

图 2-11 英国的应急指挥和控制层级

由于英国应急管理实行"金、银、铜"三个层级的突发事件应急处置模式,各应急单位在进行大型综合应急演练时,也是实行"金、银、铜"这种分层级的事件处理演练模式。

2016 年 2 月,经过一年多的计划,英国伦敦消防部门耗资 77 万英镑在一个废弃的发电站进行了一场浩大的地铁事故应急演练,以锻炼各方人员在面临恐怖袭击等重大灾难事件时的应急救援技能。

据英国广播公司描述,演练场景为恐怖分子策划了一场袭击,炸毁了伦敦一个地铁站附近的一栋大楼。如图 2-12 所示,大楼倒塌后压在地铁站上,站内多列火车出轨,超过 1000 人死亡,2000 人受伤,很多乘客被困车厢,救援人员四处搜索被困人员。

图 2-12 英国 2016 年伦敦地铁事故应急演练[47]

为模拟恐怖袭击现场，发电站里面放置了七节车厢以及上千吨的砖石废渣。本次演练持续4天，动员了包括伦敦的警察部门、消防局、救护中心、运输部门，以及来自其他郡县的共计70个英国组织，和来自欧洲及其他国家的救援人员共计2000多人，一起参与了这场在当时号称"欧洲有史以来最大规模的灾难救援演练"。

这次演练过程极为逼真，1000多名志愿者充当"受害者"，英国当地艺术工作者给他们精心化妆，"受害者"有的满身是血，有的失去腿脚，多处场景还放置"假人"以模拟死去的市民。现场各种声音震耳欲聋，叫喊声、撞击声和哭泣声此起彼伏，向首批到达的消防人员和警察求救。此次演练给各部门合作提供了难得的机会，包括联合救援、尸体辨认等，甚至法医专家都到现场参与联合演练[44-46]。

四、我国应急演练现状

在应急演练制度方面，我国目前尚未形成类似美国的较为完整的应急演练体系，我国对演练活动的强制化要求主要体现在各级组织机构制定的应急预案的具体内容中。

2002年，我国颁布实施《安全生产法》，该法规定了编制事故应急救援预案、定期组织演练等法律条文，事故应急救援工作的管理逐步走向正规化、系统化和常态化。

2009年，为加强对应急演练工作的指导，增强应对突发事件的能力，促进应急演练规范、安全、节约、有序地开展，原国务院应急办出台《突发事件应急演练指南》[18]，这是国内专门用于规范全国各领域应急演练活动的指导性文件。

2011年，原国家安全生产监督管理总局批准施行安全生产行业标准《生产安全事故应急演练指南》（AQ/T 9007—2011）。该标准规定了生产安全事故应急演练的目的、原则、类型、内容和综合应急演练的组织与实施，其他类型演练的组织与实施可参照该标准进行。

2015年，原国家安全生产监督管理总局发布安全生产行业标准《生产安全事故应急演练评估规范》（AQ/T 9009—2015，详见附录A）。该标准规定了生产安全事故应急演练评估的目的、原则、类型、内容以及工作程序与方法。演练评估组织以及实施单位可根据演练形式、演练规模和复杂程度参照该标准进行。

2016年年底，党中央、国务院出台《关于推进防灾减灾救灾体制机制改革的意见》，"意见"要求将防灾减灾纳入国民教育计划，加强科普宣传教育基地建设，推进防灾减灾知识和技能进学校、进机关、进企事业单位、进社区、进农村、进家庭。深入创建综合减灾示范社区，定期开展社区防灾减灾宣传教育活动，组织居民开展应急救护技能培训和逃生避险演练，增强风险防范意识，提升公众应急避险和自救互救技能。

我国全国性的防灾减灾宣传教育工作正式起步于2009年。为纪念汶川地震，顺应社会各界对我国防灾减灾关注的诉求，以及提醒国民前事不忘，后事之师，更加重视防灾减灾,经国务院批准,自 2009 年起,每年 5 月 12 日为"全国防灾减灾日"。通过设立"全国防灾减灾日",定期举办全国性的防灾减灾宣传教育活动、开展防灾减灾救灾演练,进一步唤起社会各界对防灾减灾工作的高度关注,增强全社会防灾减灾意识,普及推广全民防灾减灾知识和避险自救技能,提高各级综合减灾能力,最大限度地减轻灾害损失。

从 2009 年设立首个"全国防灾减灾日"开始,之后的每一年,国家减灾委员会在部署全国防灾减灾日有关工作时,都会明确一个主题,以便更好地指导各地开展全国防灾减灾日宣传教育活动,表 2-3 所列为 2009—2018 年全国防灾减灾日的主题以及和应急演练相关的内容。

表 2-3　2009—2018 年全国防灾减灾日主题内容

年份	主　题	应急演练相关内容
2009	首个"全国防灾减灾日",无主题	开展形式多样的防灾减灾演练
2010	减灾从社区做起	组织开展形式多样的防灾减灾应急演练活动
2011	防灾减灾从我做起	积极组织群众开展防灾减灾演练
2012	弘扬防灾减灾文化,提高防灾减灾意识	广泛开展防灾减灾演练活动
2013	识别灾害风险,掌握减灾技能	积极开展防灾减灾应急演练活动
2014	城镇化与减灾	修订完善应急预案,组织开展防灾减灾演练
2015	科学减灾,依法应对	修订完善应急预案,积极开展防灾减灾演练
2016	减少灾害风险,建设安全城市	完善应急预案,积极开展防灾减灾演练
2017	减轻社区灾害风险,提升基层减灾能力	及时完善应急预案,积极开展防灾减灾救灾演练
2018	行动起来,减轻身边的灾害风险	修订完善应急预案,扎实开展防灾减灾救灾演练

2018 年 5 月 12 日是我国第十个"防灾减灾日",2018 年 5 月 7 日—13 日为"防灾减灾宣传周"。为深入推进全国防灾减灾日宣传活动,上海市推出防灾减灾科普教育体验活动,向市民免费开放;江苏南京建成并投入使用以"消防安全"为主题的教育体验中心,面向广大青少年和社会单位消防岗位员工开放;安徽合肥开展水上真人模拟现场搜救,引导社会力量参与应急救援演练;浙江省开展专业救援力量与民间救援力量的联合应急救援演练,通过军地融合、区域联动、快速反应、科学高效救援、积极稳妥救灾,为民间应急救援力量有序有效参与救灾提供新思路……

经过十年的实践,各地结合当地实际逐渐形成了各自的应急演练模式。2012 年 5 月,四川省以汶川地震重灾区为重点,在全省范围举行了防灾救灾综合实战演练,演练涉及紧急避险与疏散转移、救援力量快速集结、空中救人、水上救人、抢通保通、医疗救护、应急通信、电力保障、化学品处置、临时安置等多个科目[48];2014 年 12 月,北京市举行城市轨道交通重大运营突发事件应急演练,模拟高峰时段运营列车在隧道内发生脱轨事故,开展了客流疏散、伤员救助、乘客转运、设备抢修等 10 个项目的应急处置[49];2016 年 12 月,泛珠三角区域内地 9 省(区)跨江(河)区域防洪抗灾联合应急桌面演练在江西省政府应急指挥中心举行,演练以江西省遭遇长江、鄱阳湖特大洪水为背景,以九江市城市内涝和沪昆高铁萍乡段中断事件应急处置为案例,完整推演信息报告、应急响应、应急处置、应急联动等预案规定程序,旨在提高江西省跨区域重大洪涝灾害的联合应对处置能力[50]。

广州市在传统的应急演练模式的基础之上,勇于创新更加贴近实战的演练方法,在全国率先推行"双盲"应急演练[51]。"双盲"应急演练不预先通知演练人员,不预先通知公众,重点检验应急预案的科学性与实用性、指挥人员的临机决策能力、应急队伍的快速反应与协同联动能力,其能够真实地检验全市的应急基础状态,锻炼应急队伍,不断优化应急机制,提升应急处置能力。为规范应急演练组织、任务、目标、实施、保障等各环节,广州市编制了《双盲应急演练指南》,制订量化考评指标体系,全面提升应急演练实战性、科学性和有效性。自2012年起,原广州市应急办将每年第三季度定为全市"应急演练季",每年确定一个主题,在第三季度集中组织开展大型综合性应急演练,推动"双盲"应急演练常态化。2012—2014的三年中广州市一共开展180多场"双盲"演练竞赛,设置四大类近百种突发事件及次生、衍生灾害情景,演练科目涵盖城市运行系统各个环节,300多支应急队伍、4000多人次参与演练。此外,为把应急管理宣传教育培训与实践紧密结合,广州市将"双盲"应急演练下沉到镇(街),重点组织基层单位、应急志愿者、社会公众等参与"双盲"应急演练,突出示范、指导和宣教作用。社区应急救援服务站、微型消防站、应急志愿者队伍等应急服务组织在应急演练后也得到了公众的了解和认同[52]。

总体上,各地的应急演练日益从经验式演练转变为更加科学规范的演练方式,演练效果与质量不断增强,对于应急能力的提升起到了重要的推动作用[53]。

提高国家应急管理能力和水平,提高防灾减灾救灾能力,确保人民群众生命财产安全和社会稳定,是我们党治国理政的一项重大任务。为防范化解重特大安全风险,健全公共安全体系,整合优化应急力量和资源,推动形成统一指挥、专常兼备、反应灵敏、上下联动、平战结合的中国特色应急管理体制,国务院积极推动应急管理体制改革,于2018年组建了应急管理部,作为国务院的重要组成部门。2018年4月16日,国务院应急管理部正式挂牌成立,其主要职责之一便是推动应急预案体系建设和预案演练。国务院机构改革后,公安消防队伍、武警森林部队和安全生产应急救援队伍归为应急管理部管辖,改变了原来因管辖权不同而不便于联合训练和联合演练的状况,有助于开展大规模跨区域综合应急演练。

2018年6月24日—27日,应急管理部在正式挂牌仅两个月后,在云南举行"担当——2018"大规模地震救援实战演练,这也是应急管理部成立后首次开展跨区域地震救援实战演练[54]。此次演练采取"无脚本"演练方式,模拟云南省某地发生里氏7.0级地震,造成建筑倒塌、大量人员被埋压、道路交通阻断、震区通信设备损坏、公网瘫痪等场景。如图2-13所示,接到信息报告后,应急管理部立即启动应急响应,按照特别重大灾害应急响应预案、工作手册和保障机制要求，部领导和有关司局同志迅速到岗就位，根据职责分工模拟开展了震情灾情监测、灾损快速评估、救援力量调集、救灾物资调配、通信交通保障、防范次生灾害和信息发布等工作。云南省消防总队调动滇西、滇东 11 个消防支队近千名救援人员，56 犬 104 车，协同省公安厅、财政厅、民政厅、地震局和通信管理局等单位，开展了生命迹象搜索、狭小空间救援、大面积坍塌构筑物破拆、平衡救援和高空救援、深井救援、危化品车辆事故救援等抢险救援工作。

图 2-13　应急管理部组织的"担当——2018"大规模地震救援实战演练[54]

第三章

应急演练规划与设计

第一节 应急演练规划

应急演练规划是在开展应急演练之前提出工作计划,梳理演练需求、范围、目的,确定演练任务,提出应急演练基本构想和初步安排,起草应急演练工作计划并报请有关领导审批的过程[18],如图3-1所示。

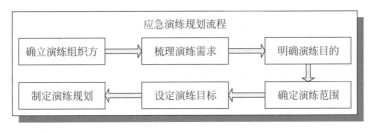

图 3-1 应急演练规划流程

一、确立演练组织方

确立应急演练的组织方,是启动应急演练项目后的第一步工作。演练组织机构要成立由相关领导和专家组成的应急演练领导小组,负责统筹、指挥、协调演练规划、设计、准备、实施和评估过程中的各项工作。如表3-1所列,根据演练规模,可以设置应急演练规划组、实施组、评估组、综合保障组等多个工作组,必要时还可以设置专门的协调办公室负责协调各方需求。组织方的核心成员应包含各参演方的具有不同背景的专业人员。

表 3-1 应急演练组织方及其职责

应急演练组织方	主 要 任 务
应急演练领导小组	负责统筹、指挥、协调演练全过程中的各项工作
应急演练规划组	负责梳理演练需求、目的、目标等，负责设计演练方案，编制演练脚本与演练手册等
应急演练实施组	负责演练实施过程中的组织、导调、协调等工作
应急演练评估组	负责设计演练评估方案，组建评估团队，开展演练评估
应急演练综合保障组	负责演练的综合保障工作，包括人、财、物及安全保障

各个工作组参与的演练阶段不一致，因此其工作人员可以有交叉。比如规划组成员主持编制了演练计划并设计了应急演练脚本，对应急演练流程非常熟悉，实施组成员可以从规划组中选拔，有利于演练任务顺利实施并使演练达到预期效果。

二、梳理演练需求

针对存在的主要风险和工作不足，梳理举办应急演练的需求，包括需进一步明确的职责分工、需要完善的应急响应工作流程、需要细化的应急任务、需要锻炼的专业队伍和专业技能、需要检验的应急设备等，进而提出应急演练的初步内容。应急演练最主要的主体性要素是组织者和参演者，所以在梳理演练需求时可以从这两方面入手。

应急演练的组织者可能是某一级行政组织、事业单位或企业，也可能是其他培训机构。分析组织者需求就是充分了解、清楚掌握其组织演练的初衷，明确该组织想要通过演练解决哪些问题，提高哪些应急能力，改进哪些工作。在分析过程中，要收集的关键信息有：上级领导的要求；组织机构的系列演练规划；以往突发事件处置或演练的总结报告和改进计划；区域的风险评估报告；相关的预案和程序；有关的资助协议或合作协议要求等。

应急演练的参演者是演练所期望的提升应急能力的主体，因此应急演练的规划与设计必须充分考虑参演者的需求和实际水平。通过收集和掌握参演者所在机构的演练需求、参演者接受过的应急培训和演练、参演者已有的应急处置经历等背景信息，分析其对应急演练的期望和要求。

经过上述调查与分析，在充分了解组织者与参演者需求的基础上，得出应急演练需求结论。

三、明确演练目的

如前所述,应急演练的目的包括检验预案、完善准备、锻炼队伍、磨合机制和科普宣教,其核心目的是提升组织的应急能力。因此需要从演练需求分析中提炼出需提升的若干应急关键能力项。

梳理应急能力清单并确定应急能力的评估方法,能够为明确应急演练目的提供依据。我国在国家"十五"科技攻关项目中设置专题《城市应急能力评估关键技术与应急辅助决策支持系统研究》,在该课题的研究成果中,邓云峰、刘铁民等学者将城市应急能力评估体系细分为18大类[55],形成了一个指标体系和评价模型,其一级指标如图3-2所示。在国家科技支撑计划项目《关键技术标准推进工程》中,李忠强、杨锐等对比美国、日本、我国等国内外应急能力评估与标准现状,结合我国应急管理四个阶段,提出了一套突发事件应急能力评估标准,如表3-2所列[56]。为响应国务院《关于推进城市安全发展的意见》(2018年1月发布),深圳市政府积极推进城市应急能力建设,于2018年5月发布了深圳市突发事件应急能力评估体系,进一步细化了深圳市在不同灾害类型下的应急能力项及评估方法[57]。

图3-2 城市应急能力评估体系[55]

可以利用应急能力评估体系对组织机构的应急能力进行初步评价,结合需求分析的结果,确定应急管理中的薄弱项,为进一步规划应急演练奠定基础。当然,一次演练往往侧重某几项应急能力的提升,因此在演练规划文本中描述演练目的时,应明确需要提高的应急能力范围和要求。

表 3-2 突发事件应急能力评估指标体系[56]

一级指标	二级指标	三级指标	一级指标	二级指标	三级指标
预防与准备能力	法律法规标准	法律范围	监测与预警能力	突发事件预警	预警制度
		法律责任			预警时效性
		法律程序			预警发布途径
	应急预案	完备性			预警应对措施
		操作性	应急处置与救援能力	应急处置机制	应急救助和安置
	应急保障资源	应急避难场所			应急保障和保护
		应急物资			应急控制和禁止
		应急通信设施		应急指挥协调	应急指挥部组成
		应急资金			应急决策效率
		安全疏散工具			应急协调联动
	风险评估	危险源与隐患排查制度			应急辅助决策系统
		危险源与危险区域登记及向社会公布		应急组织机构	专门应急组织
					协同应急组织
		风险的控制和减缓措施			应急专家库
				突发事件信息发布	信息发布速度
					信息发布准确度
	应急培训演练	应急管理人员和专业人员培训		善后处置	征用物资赔偿
					征用设施归还
		公众应急宣传普及			人员抚慰抚恤
		应急演练			社会救助
	应急队伍	综合性应急救援队伍	事后恢复与重建能力	恢复与重建支持	物资支持
		专业性应急救援队伍			资金支持
		军队			技术支持
		志愿者		事后评估与调查	损失评估
		社会资源			原因调查
监测与预警能力	应急信息监测	监测网络和体系建设			改进方案
		监测人员设施		奖励与处罚	表彰奖励
		应急监测信息评估			责任追究
	应急信息报送	信息报送机构			
		信息报送渠道机制			
		信息报送速度			
		信息报送内容			
		信息审核			

四、确定演练范围

确定演练范围需对演练的突发事件类型、演练的类型、演练的主要参与方、演练中要体现的机制、演练的时空范围、演练的经费预算、可调用的资源等要素进行界定。

（1）演练事件的类型与等级。演练规划要确定演练哪种突发事件，以及事件的严重程度和对应的响应等级。可以只确定单一灾害类型进行演练，也可以选择一条灾害链，增加演练的复杂程度。

（2）演练的类型。确定是开展桌面演练、模拟演练，或是实战演练；是进行单项演练或者综合演练；是开展检验性演练、示范性演练，或是研究性演练。

（3）演练的主要参与方。根据突发事件类型所对应的应急预案，确定演练的主要参与机构，并根据所选的演练类型，确定组织者和参演者的合适人选。

（4）演练中要体现的机制。应急演练体现的主要是应急处置与救援阶段的工作机制，如快速评估机制、决策指挥机制、协调联动机制等，明确要体现的工作机制，以及与应急机制对应的各参与方职责，有利于确定演练的对象和目标。

（5）演练的时空范围。根据历史案例和风险评估结果，选择典型的事件发生区域范围和时间范围，将演练中的重点和难点凸显出来，以便后继的演练场景设计。

（6）演练的经费预算与可调用的资源规划。根据演练的类型和参与方，对演练所需的财力、物力资源进行规划。

五、设定演练目标

应急演练目标，是指演练需要完成的主要任务与要达到的效果。一个完整的演练目标应包含如下要素：

（1）执行者，即由谁来完成该演练目标对应的演练任务；

（2）演练任务，即对应于该演练目标，执行者需做出的具体行动；

（3）触发条件，即在什么条件下执行者做出行动；

（4）依据标准，即执行者依据什么要求/标准做出行动；

（5）行动效果，即执行者执行具体行动所需达到的效果。

完整的演练目标示例如图3-3（a）所示。但是在非行动类的应急演练中，如以讨论问题和分析问题为主的桌面演练，大部分演练目标并不具备如下完整的要素，如图3-3（b）所示。

演练目标是为了落实演练目的而分解出来的具体的、可量化考核的工作指标，也是后继设计演练方案的具体指针，是演练评估的重要依据。一次应急演练应设置若干演练目

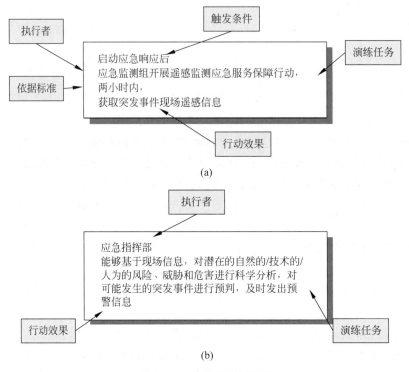

图 3-3 应急演练目标示例

标,并围绕演练目标,在演练方案中设置相应事件和演练活动予以体现,在演练评估中设置相应的检验方法判断该指标的实现情况。对于缺乏实践经验的参演者,演练目标的难度要适当降低,主要放在如成员之间有效沟通,对应急流程的掌握等方面;对于多次参演的参演者,则可以设置难度较大的演练目标,如进行态势分析、风险评估、预判预警等方面。

李雪峰等认为,应急演练目标可以从三个维度进行设计和表述,即认知目标、技能目标、态度目标。认知目标描述的是参演者对演练过程涉及的应急预案、组织机构、职责权限、应急流程等的认知程度,包括了解、理解、运用和创新四个层次。技能目标描述的是参演者对演练过程中涉及的应急行动的掌握程度,包括模仿、适应、运用和创新四个层次。态度目标描述的是参演者执行演练任务过程中表现出的主观能动性,包括注意、响应、接受、综合四个层次[19]。

六、制定演练规划

演练规划向上是对上述应急演练需求、目的、范围、目标的全面描述,向下是对演练项目的安排计划、工作进度、安全保障、物资与经费来源等保障性事务的全面描述。在应急演练规划的后期着手撰写演练规划书(也称为演练计划书),并经过多次修改完善后,上报有关领导审核确定,并下发到各参演单位。

第二节 应急演练设计

应急演练设计是在应急演练开展之前,设计演练情景、流程,选定评估方法,开发各种工具,编制各种文件,形成一整套应急演练方案并报请有关领导审批的过程[18],如图3-4所示。应急演练设计以应急演练规划中提出的演练需求、范围、目的为依据。

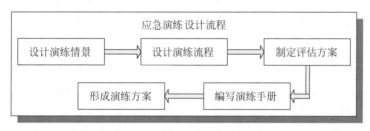

图 3-4 应急演练设计流程

一、设计演练情景

演练情景设计是指对拟演练的突发事件按其发生、发展过程进行叙述性说明,针对该假想突发事件设计一系列有逻辑进程关系的情景,引入应急组织需开展的应急行动,引导演练不断进行下去,从而全面检验演练目标的达成和演练目的的实现情况。情景设计包括事件体系设计和场景设计,情景设计要以应急演练目标为依据,展现应急现场各方汇集的需求、矛盾、冲突,为参演者检验其应急能力提供充分的演练空间。

演练的开展需要由一个初始事件来触发,初始事件可以是如自然灾害等不可抗因素或偶然因素,也可能是人为失误或蓄意破坏。对于小规模的模拟演练,可以只设置单一事件,并基于该事件设计应急救援的场景。对于大规模的应急演练,可以将初始事件设为原生事件,并在其发展过程中,触发系列次生、衍生事件,形成一个事件体系,原生事件与次生、衍生事件互相叠加、耦合,形成更为复杂的局面,以考验应急组织的综合应急能力。事件信息包括:

(1)事件基本信息,如事件发生的时间、地点、事件类型等。

(2)事件初始信息,包括启动应急演练时,事件的基本情况描述,可能影响的区域范围等,这是应急演练的逻辑起点。

(3) 事件演变信息,描述事件的发展过程,可以采取事件树的形式,结合时间轴将单个事件拆分为若干个更具体的事件,设置事件发展的重要节点,或者列出可能触发的次生、衍生事件等。在突发事件类型的选择上,贴合演练所在地现实中的风险评估结果,选取其中易发生、危害大的突发事件,能够增强演练的针对性和实效性。

确定应急演练的事件体系后,就可以围绕事件的发生发展,设计演练场景。演练场景描述的是应急组织需要应对的场景,包括四方面的内容:

(1) 事件发生的地理环境、气象条件、人口、经济、区划等自然场景和社会场景。

(2) 事件造成的影响,如人员伤亡情况、经济损失情况、重要设施(如道路、通信、水电供给等)破坏程度、暴露的新的风险隐患等。

(3) 参演者的应急管理能力,包括应急装备配置情况、专业队伍建设情况、应急场所/资源保障能力等。

(4) 先期处置措施,包括事发地有关部门、社会组织或民众已经采取的措施,如发出预警、赶往现场、先期救护等。较大规模的应急演练场景往往是动态的,比如在事件体系的推动下,气象条件恶化、人员伤亡扩大、基础设施失效、资源保障不足、救援能力降低、风险隐患演变成新的突发事件等。

关于演练情景,可以以一段文字将上述各方面内容描述出来,也可以用一个情景设计表来描述,如表3-3所列。表中事件2、3等的场景信息,如和原生事件一致,则可不必列出,专属情况或特殊情况则需再单独列出。参演者的应急救援能力一栏,并不一定与参演者的实际能力相符,而是应根据演练设计来填写。例如,演练的目标是检验参演者跨区域协同联动能力,则参演者的应急救援能力一栏可以有目的性的缺失某些能力,并要求其在演练过程中与周边区域进行协商,跨区域调动应急救援力量。

表3-3 演练情景设计表

事件信息			
演练时间			
演练地点			
初始触发事件			
事件体系(事件链)	事件1:		
	(突发事件类别)		(详情)
	事件2:		
	(突发事件类别)		(详情)
	事件3:		
	(突发事件类别)		(详情)

续表

场景信息	
事件1：	
区域自然场景	
区域社会场景	
事件初始影响	
区域应急救援力量	
先期处置情况	
事件2：	
事件3：	

二、设计演练流程

如第一章第三节中"四、应急演练的系统要素"所述，应急演练的主体性要素是指演练的各参与方，包括组织者、模拟者、参演者、评估者和观摩者。演练流程是由组织者、模拟者和参演者三方共同参与及推动的，评估者和观摩者在演练过程中只扮演观察和评判的角色，不影响演练流程。在设计好事件体系和演练场景之后，针对每个具体的事件，以应急预案及相关法律法规为依据，明确组织者的控制方案、模拟者的角色扮演、参演者的应急职责以及预期行动等。以建筑火灾突发事件应急演练为例，在演练流程中，组织者、部分参演者、部分模拟者的主要职责如表3-4所列。

表3-4 参与建筑火灾突发事件应急演练过程的主体性要素（示例）

主体性要素		主要职责
组织者	应急演练实施组	安排专门的指挥人员、控制人员、引导人员，负责根据演练情景，给出不同时间节点的事件信息与场景信息描述，控制演练过程中的场面与进度
	应急演练综合保障组	负责演练过程的综合保障工作，既包括场地、场景、工具、装备、软硬件系统等的保障，也包括财务上的以及现场安全类的保障
参演者（部分）	指挥部	根据组织方提供的情景，指挥参演者响应突发事件，安抚受灾群众，应对新闻媒体等
	消防队	消防灭火，救助被困群众，排除其他险情等
	医疗队	现场设置医疗点，救护伤员，护送重伤人员到医院抢救等

续表

主体性要素		主 要 职 责
模拟者（部分）	受火灾影响的群众	扮演被火灾困于建筑内部、等待救援的群众，或者位于起火建筑旁边需要疏散的群众，或者受伤等待医疗救护的人员等
	新闻媒体	进行现场新闻报道和采访，参加新闻发布会，代表公众对参演者的行动提出各类问题。任何规模的应急演练都会一定程度地吸引媒体的关注，因此可以邀请真实的新闻媒体参与实际的演练过程

组织者和模拟者通过将演练情景内容具体化为一系列信息，按时间顺序动态发布给参演者，达到控制演练进度的目的。较为复杂的应急演练中，一个事件往往需要多条信息来表达，例如上述建筑火灾事故，参演者扮演的指挥部会收到来自医院、消防、群众、媒体等各个方面的多条信息。组织者可参考表 3-5 制定情景信息清单。

表 3-5 情景信息清单

事件	序号	时间	发布者	接收者	发布方式	信息类型	信息内容	备注

对于演练的组织方/设计者而言，针对每一个具体的事件，其对参演者做出的应对行动都有一个期望值，这个期望值在应急演练中称为预期行动。预期行动的设计是否合理，主要参考的是有关法律法规、应急预案、标准化操作程序等。预期行动与演练目标是紧密相连的，是演练组织方期望参演者在事件与场景驱动下做出的准确的应急决策和响应行为。因此，可以认为预期行动是演练目标的分解，每个事件都会引起一系列指向演练目标的预期行动。相应地，预期行动也会成为演练评估的核心和设置评判标准的依据。在设计演练流程时可以用预期行动计划表（表 3-6），针对每个演练事件、演练目标，梳理演练预期行动。

预期行动的类型可以参考以下几种：

(1) 求证：收集有关问题的更多信息，与有关人员、部门核实相关信息。

(2) 研讨：推敲问题，包括与指挥部成员讨论、分析有关问题；与相关人员进行必要谈判；向有关法律顾问或专家咨询问题；参考预案等的有关规定等。

(3) 决定：做出决策，部署行动或者拒绝支援。

(4) 推迟：延缓行动。

表 3-6 预期行动计划表

预期行动计划表

事件			
演练目标			
预期行动		参演角色	职责
1			
2			

演练流程的设计成果一般是以演练脚本的形式呈现。演练脚本至少应包含五个要素,包括时间、地点、情景说明、行动主体、预期行动。演练脚本一般会以时间为主线来编写,体现随着时间的推移,事态如何变化、决策/指令如何下达、应急响应行动如何展开等。完整的演练流程可以从事件接报开始,包含预测预警、定级研判、启动预案、应急处置、善后处理等多个阶段,针对性的单项演练也可以只涉及其中的某一个特定过程。图 3-5 显示了一个以时间为顺序的演练脚本样式,在设计阶段基于这个脚本,各参与主体可以拆分出各自的更详细的演练脚本。

目前有学者认为,由于演练脚本对行动主体与预期行动都做了具体要求,在检验和锻炼参演者的快速反应能力和实战处置能力上存在一定的局限性,不能真正达到实战练兵的目的,因此提出了"无脚本演练"的思想[33],但是"无脚本"仅指针对参演者不提供描述演练流程的脚本文件,其目的是客观真实反映参演者的应急处置水平,并不是指组织方也不进行演练的情景以及预期行动的梳理。

进一步地,我国也有部分城市大胆探索和尝试更加贴近实战的应急演练方式,提出并实践了"双盲"突袭式应急演练。"双盲"演练是指不预先通知演练时间、地点和事件类型,完全按照实战模式展开应急响应。如广州市从 2012 年起,就提出了"演练即实战"的要求,将每年的第三季度定为全市"应急演练季",以竞赛形式集中开展"双盲"应急演练[34]。这种形式的演练对参演者的应急能力提出了很高的要求,实战性非常强。同时对组织者来说,虽然减少了编写脚本以及与各参验方合成演练的工作,但是由于演练十分接近实战,在演练设计时要充分评估各种可能出现的紧急情况,充分做好安全保障工作。

时间	参与主体	行动	配合	演练说明
2009年4月23日上午8时（事故报告阶段）	中毒游客、导游、景区管委会、旅游局局长、救援力量	游客在饭店就餐之后出现中毒症状，导游立刻向景区管委会请求救援，旅游局局长马上安排救援同时向县政府报告。两辆救护车头向北一字排开，医护人员疾速下车		2009年4月23日，在某县某景区，入住某饭店的游客早餐后到景区游玩。上午8时，在岛上游玩的游客相继出现恶心、呕吐、胸闷气短、腹痛腹泻、口唇、指甲发紫等症状……
	救援船、医护人员、景区公安局分局、医院长、卫生局局长	四艘应急救援船载着游客和患者在登陆点南北各靠两艘，靠岸后由景点医护人员护送两名重症者最先上岸，放至担架上，输氧、测血压、听诊、测脉搏等简单救治后，由担架工将两名重症患者抬上救护车，医护人员两侧上车，救护车起动，开警灯，拉警报，重症患者县医院下车，所有人员向北撤场	景区公安局分局接管委会指令，景区分局8人，身着警服，乘警车立即赶往码头疏散无关群众，维护码头秩序	景点医护人员护送患者上岸，就地紧急施救，病情较重的人员被送上救护车，救护车向县医院疾驰而去。院长立即组织救治工作，并向卫生局做了汇报。卫生局局长带领应急办负责人火速赶到县医院……
	副县长、公安局、旅游局、县医院负责人、应急办负责人	县医院救援现场，副县长安排分工："卫生局组织全力抢救患者，尽快调查事件原因；公安局立即介入开展调查，查清事件性质；旅游局配合卫生、公安做好工作，维护好景区秩序。我向书记和县长汇报。马上行动。"	疾控、监督应急分队紧急集合，按应急预案开展行动；流调组到县医院、卫生学组到饭店、追踪组原地待命	县政府接到景区管委会报告的同时，也接到了卫生局局长的报告，主管副县长立即赶赴县医院，现场指挥救援。并通知公安局、旅游局领导到县医院，召开会议
8点30分（事故响应阶段）	卫生局应急分队	卫生监督和疾控人员到达县医院和景区饭店展开调查。县卫生局局长得到初步调查结果后，立即报告了县领导、县食安办、市卫生局		卫生监督和疾控人员到达县医院后，首先向医生询问患者人数、主要症状和体征，临床检查结果，查看患者病历，详细了解发病情况……
10点10分	食安办			上午10时10分，食安办接到卫生局的报告后，建议县政府召开紧急会议，讨论启动Ⅳ级应急预案

图 3-5 以时间为顺序的演练脚本样式[58]

三、制定评估方案

应急演练评估是指对照应急管理能力要求和应急演练目标,根据演练参与者的表现进行评估和提出改进建议。应急演练评估是应急演练的必要环节,由演练的评估者主导,组织者和参演者共同参与完成,通过细致观察和记录演练行为,分析演练记录及相关资料,对比参演者表现与演练目标要求,对整个演练流程进行分析和反思,做出客观评价,必要时形成应急演练评估报告。演练评估是全面、系统了解演练情况,客观评价应急演练的重要过程,也是进一步加强和改进突发事件应对工作,提高应急能力和水平的新起点。需要注意的是,演练过程中出现的问题并不一定完全是参演者的问题,也有可能是组织过程存在问题,因此演练评估的对象包含了参演者与组织者两方,其评估结果对组织者和参演者的能力提升都有意义。

应急演练的评估方案通常包括以下要素:

(1) 演练信息。包括演练的目的和目标描述、事件体系与场景信息清单、演练中的角色/职责/任务分配表、预期行动简介等。

(2) 评估内容。根据演练目标,归纳本次演练需评估的主要方面,如指挥调度、信息共享机制、协调联动能力、媒体应对等。

(3) 评估依据。列出需要评估员阅读的,与演练最直接相关的应急预案和标准化操作规范文件等。

(4) 评估方式。确定演练采取哪些评估方式,以哪种方式为主。

(5) 评估程序。可以时间表的形式列出演练实施前的预备程序、演练实施过程中的观察与记录程序,以及演练后评估总结阶段的行动程序。

(6) 评估员。确定评估团队的构成;确定所需招募的评估员人数、技术领域、分配方案和培训方案,明确责任人。

(7) 工作计划。按时间顺序列出接下来的工作计划。

(8) 所需工具。列出完成评估工作所需的工具清单及筹备责任人。

(9) 文件清单。列出完成评估工作所需的文件,包括工作手册、工作表单、使用说明等,明确负责开发文件的责任人。

(10) 注意事项。如演练现场划分、评估员的位置、着装、纪律、安全须知等。

(11) 附件。演练评估要用到的相关表格、组织者/评估组长等的联络方式等。

演练评估员所使用的系列工作表是为评估员提供的在演练过程中收集数据的统一标准化工具,也是评估员观察演练的指导材料。这些工作表单有助于辅助评估员始终围绕与特定应急能力相关的演练目标进行评判,对参演者应急行动与预期行动的差距进行比对,对支撑性数据进行及时的收集,对预设情景下的特殊情况进行必要的描述性记录。在演练结束后,这些工作表单也是最重要的数据分析资料之一。

可用于演练评估的表单包括针对参演者的演练记录表、评价表、反馈表、分析表、改进表,以及针对组织者的演练组织活动评价表等。对于大规模的应急演练,往往需要根据演练目标、评估对象、所处任务区的不同,分别制定更有针对性的工作表格,以增强评估工作的可操作性。对于演练评价表的设计,美国的 HSEEP 采取的是"能力—目标—任务"的开发思路,首先确定特定任务领域需要的关键能力要素,形成核心能力列表。其次为每个核心能力梳理若干能力目标,再确定完成每一项能力目标要求的关键任务。对每项关键任务,提供空间让评估员对参演者的表现进行文字描述,并提供合理的评判方法,比如选择"是"或"否",评定"优良中差"等级,或者 5 分制打分等,供评估员进行评级。最后针对每项核心能力给出总体评级[35]。

关于演练评估更详细的内容,将在第五章展开描述。

四、编写演练手册

演练手册是指导演练实施的详细工作文件,包括导调员手册、模拟员手册、评估员手册、参演者手册和观摩者手册。导调员手册和评估员手册一般会包含详细的场景信息、职责分工和工作程序。模拟员手册通常包含与其相关的部分场景信息、所扮演的角色说明和行动安排。参演者手册提供演练概述,介绍演练的目的、目标,参演者的职责分配。观摩者手册通常包括演练的基本情况介绍、观摩位置、注意事项等。下面提供三种主要的演练手册的内容结构供读者参考。

导调员手册可以包括:
(1) 手册的目的和作用;
(2) 演练范围概述;
(3) 演练的目的、目标;
(4) 导调员角色、职责和工作流程;
(5) 演练初始场景、各种外围条件假定;
(6) 相关参演者的职责分工;
(7) 相关预案或标准化操作程序;
(8) 演练前对导调员的指导与培训工作安排;
(9) 演练后的反馈、总结会及评估报告等后继工作安排;
(10) 演练场景信息清单;
(11) 导调员、参演者、模拟者、评估员联系方式;

(12) 演练场地布置图及导调室布置图；
(13) 安全须知。

评估员手册可以包括：
(1) 手册的目的和作用；
(2) 演练范围概述；
(3) 演练的目的、目标；
(4) 评估员角色、职责和工作流程；
(5) 演练初始场景、各种外围条件假定；
(6) 相关参演者的职责分工；
(7) 相关预案或标准化操作程序；
(8) 评估工作注意事项；
(9) 演练前对评估员的指导与培训工作安排；
(10) 演练后的反馈、总结会及评估报告等后继工作安排；
(11) 演练评估工作表单；
(12) 导调员、评估员联系方式；
(13) 演练场地布置图及评估员位置分布图；
(14) 安全须知。

参演者手册可以包括：
(1) 手册的目的和作用；
(2) 演练范围概述；
(3) 演练的目的、目标；
(4) 演练初始条件假定与框架内容概述；
(5) 演练要求；
(6) 参演人员、角色分组和职责分工；
(7) 参演者行为规范；
(8) 演练后的反馈、总结会等后继工作安排；
(9) 参演机构负责人的联系方式；
(10) 导调员联系方式,综合保障组等相关职能部门的职责分工和联系方式；
(11) 演练场地布置图；
(12) 安全须知。

五、形成演练方案

在上述演练规划（在第三章第一节讲述）、情景设计、流程设计、文件开发等工作完成后,就可以形成一个全面的演练方案,上报有关方面批准。演练方案是一个系列文档,是对整个规划和设计过程的总结及成果物汇总。演练方案应至少包括描述了演练的需求、目的、范围等信息的演练计划,以及描述了演练情景设置和预期行动的演练脚本(即便是"双盲"演练,也需要为组织方提供用于导调的演练脚本)。对于大规模演练,应按需要开发场景信息清单、评估工具、工作手册等多种辅助文件。

第四章

应急演练准备与实施

第一节 应急演练准备

广义的应急演练准备可以包括应急演练开展前的所有前期准备工作,即从应急演练规划、设计一直到综合保障和动员培训。狭义的应急演练准备则是指在演练设计工作完成后,根据应急演练方案,进行人、地、物、财等方面的筹备和布置工作,如图4-1所示。应急演练的准备工作由组织方的综合保障组负责,参演方、评估方和模拟方共同参与完成的。

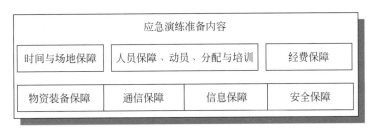

图 4-1 应急演练准备内容

1. 时间与场地保障

常规的应急演练需要聚集组织者、参演者、模拟者、评估者和观摩者,需要协调一个合适的时间。一般大型应急演练在演练规划阶段就提前半年到一年确定演练的时间范围,到演练准备阶段确定具体的时间点。

不同类型的演练对场地与环境要求不同。桌面演练安排室内环境即可,根据演练的情景和流程设计,可能需要一些多媒体设备辅助。而实战演练则需要协调较大的室外环境,根据演练情景设计进行场景布置,再配合模拟人员的角色扮演,以增强演练的真实感。实战演练的场地一般需要设置集结点、接待站、指挥部、供应站、救护站、停车场等功能区,并有良好的交通、卫生、安全保障条件,尽量避免干扰公众的生产和生活。

无论哪种类型的演练,组织方都需要实地勘察和测试,并给各参与方划定其活动范围,确保演练过程中参演者的行动受到最低限度的干扰。

2. 人员保障、动员、分配与培训

演练实施过程中,现场人员主要有导调员、模拟员、参演者、评估员、观摩人员、保障人员等。在准备阶段要确定各个小组的主要责任人、人数、联系方式并制成人员信息表,各单位应合理安排工作,确保相关人员按时参与演练活动。

除了保证人员的按时按量参加之外,更重要的是确保参加演练的人员质量,因此在演练开始前要进行演练动员和培训。动员是为了让各参与方正确认识应急演练的重要性,以实战的态度应对演练任务,提升应急演练的真实性。培训是为了确保所有演练参与人员掌握演练规则、演练情景和各自在演练中的任务。

所有演练参与人员都至少要经过应急基本知识、演练基本概念、演练现场规则等方面的培训。对控制人员要进行岗位职责、演练过程控制和管理等方面的培训;对评估人员要进行岗位职责、演练评估方法、工具使用等方面的培训;对参演人员要进行应急预案的培训,参演人员中的指挥人员要进行形势分析方法、决策流程、协同会商方法的培训,参演人员中的专业应急队伍要进行应急技能、应急装备及个体防护装备使用等方面的培训[18]。

3. 经费保障

在应急演练规划阶段,演练组织方就应对演练的经费预算做好规划,并要求各参与方纳入单位系统的年度预算中。在演练准备阶段,确认经费到位的前提下,根据演练方案对经费进行核算和使用。财务部门应对经费的使用情况进行监督检查,确保专款专用、节约高效。

4. 物资装备保障

演练过程中要用到的物资、模型、装备等也需要在准备阶段做好制作、清点、调试工作。应急类的物资和装备应避免临时筹备,在现实中处置突发事件要用到什么应急资源,就尽可能使用什么资源。此外,综合保障组需要指定专门人员进行物资的管理工作,在演练前做好清点,演练中做好发放,演练后做好回收和核对。物资装备具体可以包括:

(1) 演练情景模型。搭建必要的模型,以增强场景的真实性,或者准备好沙盘等装置设施。

(2) 应急物资。根据演练突发事件的不同,需准备的应急物资也有所区别,可以包括用于安置受灾群众的帐篷、衣被、食物；用于照明、通信、交通运输的基础设备；用于医疗救护的药品；用于人体防护的面罩、服装等。

(3) 专业队伍的应急装备。应急装备主要由参演者准备，比如医疗救护队伍的医用设备、消防队的消防装备、公安的警用装备等。

(4) 辅助设备。如用于区别不同角色的标牌或服装、办公设备、录音摄像设备、信息显示设备等，具体根据演练脚本进行准备。

(5) 生活物资。如演练时间跨度较长，还需要准备各参演方的生活保障类物资，如餐饮、卫生等。

5. 通信保障

应急演练过程中，导调、指挥命令的下达、现场信息的上传、参演者之间的协同都需要实时可靠的信息传输通道。除了要确保基础通信网络畅通之外，针对某些特殊的情况，比如在无人区、山区等存在通信盲区的地方，还需要考虑架设临时通信网络。在一些应急演练中，通信保障也会成为演练的主要内容之一，检验参演者在恶劣环境中应急通信组网的能力，或者使用多样化通信技术的能力。当演练情景设计中有此项内容时，在准备阶段就需要选取有通信盲区的场地，或者准备好可随时切断某种通信网络的措施。

6. 信息保障

应急响应过程中会有大量且多源的信息汇总和分发，信息保障主要包括两个方面：一是信息内容的保障；二是信息展示的保障。

(1) 信息内容保障包括应急预案和演练方案的纸质文本，打印出给各个参与方的工具表单，场地的地图及各类专题图（如演练涉及区域的行政区划图、基础设施分布图、应急资源分布图、风险隐患分布图等），预先录制好的视频、音频信息等。

(2) 信息展示保障包括支撑信息流转和展示的软件平台、虚拟现实眼镜、各类显示屏、展板和告示板、图纸、录音及广播设备等。

7. 安全保障

实战演练的组织方要高度重视演练组织和实施全过程的安全保障工作，指定专人担任安全官，成立安全保障小组，提前制定好防御措施，必要时需制定专门的演练应急预案，对关键环节可能出现的突发情况进行梳理并进行针对性的演练。每位参演人员都应该按照规定配备必要的个人防护装备，必要时应给参演人员购买商业保险，安全须知内容应加入每类工作手册中。在选择场地上需要考虑对周边群众的影响，提前发布公告，做好临时交通管制方案，做好应对方案，防止对社会造成负面影响。

演练现场要有安保措施，必要时进行封闭管理，拒绝无关人员进入。在演练开始前应对每一演练地点进行检查，排除安全隐患。演练过程中如出现意外情况，导调组和参演方领导小组会商后，可中止演练，安全官有权强制停止演练中的某一行动。如演练过程涉及涉密内容,需制定严格保密措施,防止因工作不当出现泄密事件。

此外,在演练过程中,有可能真实发生突发事件。针对这种情况,安全保障小组需提前制定演练中止程序,让参加演练的应急专业队伍和应急物资装备能够迅速回到正常应战状态。而这些专业队伍所在的部门也应提前做好方案,确保在真实突发事件发生时能够履行其职责。

综合保障组可以制定类似表 4-1 所列的检查表单进行逐项检查,表中的诸多项目(如物资、装备、信息类)均可根据实际的情况制作单独的附表进行一一检查。

表 4-1 综合保障准备检查表

综合保障准备检查表		
演练时间:××××年××月××日—××月××日	□已确定	□未确定
演练地点/区域范围	□已确定	□未确定
演练场地地图	□已获取	□未获取
演练现场功能分布图	□已绘制	□未绘制
演练相关人员通讯录(组织者、参演者、评估者、模拟者)	□已制定	□未制定
演练培训(组织者、参演者、评估者、模拟者)计划	□已制定	□未制定
演练动员会/预备会日期	□已确定	□未确定
演练经费预算	□已审批通过	□未确定
演练物资清单	□已制定	□未制定
演练物资	□已到位	□未到位
演练装备清单	□已制定	□未制定
演练装备	□已测试	□未测试
通信保障	□已测试	□未测试
信息保障工具	□已测试	□未测试
信息保障文档	□已到位	□未到位
安全保障方案	□已制定	□未制定
演练中止程序	□已制定	□未制定

第二节 应急演练实施

一、应急演练角色

应急演练的各参与方,包括组织者、参演者、模拟者、评估者和观摩者,均参与应急演练的实施过程。

1. 演练组织者

应急演练的组织者必须参与演练规划设计、准备实施、评估总结的全过程。对于小规模演练,可以一组人员从始至终,在不同阶段承担相应的任务。对于大规模演练,则可能将组织者分成若干小组(表 3-1),除了骨干人员全程跟进之外,其余人员各司其职,只承担某一组别的工作任务。组织方的演练实施组、综合保障组参与应急演练实施过程。演练实施组负责实施过程中的导调和控制工作,综合保障组负责实施过程中的后勤保障、安全保障等综合保障工作。评估组成员可加入评估人员团队,评估组组长往往会成为评估人员团队的负责人,或者至少跟进至演练前评估人员的培训工作。

演练实施组设置导调员,向参演者和模拟者发出演练信息,提出演练要求,引导参演者开展讨论,控制参演者的演练进程,指挥演练按既定计划进行,并在演练后组织参演者进行热反馈。导调员决定了演练中信息流转的内容和节奏,同时还需要根据现场情况对参演者和模拟者的行为作出反应,因此,演练实施组成员应具有丰富的突发事件应对经验和演练组织经验。由于演练设计团队人员对演练流程非常熟悉,将主要设计人员调拨来做导调员,可以更好地确保演练任务的顺利实施。

李雪峰等总结出在演练实施过程中导调人员的工作主要有四个方面[59]:

(1) 观察和判断。在演练过程中,导调人员要密切观察演练进程中参演者的表现,对其行为是否符合演练要求作出判断。

(2) 反馈和指导。对参演者予以积极反馈和必要的信息反馈,在参演者遇到可能会影响演练质量的问题时,给予必要的帮助。

(3) 执行和调整。执行演练计划,按照设计好的演练流程,推动参演者逐一完成演练任务。在必要时对演练的进程、节奏、内容等进行调整。

(4) 管理和控制。对演练环境进行管理,对演练安全和秩序进行控制。

2. 演练参演者

参演者是应急演练的主体,其参与程度决定了演练实施的实际效果。通过扮演角色并完成被赋予的演练任务,参演者能获得演练目的所期望的应急能力提高方面的收益。

根据演练形式的不同,参演者在角色、人数、任务等方面会有很大差别。桌面演练主要是以口头演练的形式开展,不需要行动人员,参演者是来自各应急组织的代表,其目的是熟悉应急机制,提高指挥决策和协同配合能力。因此参演者扮演的一般是应急指挥部的成员及下属的职能部门成员。根据导调员提供的情景信息,参演者充分讨论并形成决策意见,模拟行动部署,并根据动态的情景调整指挥决策方案。

实战演练检验的是相关人员的临场组织指挥、队伍调动、应急处置技能和后勤保障等应急能力,参演者不仅包括应急指挥部人员,还包括应急预案中规定的各类现场处置与救援人员以及各类保障人员。大规模应急演练中参演者还会分属不同的演练场地,如总指挥部、现场指挥部、灾害现场、新闻发布现场等。在实战演练中,参演者根据收到的应急信息实时开展响应行动,其行动既要贴合突发事件应对的实际,又要受到演练设计要求的约束,参演者既有一定的应对突发事件的主动权,又要服从组织方导调员的调控和引导。

3. 演练模拟者

演练模拟者是指为了营造更加真实的演练环境,在演练过程中扮演需参演者处置或应对的角色的人员,在综合实战演练中最常见的模拟者角色是受灾群体和新闻媒体。需注意的是,模拟者承担了除参演者以外,演练现场中应急响应行动涉及的其他所有角色,也就是说,模拟者并非局限于非应急救援人员范围。比如在桌面演练过程中,参演人员构成了应急指挥部,则模拟者可以扮演现场行动人员,根据导调员的提示,在适当的时间点报告行动进展情况,对指挥部的指令进行信息反馈,以推进演练情景。模拟者可扮演的角色一般包括如下四种类型:

(1) 未参加演练的政府部门代表。该类型是指与演练涉及的突发事件类型相关,但在此次演练中,不参与演练的指挥与行动的政府部门。比如深圳市大学城组织开展的针对建筑物倒塌应急疏散与处置救援的应急演练活动,深圳市政府应急官员则可以由模拟员来扮演。

(2) 参加演练的政府部门、专业队伍的"场外"代表。对于聚焦于特定应急能力的应急演练,应急响应过程中的与该能力弱相关的行动,可以简化后由模拟员来执行。比如聚焦于指挥中心指挥决策能力和协同会商能力的桌面演练中,演练会场外的专家团队、其他现场应急人员等可以由模拟员扮演。

(3) 演练涉及的其他非政府组织或私人机构。突发事件具有很强的社会影响性,因此非政府组织或私人机构也会予以极大的关注,典型代表如新闻媒体、公益基金会、工商界企业等。在处置过程中,这些机构往往迫切希望了解现场信息,或者参与救援行动。可以安排模拟员通过信息传递的方式,考验相关应急人员的政策水平、工作程序熟悉程度、公关能力和沟通能力等。

(4) 演练涉及的市民等个人代表。市民可以是突发事件的发现者、目击者、受灾者等多种角色,由于应急演练具有一定的危险性,这类角色也由专业的模拟员扮演。当然,群众的自救互救能力也是重要的应急能力之一,因此模拟员可以是真正的市民群众,在这种情况下需要提前进行专门的应急知识培训,以确保演练过程的顺利进行。

根据模拟人员的知识和能力以及场景要求来安排一场演练需要的模拟员人数。一方面,模拟员的人数应尽量少,可以安排一个模拟员扮演多个角色;另一方面,模拟员应熟悉演练脚本,虽然模拟员传递的大部分信息都是提前准备的,但是也可能出现参演者在演练过程中会提出更多信息要求,或者参演者由于判断失误,在某一阶段偏离了演练设计,此时需要模拟员随时调整信息反馈,辅助导调员将参演者引回正确的轨道上。

4. 演练评估者

演练评估者是对演练过程进行观察、记录、分析和评估的人员。根据演练的规模,评估形式可以是简单的召开一次总结评估会议,并以会议记录作为评估报告的载体,也可以组建专门的评估团队,在每个演练场地都安排评估人员,采用专业的评估工具表单开展评估工作,如记录表、反馈表、分析表、评分表、改进表等。在演练实施过程中,演练评估员的主要职责就是观察与记录。参演者的行为可以借助摄像机等电子设备记录,而演练中发现的问题、评估员当时的感受、某些未能理解的地方、值得深入分析的某个参与方的行为等则需要评估员现场记录下来,以便事后分析。需注意的是,演练评估者在演练实施过程中禁止出现任何干扰组织者、参演者和模拟者的言语或行为,评估者之间的内部讨论也不应被其他参与方获悉,评估员的意见在演练结束之后,经组织方同意才能公布。

关于演练评估的工作流程在第五章将专门讲述。

5. 演练观摩者

演练观摩者是对演练活动进行观察或学习的人员,比如上级领导、其他城市的应急部门或专业队伍代表、兄弟单位代表、市民群众等。这些人员要在不干扰参演者演练工作的前提下旁观演练过程。演练背景、时间进程安排、观摩者的注意事项和安全须知等信息,也应在演练正式开始前派专人告知。考虑到观摩者可能并不熟悉应急处置程序,观摩过程中会产生各种疑问,为防止他们直接向参演者、模拟员、导调员或评估员提出问题,组织方可安排专门人员陪同观摩,及时回答观摩者的问题,并维持观摩现场秩序。

二、应急演练实施流程

应急演练实施流程包括演练启动或导入、演练正式实施、演练结束或中止、演练后热反馈等环节,如图 4-2 所示。

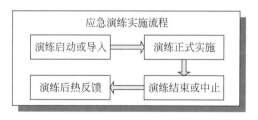

图 4-2　应急演练实施流程

1. 演练启动或导入

无论演练是否提前通知,都首先需要有启动或导入的形式,这个形式可能是正式的一场启动仪式,也可能是一个市民的报警电话、一则广播系统播报的预警信息,或者是一条正式渠道上传的灾情报告。

在启动或导入阶段,需要参与人员明确以下信息内容:

1) 主要的工作人员

演练行动正式开展之前,要确保所有参演者、模拟者和评估者都要清楚地知道总导调官、导调员、综合保障负责人、安全官等主要的现场工作人员分别是谁,与他们进行沟通联系的方式是什么。组织方的工作人员应该有明显的标牌或服饰,将其与其他的参与方区分开来。

2) 演练背景

演练实施阶段涉及的人员远远多于规划设计阶段和准备阶段涉及的人员数量,很有可能有部分参与者仅仅是在模糊地知道有什么事情发生的情况下来到演练现场的,因此有必要在启动演练时,由启动仪式上致辞的领导、演练的总导调官,或者演练主持人对演练背景、目的和结构框架进行简要的介绍。

3) 必要的方法与工具

如演练聚焦的核心能力对演练中要使用的方法和工具有特定要求,则需要对其进行说明。例如某次演练的目的是使总指挥部熟练掌握某种决策方法,或者熟练使用某个多层次协同平台,则在演练行动开展之前必须对其进行说明。其次演练过程中要使用的工具表单、多媒体设备、电子设备等,需要时也要一一交代清楚。

4) 初始情景

初始情景是最重要的导入信息,是演练行动的起点。一般初始情景说明也意味着演练的正式开始。情景包括静态场景分布和动态的事件信息,当然初始情景可以只包含一个事件信息。情景说明可以是口头表述,但如果能结合多媒体资料向参演者进行介绍则效果会更好。

5) 注意事项

注意事项一般包括演练要求、备用程序、演练中止程序等几个方面。为预防演练过程中发生真实突发事件,演练启动前需明确告知参演者演练中止的命令是什么,以免参演者混淆了演练情景与现实情景。备用程序是在演练预先设计的某一环节出现问题时,为不破坏演练节奏,保障演练继续进行而采取的替代方案。对于关键节点,组织方和参演方都应预先准备好备用程序。如启动备用程序的环节与演练目标相关,则该环节将成为演练评估的重点之一。其他的安全注意事项、演练要求等,可以简要介绍,或者通过其他方式在演练准备阶段就告知参与者。

除初始情景之外的其他信息如已提前通过演练预备会或事先制作好的各种工作手册传递给演练参与方,在演练启动阶段则简要带过即可。需注意的是,演练的启动阶段不能太长,以避免干扰演练气氛,如需告知参演者的信息过多,则必须提前召开演练预备会,以保证参演者在演练正式展开时保持着一个良好的精神状态。

2. 演练正式实施

初始场景发布之后,演练进入正式实施阶段。演练的实施既包括按计划组织实施过程,也包括临时的局部调整,该过程由总导调官(或主持人)及各导调员组成的导调小组把控,由参演者和模拟者共同完成。

对于导调小组,实施过程中的主要工作包括:

1) 组织实施,把握演练进度

导调小组从参演者和模拟者进入演练现场开始,就要承担起组织实施的工作。只有导调小组对整个演练计划有完整的了解,因此其主要职责是推动演练按计划进行,确保每个演练目标都经过实施验证(可能是实现,也可能是未实现)。

2) 提供情景信息,及时反馈参演者

从给出初始情景开始,导调小组就要依据设计好的事件体系,准备好不断地向参演者发出新的信息。这些信息是控制演练实施的主要工具,信息的内容、信息的清晰程度、信息的关联性,乃至信息的发送间隔,都会对演练进度和演练方向造成影响,导调小组必须经过必要讨论之后才能给出。

同时参演者(如指挥部)在分析处理这些情景信息时,可能需要进一步沟通获取额外信息,这种索取有可能是向导调小组索取,也可能是向模拟者索取。导调小组要判断这种信息索取是否合理,并对参演者进行给与或不给与的反馈。如是向模拟者索取,可以反馈但不在设计范围内的,导调小组要指导模拟者编写反馈信息,确保模拟者不"越俎代庖",反馈的信息符合情景设置要求。

3) 动态调整,适度引导

演练不是演戏,事先准备好的情景清单和信息表只能作为主要依据,但不可避免地会出现参演者行动脱离了演练方案安排的情况,这些情况包括:

(1) 参演者凭其经验提前做出了某个行动,而按演练设计触发该行动的信息尚未引入;

(2) 参演者做出了一些出乎意料的举动,导致演练进程混乱;

(3) 参演者出现影响演练进度的行为,比如指挥部对某个问题的分析讨论过于拖沓,讨论受阻甚至引发冲突;

(4) 参演者对问题的分析过于肤浅,提出的解决方案过于空洞,完全不能实现演练目标;

(5) 演练进程过快或过慢。

除上述情况之外可能还有其他多种情况,这些都需要导调小组,尤其是总导调官快速做出判断,或者对演练脚本做出局部调整,或者对信息清单做出调整,或者抛出问题引导回正确的方向上,或者中途适当提醒等。

对于承担指挥部职责的参演者，演练实施过程的主要任务包括[59]：

1）信息接收和索取

信息接收包括从导调小组处接收情景信息，也包括从应急行动队伍处接收现场信息、态势信息等，指挥部是信息汇聚之地。类似地，信息索取既包括当导调小组提供的信息不够明朗，存在疑义的时候，向导调小组进一步索取相关信息，也包括主动向应急行动队伍提出信息需求。

2）协同会商与形势研判

基于接收的信息，指挥部成员需进行讨论，对信息所反映出来的问题进行分析。应急响应行动往往涉及多个部门甚至多个层次的协同，充分的协同会商是形成指挥决策方案的前提。会商的形式可以是面对面的研讨，也可以是基于在线会商系统的远程会商。通过集体分析讨论，提炼出问题，对问题进行分类，对紧迫程度进行排序等操作，指挥部能够形成对当前形势的基本判断。

3）做出应急决策

基于情景信息、现场信息、预案信息、历史案例、专家意见等多方信息，以及上述的研判结果，指挥部做出应急响应决策，形成指挥方案、资源保障方案、工作方案等系列应急处置方案。这些方案不必拘泥于文本形式，小规模的处置方案也可以只是一系列指令。

4）指挥与协调

指挥部在做出决策后，应发出清晰的指令，指挥各种应急专业队伍开展响应行动，调度部署各种应急资源，提出各种信息上报需求。指挥部作为多方协同的交汇点，也负责处理、化解在应急处置过程中产生的冲突和矛盾。

5）沟通与宣传

信息公开是现代应急响应过程中必不可少的环节，在许多新修订的预案中都可以看到组织机构部分单独设立了新闻组，负责召开新闻发布会和接受媒体采访。指挥部往往也需要安排至少一名成员参与此类活动，主动与公众沟通，及时传递正确的信息。

无论是哪种形式和规模的演练，只要参演者设置了应急指挥部，指挥部便是演练实施过程中的核心，对上与导调员沟通，对下向应急专业队伍下达命令，此时导调员不宜越过指挥部直接对其他参演者下达行动指令。对于无需设置应急指挥部的演练，例如演练重点在于提升新闻发言人的应急公关能力时，则由导调员来下达一些简短的启动行动的指令即可。

对于承担应急专业救援队伍职责的参演者（如消防员、医疗队、特警、搜救队等），演练实施过程的主要任务是根据指令和自身职责开展应急响应行动，并不断反馈现场信息。参演者的总体行动节奏会受到导调组输入的动态信息控制，但其具体行动往往是不能设计的，依赖于参演者的应急知识储备和应变能力。导调组一方面要根据演练的实际情况调整预先设置好的阶段性输入信息，同时也需要对参演者的行动范围和行动水平有初步的预估,避免出现过分偏离演练目标的行动。

模拟者构成了演练情景的一部分,受导调小组指挥,一般来说需严格按照演练设计方案进行行动和提供信息。

3. 演练结束或中止

当所有演练行动实施完毕后,由总导调官正式宣布演练结束。如遇到出现真正突发事件,由总导调官宣布立即启动演练中止程序。如前在"综合保障准备"中所述,演练中止程序必须提前制定好,确保此种情况下参加演练的应急专业队伍和应急物资装备能够迅速回到正常应战状态。参演专业队伍所在的部门也应提前做好方案,确保在真实突发事件发生时仍能履行其职责。

4. 演练后热反馈

所谓热反馈是指在演练结束后第一时间组织各方反馈和点评,在英文中称之为"Hot wash",这是所有参与者之间相互学习的最好时机。热反馈阶段仍由导调小组主持,评估小组也需参加。此时评估报告尚未形成,因此主要形式是各方的发言,以阐述事实为主,辅以初步的反思、感想等,也可以请参演者现场填写反馈表。热反馈的主要流程包括:

(1) 总导调官或主持人介绍热反馈目的、安排;

(2) 简短回顾演练实施过程;

(3) 参演者讨论并发言,如参演者较多则可分组讨论并选出代表发言,注意发言不宜过长,保持参演者的"热度",同时不可出现互相指责的局面;

(4) 导调小组、评估小组及到场专家对演练做出初步的评价。

这个阶段评估小组成员仍要继续做好记录工作,热反馈上各方的发言是对演练过程数据的补充,能够让评估小组更清楚参演者某些行动背后的动机,有助于其做出更准确的评价。

第五章

应急演练评估与改进

第一节 应急演练的评估流程

根据《突发事件应急演练指南》的定义,演练评估是在全面分析演练记录及相关资料的基础上,对比参演人员表现与演练目标要求,对演练活动及其组织过程做出客观评价,并编写演练评估报告的过程。所有应急演练活动都应进行演练评估。

演练评估是一个三方参与的过程,由演练评估组主导,演练组织者辅助,而评估的对象既包括演练参演者,也包括组织者。对参演者而言,评估工作能促使其更好地理解应急行动需求,反思自身表现,发现其在应急预案、应急组织、应急人员、应急机制、应急保障等方面存在的问题,从而积累应急处置经验,提高解决实际问题的能力。对组织者而言,评估工作则能辅助其完善应急演练的流程和方法,提高自身应急演练组织能力,不断提升演练的实用性和适用性。

演练评估过程按时间可以分为评估准备、评估实施和评估总结三个阶段。如图 5-1 所示,每个阶段都包含了一系列步骤。需说明的是,对组织者的评估覆盖了从演练规划与设计阶段到演练评估与总结阶段,未包含在图 5-1 中。

一、评估准备阶段

1. 组建评估小组

在应急演练规划阶段,确立演练组织方的同时,就应该确定演练评估组组长,并由其牵头组建评估小组。评估小组的核心成员应该是应急管理方面的专家或演练涉及的相关领域专业技术人员,熟悉应急预案、政策、应急程序,熟悉应急指挥系统和应急决策制定过

第五章 应急演练评估与改进

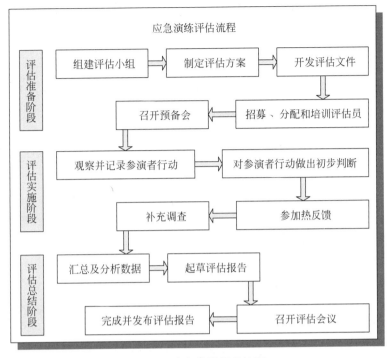

图 5-1 应急演练评估流程

程,熟悉与演练相关的部门间的沟通协调方式。评估组组长应经验较为丰富,并具有一定的管理能力,能领导和组织应急演练评估的全过程。评估小组的规模应与演练的规模和复杂性相匹配。

在评估准备阶段,评估小组的主要职责包括:
(1) 设计演练评估方案,并开发工具表单;
(2) 招募、分配并培训评估员;
(3) 准备演练评估所需的工具;
(4) 对应急演练规划、设计与准备阶段中演练组织方的工作进行同步观察和记录。

2. 制定评估方案

评估方案可以为整个评估团队确立连贯的行动程序和指南。在着手编制评估方案之前,要明确以下两个问题。

1) 评估方式

演练评估方式可以按实施演练评估的主体来区分。包括参演者自评、组织者点评和评估员评估三种方式。根据应急演练的目的、形式、规模以及持续时间等不同,评估的方式可以自行组合。

参演者自评主要通过参演者的自我反思来完成。在演练中每位参演者都归属于一个具有特定职责的组织,既要完成自身的任务,也会从他所在的位置对其他参演者进行观察,因此参演者在演练行动结束之后,其对演练过程的感受和经验是非常宝贵的,参演者自评往往会被选为演练评估总结阶段的必要环节。参演者自评包括填写演练反馈表、撰写演练感想/自评报告,或召开研讨会三种形式。自评的内容可以包括自身发挥好的方面、需要改进的方面;其他参演者值得借鉴的方面、其他参演者需要改进的方面;对组织方的建议等。

组织者点评主要是站在总体的角度对参演者的表现进行评述。评估员评估则是依据预先设计的评估项和评估标准,对每个演练目标的完成情况进行评述。因此在设有评估员的情况下,组织者的点评应尽量简短,以肯定为主,将主要的问题留给评估员分析总结。对设有热反馈环节和事后研讨会环节的应急演练,一般热反馈环节以参演者自评和组织者点评为主,事后研讨会环节以评估员汇报评估结果为主。

2) 评估需求

确定了评估方式后,就需要进一步界定该方式下的评估需求,包括评估工作的内容、程序、拟采取的评估标准和方法、所需的评估员人数、评估员的技术领域、观察演练所需的工具、记录演练所需的表单、工作手册、工作计划等。

评估方案以演练方案为依据,将上述评估方式和评估需求落到纸面,评估方案包含的要素已在第三章第二节"三、制定评估方案"中列出,此处不再赘述。

3. 开发评估文件

评估文件主要包括评估员的工作手册和评估用的多种表单。工作手册是评估员培训的主要文件,其基本内容可以从演练方案中摘取并进一步细化。对于大规模演练,分配到不同功能区的评估员的评估内容、行动程序、工具表单、注意事项等可能不同,则工作手册应有所区分。评估员手册的主要内容已在第三章第二节"四、编写演练手册"中列出。

评估表单是实施评估工作的标准化工具,用于辅助评估员收集信息和分析判断。评估工作是非常细致复杂的,要确保其评估内容的完整性、评估方法的科学性以及评估标准的一致性,需要一套详细的工具表单来支撑。评估表单根据其用途可分为演练活动观察记录表、演练活动观察评估表、组织活动评估表、各类参与者反馈表、演练分析表、演练改进表等,其作用及对应的使用阶段如表5-1所列,评估小组可根据实际需要开发相应表单,并培训评估员熟练使用这些工具。

下面给出系列评估工具表单的样式,可供评估小组参考。评估表单的设计要兼具标准化和个性化特点,并明确评估对象(组织机构)、评估内容(目的、目标、行动)、评估标准(指标细则)与评估方法(评分、评级、描述)等内容。

表 5-1 演练评估工作表单

演练评估工作表单	作　用	使用阶段
演练活动观察记录表	针对参演者的演练行动，列出所需记录的项目，供评估员记录关键信息	演练实施阶段
演练活动观察评估表	针对参演者的演练行动，列出可直接评估的项目，供评估员直接对照并给出判断	演练实施阶段
组织活动评估表	针对组织者的组织过程，列出需评估的项目，供评估员对照并记录关键信息或给出判断	评估总结阶段
各类参与者反馈表	如参演者反馈表、组织者反馈表、观摩者反馈表等，供演练参与者填写，收集其对自身和其他参与方的表现的评价，对演练组织设计的意见，以及对后继改进的建议等	热反馈、评估总结阶段
演练分析表	分析演练数据，梳理演练的有益经验、主要问题、原因分析和改进建议	评估总结阶段
演练改进表	列出评估团队提出的主要问题和改进意见，并由负责改进的组织机构进行细化，形成改进措施，明确负责人和改进进度，以便后继监督跟进	评估总结阶段

1）演练活动观察记录表

该表的作用表现在两个方面：一是提供空间让评估员记下一些关键信息，如时间点、关键人员、参演者特殊反应等；二是针对不方便评估员直接进行评分或评级的项目，需要评估员用简短的描述性语言进行记录，以便事后分析。可以参照表 5-2 设计观察记录表。一个演练目的下有多个演练目标，或一个演练目标下有多个预期响应行动的，可以扩展此表格。为了让评估员能够更好更详细地观察和记录，应提前梳理出预期响应行动的关键点。

表 5-2 演练活动观察记录表

演练活动观察记录表			
评估员信息	姓名：_____	电话：_____	负责区域：_____
演练信息	时间：_____	地点：_____	类　　型：_____
演练目的：			
应急能力项：			
演练目标：			
预期响应行动：		参演者：	
实际响应行动：		参演者：	
问题：			
分析：			

2) 演练活动观察评估表

该表与观察记录表的不同在于,该表格涉及的评估项目是不需要评估员做描述性记录的,而是直接作出评分(如 1～10 分)、评级(如 A～D 级),或有/无、是/否等判断,表 5-3 提供了一个设计参考。使用这种表格时,要求评估组事先梳理评估指标项,确保其可定量评分或定性评级。在附录 A《生产安全事故应急演练评估规范》(AQ/T 9009—2015)的资料性附录 A.1、附录 A.2 中提供了许多项评估内容,其中附表 A-2"实战演练实施情况评估表",以及附表 A-3"桌面演练评估表"中的"演练实施"相关项,其主要评估对象为参演者。在附录 C 第五节中也提供了美国 HSEEP 的应急演练评估指标体系的部分内容,这些都可作为设计演练活动观察评估表的参考。

表 5-3 演练活动观察评估表

演练活动观察评估表			
评估员信息	姓名:_____	电话:_____	负责区域:_____
演练信息	时间:_____	地点:_____	类 型:_____
演练目的:			
应急能力项:			
演练目标:			
	评 估 内 容	评估意见(1～10 分)	备注(特殊情况记录或者评估结果解释)
1	预期响应行动 1	评估指标 1	
		评估指标 2	
		评估指标…	
2	预期响应行动 2	评估指标 1	
		评估指标 2	
		评估指标…	

3) 组织活动评估表

组织活动评估表(表 5-4)与参演者反馈表(表 5-5)中对组织工作评估部分的不同之处在于,该表是从评估员的角度来对组织工作进行评估,是一个时间跨度和观察角度更全面的评估表。但由于组织行动往往先于评估行动,且组织行动在时间和空间上都比较分散,因此很难像观察参演者那样去观察组织者。对组织活动的评估往往是在演练结束后,通过汇总多方过程文档来进行的。表 5-4 提供了一个设计参考,在附录 A《生产安全事故应急演练评估规范》的资料性附录 A.1、附录 A.2 中提供了许多项评估内容,其中附表 A-1"实战演练准备情况评估表",以及附表 A-3"桌面演练评估表"中的"演练策划与准备"相关项,也可作为设计演练组织活动评估表的参考。

表 5-4　组织活动评估表

组织活动评估表

演练信息	时间：_____　　地点：_____　　类型：_____		
组织者主要信息	主 导 单 位：_____　　电话：_____ 参 与 单 位：_____、_____、_____ 主 要 负 责 人：_____　职务：_____　电话：_____ 现场总导调官：_____　　职务：_____　电话：_____		
评估员信息	姓名：_____　　电话：_____		
	评估内容	评估意见（1~10分）	备注（特殊情况记录或者评估结果解释）
1	评估项目1	评估指标1		
		评估指标2		
		评估指标…		
2	评估项目2	评估指标1		
		评估指标2		
		评估指标…		

4）参演者反馈表

该表用于热反馈阶段或事后总结阶段，收集参演者的感想感受、意见建议，一般采用主观题与客观题结合的方式。表5-5提供了一个设计参考。参演者有扮演指挥中心的、扮演专业救援队伍的、扮演公关团队的等多种角色，对于不同的角色，反馈表的侧重点可以有所不同。此外，对于大规模应急演练，也可以类似地编制针对组织者、观摩者、模拟者的反馈表。

表 5-5　参演者反馈表

参演者反馈表

参演者信息	姓名：_____　　电　话：_____　　单位：_____ 职务：_____　　演练角色：_____ 本人第____次参演此类型应急演练
演练信息	时间：_____　　地点：_____　　类型：_____
演练中的自身表现	1. 个人职责 2. 表现综述 3. 优点 4. 改进与提升之处

续表

演练中所在组织的表现	1. 组织职责 2. 表现综述 3. 优点 4. 改进与提升之处
其他参演单位的表现	1. 值得学习借鉴之处 2. 改进与提升之处
对演练设计及组织工作的评价	<table><tr><td>评价内容</td><td>评价意见（1～10分）</td><td>备注</td></tr><tr><td>指标1</td><td></td><td></td></tr><tr><td>指标2</td><td></td><td></td></tr><tr><td>指标…</td><td></td><td></td></tr></table>
对演练设计及组织工作的建议	1. 建议1 2. 建议2 3. …

5）演练分析表

演练分析表是在汇总上述记录、评估、反馈数据，并对数据进行初步分析后整理的表格，表中梳理了整个演练的有益经验、主要问题、原因分析和改进建议，是评估团队在形成评估报告之前，和组织者、参演者进行讨论的依据之一。该表一般由评估组长指定专人填写。该表格可以针对整个演练进行分析，也可以拆分成针对每个参演的组织机构进行的独立分析，表5-6 提供了一个设计参考。

表5-6　演练分析表

演练分析表	
演练信息	时间：_____　地点：_____　类型：_____
演练表现综述	
综合评估意见	评分（1～10分）、评级（A～D级、优/良/合格/不合格）
有益经验	
主要问题	
原因分析	
改进建议	组织机构1： 组织机构2： 组织机构3： ︙

6)演练改进表

该表由负责改进的组织机构,参照评估团队提出的改进建议,进行逐项的分析并细化,形成改进行动,并明确负责人和改进进度计划。表5-7提供了一个设计参考。评估组收集或督促参演机构完成此表,以便组织者后继的监督跟进。

表5-7 演练改进表

演练信息								
	时间:_____		地点:_____		类型:_____			
	应急能力项	主要问题	改进建议	改进措施	负责机构	机构联系人	开始日期	结束日期
1								
2								

4. 招募、分配和培训评估员

确定评估方案后,评估小组便可着手进行评估员的招募、分配与培训工作。此时招募的评估员,其任务是在演练实施阶段观察记录演练行动并做出初步判断,以及在演练结束后辅助评估总结工作。

1)招募评估员

如演练规模较小,初期成立的评估小组可以胜任评估工作,则可不必进行评估员的再招募。如演练规模较大,复杂程度较高,初期成立的评估小组无法覆盖,则可从演练组织内部或外部招募评估员。招募前由评估组长确定所需评估员的人数、类型、需具有的专业技能等。

参与应急演练规划和设计的人员可以成为评估员的首选,因其熟悉演练需求、目的和目标,在实施阶段能够很好地理解参演者的应急行动,并对其做出较为准确的评判。其次是与参演者所属部门职责相似的邻近地区的突发事件管理机构人员、应急处置机构人员等,因其熟悉参演者职责和应急工作流程,或熟悉参演者所具备的专业技能,也能较好地承担演练现场的评估工作。具有应急管理经验,或者演练涉及相关专业领域知识的专家学者也是评估员的招募对象之一。

经常组织演练的单位应考虑做一个长期规划,建立和发展一支受过训练的评估人员队伍,以积累评估经验,提升评估工作的品质。

2)分配评估员

根据演练被评估的目标数量、演练实施过程中所需观察点的数量、观察的内容和项目等,对评估员进行合理分配。评估员所具有的专长、技能和经验应与其被分配的区域和任务相匹配。例如位于新闻发布现场的评估员,应具有一定的公共关系知识和媒体应对经验,这样他们就能更敏感地捕捉发言人传递的信息,做出更准确的判断。

关于演练评估区域的划分,在制定评估方案时就应确定好,而评估员的分配方案,则在培训工作开展之前就应该确定好。

3) 培训评估员

评估员的职责包括:

(1) 了解演练目的和目标,熟悉演练场景;

(2) 演练过程中在指定区域位置观察并收集信息;

(3) 参与热反馈和事后评估会议;

(4) 协助评估组长分析评估数据,撰写演练评估报告。

为确保评估员各履其职,评估组长必须在演练实施之前组织所有评估员参加岗前培训。培训的内容可以包括如下几个方面:

(1) 学习相关的应急政策、预案和程序;

(2) 了解对应的观察对象的基本情况;

(3) 了解演练的目标、情景设置以及预期行动设计;

(4) 熟悉评估员手册和演练评估工具表单,清楚要收集的关键数据;

(5) 了解演练现场的功能划分,明确观察位置;

(6) 了解演练规则及注意事项;

(7) 学习基本的评估程序、观察技巧、数据记录方法和分析方法。

5. 做好预备工作

在演练实施之前,准备并核实评估工具和文件到位情况,包括记录用的笔记本电脑、录音笔、摄像机,用于沟通联系的对讲机、电话、传真机等工具,并将评估实施阶段要分发的文件打印装订完毕。

召开全体评估员的预备会,核实评估员的职责和分配;确保评估员熟悉演练现场的地理情况和相应的负责人/联系人,明白自身的观察位置;阐明特殊情况;回答评估员尚未理解的问题等。

二、评估实施阶段

当应急演练正式启动,评估工作也随之进入实施阶段,这一阶段评估员最主要的任务便是利用各种表单工具进行数据收集,包括如下方面:

1. 观察并记录参演者行动

对演练过程中发生的事件,尤其是关键的讨论、决策、行动的细致和完整记录,是后期做出全面和准确分析评判的基础和根据。评估员在演练开始前需要熟悉自身即将面对的情景、观察的对象及其预期行动,对每个事件场景都事先想好观察的角度,明确需重点关注的行为以及对该行为的评判标准。在实施阶段重点记录[20,60]：

（1）关键行动的基本信息，如做出决定/采取行动/结束行动的时间点、采取的行动方案、关键信息获取方式及信息内容、行动效果等；

（2）评估指标的完成程度，为跟上演练进程，一般采用是/否等选项，让评估员快速做出判断；

（3）偏离预期行动，或者有违于预案、处置标准流程等规范文件的行为，或者导致演练目标无法实现的关键因素，此类数据应详细记录；

（4）参演者创造性解决问题的活动。

为减少评估员的主观因素和个人能力对数据收集工作的影响，建议无论演练规模大小，都要设计标准化的工具表单，辅助评估员开展此项工作。

需要注意的是，在演练实施阶段，评估员只是一个旁观者的角色，不应做出任何有可能引导或提示参演者的言行。参演者如对评估员提出问题，评估员需转交给现场的演练导调组。同时评估员也不应该给现场媒体提供任何信息或发表自己的意见，如有媒体要求采访，评估员提供负责演练新闻发布的组织机构的联系方式即可。

2. 对参演者行动做出初步判断

在观察和记录演练过程的同时，评估员也会对参演者的行动水平，以及对演练目标是否达成做出一个初步的判断，这个初步判断主要依据的是评估者自身对演练目标的理解，或者是依据评估者自身的实战经验，在观察记录工具表单上可以预留一部分空间，供评估员即时记下初步的分析、感想、建议等。

3. 参加热反馈

演练结束后应立即举行组织者、参演者及评估员共同参与的交流会。该会议是评估员进一步理解参演者的行动意图、澄清要点、收集缺失信息的机会，其作用主要表现在[20,60]：

（1）通过与参演者进一步讨论，补充记录演练期间发生的情况；

（2）收集参演者对演练设计和组织的评价；

（3）澄清某些评估者未理解的问题；

（4）如参演者集体参加了热反馈会议，也可以在此时请参演者填写参演者反馈表。

关于热反馈会议的流程在第四章已经有所介绍，此处不再赘述。

4. 补充调查

必要时，评估员可以组织个人访谈、局部座谈等小范围调查活动，或者请参演者代表提交自评报告等材料，继续补充数据。评估员还可以从演练过程中参演者使用的信息系统中导出记录来补充信息。

三、评估总结阶段

1. 汇总及分析数据

当评估员收集完数据,整理好每一张评估表单后,评估组长负责组织评估员汇总数据,并进行初步分析。

1)回顾演练过程

按演练时间顺序对每一个演练目标下的演练行动进行回顾、分析和评述,这一过程需要所有评估数据支持,因此需要全体评估员共同参与。通过评估员对所记录数据的解释、互相讨论,辅以图表,消除收集的数据的差异性,建立起以待检验的应急能力和演练目标为主线的所有要点的综合数据表。

2)分析数据并提出建议

针对每一个演练目标,对该目标的实现程度、该目标下关键任务的完成情况进行分析,一般每一个点都可以包括客观情况描述(评估者观察到的实际情况)、依据评估标准的评分情况、演练中表现出来的优势、存在的问题、问题深层次原因分析等几个方面。针对导致问题的深层次原因,评估员可以从预案、体制、机制、设施、培训等方面提出改进建议。

2. 起草评估报告

作为评估工作的总结,由评估组长牵头撰写一份正式的评估报告,对整个评估过程、收集的数据和分析结果进行全面总结。根据《突发事件应急演练指南》的建议,评估报告可以从演练执行情况、预案的合理性与可操作性、应急指挥人员的指挥协调能力、参演人员的处置能力、演练所用设备装备的适用性、演练目标的实现情况、演练的成本效益分析等方面进行阐述。在框架上一般包括:

(1)评估工作概述,包括评估内容、评估依据、评估方式、评估标准、评估程序等信息。

(2)演练总体情况,包括演练基本信息(时间、地点等),对演练目的、范围、情景、参演机构的概述,对演练实施整体情况、参演者整体表现的评述。

(3)评估结果,根据评估表单分类整理各个评估指标项的得分、等级或评语。

(4)重点问题分析,对演练中组织者与参演者展现的优秀经验、暴露出来的主要问题进行详细分析。

(5)改进建议,可以按阶段分为短期、中期、长期改进建议;按对象分为演练组织的改进建议和参演者应急能力的改进提升建议等。

3. 召开评估会议

评估员的评估意见需传递给参演者与组织者才能发挥其作用,提出的建议也只有得到组织者和参演者认可才可能落到实处。因此组织者在评审过评估报告初稿后,还需进一步组织研讨会,请主要的组织者、导调员、参演机构的领导及代表、观摩演练的专家、模拟员代表等多方一起来讨论分析结果,并共同研究改进的建议。

为提高研讨会效率,评估组可以事先将评估报告初稿发至各参会方供其阅读,并在会上派专人做口头介绍,对一些总结性的评定以及改进措施需专门列出并提请会议重点讨论。对与会者的意见,评估组安排专人记录,并在会后梳理归纳,将有用信息整理补充入评估报告中。

4. 完成并发布评估报告

最终成稿的评估报告是后继跟踪和督促各单位改进的依据,反映了组织方、参演方和评估方的综合意见,在正式发布之前需经过各方审阅,并上报当地政府部门及上级部门审批。审批通过后,按照相关保密规定在许可的范围内进行发布,以推广演练经验,扩大应急演练成果的影响力。

第二节　演练总结及后继任务

一、应急演练总结

根据《突发事件应急演练指南》,演练总结可分为现场总结和事后总结。现场总结会即为上述的演练后的热反馈,由组织者、现场专家、评估员等对演练进行点评和初步总结。事后总结可以分为两个层次,总体层由演练组织者组织,全体参演者参加或参演单位派代表参加,可以和评估会议合并召开。各参演单位也可以各自组织演练总结会,对本单位的演练情况进行更细致的总结。

在演练结束后,由组织者牵头,根据演练记录、演练评估报告、应急预案、现场总结等材料,对演练进行系统和全面的总结,并形成演练总结报告。演练总结报告的内容可以包括演练目的、时间和地点,参演单位和人员,演练方案概要,发现的问题与原因,经验和教训,以及改进有关工作的建议等[18]。

二、后继任务

演练结束后,演练组织单位应将演练计划、演练方案、演练评估报告、演练总结报告等资料归档保存。

对于在总结报告中提出的改进建议,相关应急组织应拟定改进计划,演练组织者安排人员监督整改措施落实,并跟踪改进进度,确保演练的效益最大化。整改措施一旦被实施,相关应急组织的应急能力应有一定提升,这种提升可以在新的应急演练中被检验和验证,从而对改进计划做进一步的修订,不断提升应急组织的应急管理能力。

第六章

基于脚本的桌面应急推演

第一节 桌面演练概论

桌面演练(也常称为桌面推演)是最常见的应急演练形式。桌面演练的参演人员往往都是各级应急管理部门中肩负核心指挥调度职责的指挥部成员,这种演练形式能够将紧急状态下的应急管理问题放到一个较为宽松、较小压力的环境中进行充分讨论,帮助来自不同部门的决策者们熟悉预案、发现问题、理清机制、达成共识,取得很好的演练效果。同时其成本低,主题、规模、时间场地等都非常灵活,因此大到各国之间的协同应急演练,小到一个街道、企业、单位,甚至一个工作小组的应急演练,都可以采用这种演练方式。例如在美国,为了提高社会各界(如商会、工厂、研究院等非政府组织)应对灾难的韧性和对FEMA应急救援的支持度,FEMA 的 Private Sector Division 从 2010 年起专门推出了纳入非政府组织的系列桌面演练,设置了如飓风、停电、地震、山火等多种主题,鼓励社会各界协同政府积极开展应急演练[61];而为了提高学校,尤其是高等院校的应急响应能力,DHS 提出 Campus Resilience Program,每年都设置 National TTX、Regional TTX 和 Leadership TTX 三种级别的桌面应急演练项目,针对校园内易发的传染病、校园暴力、游行示威、计算机安全等问题,召集校园应急管理人员进行应急演练[62]。

有学者提出按形式结构,桌面演练可再细分为分析式演练、递进式演练和交互式演练三种类型,其特点详见表 6-1。可以看出这三种形式有一定的递进关系,但是也有一定的交叉关系,因此在实际演练设计过程中,并不需要非常严格地界定它们的边界。

表 6-1 桌面演练的分类[19]

桌面演练分类	分析式演练	递进式演练	交互式演练
形式结构	参演者基于突发事件场景信息进行详细讨论,在此基础上做出全面、周密的"最佳"决策	由导调员按顺序给出不断发展的情景模块,并不断抛出议题,要求参演者随着事件情景的发展,持续地做出分析和决策	参演者在与导调员和模拟者互动过程中,针对与真实突发事件处置情景相仿、不断变化、动态更新的情景,不断沟通、协调,并提出新的对策方案
真实程度	无真实压力感,氛围平和宽松	较真实地反映事件过程,有一定压力感	除不调配实际资源外,接近实战演练
主要参与者	导调员和参演者	导调员和参演者	导调员、参演者、模拟者
主要功能	帮助参演者熟悉自身职责和应急处置程序;训练参演者掌握科学的决策方法	训练参演者的快速、持续、动态决策能力	参演者不局限于应急指挥部成员,还可包括综合协调人员、现场指挥部成员等;训练参演者的即时响应能力和综合协调能力

在场地上,桌面演练一般只需要会议室。应急管理部门的桌面演练可以在其应急指挥大厅举行,辅以多种实际工作中用到的软硬件平台,如应急指挥平台、协同会商系统、地理信息系统、通信调度系统等,增加演练的真实性;无此条件的单位可以对会议场地进行布置,按功能分区,辅以白板、多媒体设备和通信装备等,也能达到很好的效果。图 6-1(a)是一个临时搭建的,聚焦应急决策、指挥调度、协同会商等能力的桌面演练的场地设计图示例,根据演练的实际情况,可以将这些功能区布置在一个会议室里,也可以布置在不同场所,通过通信装备互联互通。图 6-1(b)是一个可用于开展应急演练教学和多种形式的小规模应急桌面推演实验的专业教学实验室设计图。

相比实地演练,桌面演练在室内举行,需要准备的物资材料也较为简单,主要包括:

(1)音视频材料。比起枯燥的文字材料,音视频能够更好地营造演练的氛围。通过展示事故灾难的场景照片/视频、发出警报信号或者播报新闻等形式,让参演者尽快理解场景信息并进入演练状态。

(2)串联演练过程的 PPT 材料。导调官/主持人需根据演练的逻辑,准备好串联演练过程的 PPT 材料,尽量让参演者在演练实施过程不需要"埋头"研究其手上的文档材料。

(3)文档材料。包括之前章节描述的各种设计方案、工作手册和工具表单。设计方案和工作手册应提前发放,需要特别提醒的事项可以列在第(2)项的 PPT 中,并在演练开始之前告知。工具表单如数量较多或内容较为复杂,应提前培训,并且在演练实施过程中需要用到时再下发,避免干扰参演者的注意力。

(4)其他信息类材料,如地图、模型、软件平台等,视演练实际需求准备。

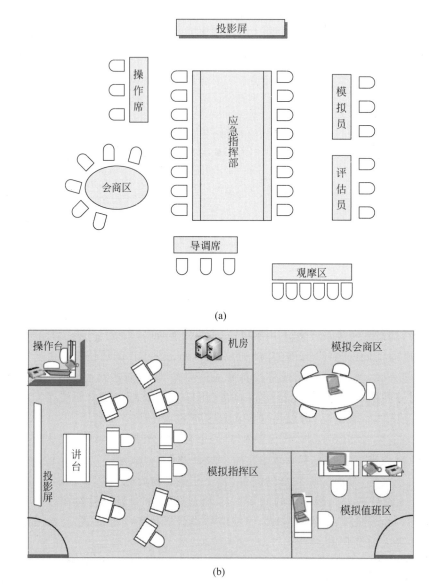

图 6-1 桌面演练场地设计示例

(5)其他辅助性物资,如台签(用于区分功能区域,标识参演人员)、文具类(纸、笔、白板、马克笔等)、话筒、录像机、投影仪,等等。

(6)后勤保障类物资,如饮水等,有些区域性桌面演练包含多个主题,需持续 1~2 天时间,还需要做好餐饮住宿类的准备。

桌面应急演练过程也遵循图 1-11 所示的一系列步骤,第二节将以一个大学校园内建筑工地发生吊塔倒塌事故，继而引发工地邻近实验室危化品泄漏事故为例，阐述桌面应急演练的规划、设计、准备、实施、评估等主要过程。如参照表6-1的分类方法，本次演练介于分析式桌面演练与递进式桌面演练之间。

第二节 基于脚本的桌面应急演练设计实例

一、演练规划与设计

演练规划与设计阶段，至少需要整理出演练的背景、需求、范围、目的、目标、情景、日程安排、流程等要素，并确定评估方案。

1. 演练基本信息

本次演练基本信息如表6-2所列。

表6-2 演练的基本信息

演练名称	校园突发安全生产事故桌面应急推演
演练时间、地点	××××年××月××日，××大学××楼××会议室
演练安排	180分钟，包含三个情景模块，详见"演练日程安排表"（附后）
演练背景	由于学科设置日益丰富，招生数量也逐年增加，××××大学建设初期修建的教学办公场所已无法满足需求，因此近两年在××××市政府支持下，校内开始新建多栋教学楼和宿舍楼。建筑工地的增加带来了新的安全隐患，包括高空作业、重型设备使用、泥头车出入等。同时部分建筑工地邻近校园主干道、学生宿舍、食堂，以及具有一定危险源的科研实验室，如发生安全生产事故，很可能会引发较为严重的次生衍生灾害。 为推进"韧性校园"建设，××××大学应急工作领导小组办公室协同××××建筑有限公司安保部共同举办一场"校园突发安全生产事故桌面应急推演"，聚焦校园内建筑工地突发安全生产事件所引起的系列事故灾难，希望通过此次演练，强化××××大学校内各职能部门、驻校各企业单位的风险意识和应急准备意识，提高其协同应急能力
情景概述	本演练涉及校园内某在建工地发生吊塔倒塌事故，造成施工人员重伤，同时引发次生危化品事故，严重威胁校内师生的健康和安全，破坏了校园内工作、学习和生活的正常秩序
事件类型	事故灾难（20000）；建筑施工事故（20500）；危险化学品事故（20300）
演练目的	通过本次演练进一步明确学校事故灾难类突发事件应急领导小组与工作组的人员角色和职责任务；检验应急领导小组对应急预案和应急流程的熟悉程度；聚焦应急工作组的组织、指挥与协调能力，信息收集与共享能力，风险感知与预警能力，应急沟通能力等核心应急管理能力的提升；同时本次演练也考察《××××大学事故灾难类突发事件应急预案》部分程序的可行性

续表

演练目标	针对演练聚焦的核心应急管理能力,设置演练目标如下: **1. 组织、指挥与协调能力** (1) 熟悉本单位的应急管理预案,能够快速组建应急响应指挥部和工作组,明晰各组织机构职责; (2) 能够快速厘清主要问题,制定出应急响应方案,并组织本单位人员开展先期处置; (3) 与所在行政区域的上级主管部门、应急管理部门、专业救援队伍均具有较好的协同联动机制 **2. 信息收集与共享能力** (1) 具有较强的突发事件动态信息获取方法; (2) 具有清楚和顺畅的内部信息上下报送传递途径; (3) 具有成熟的应急信息公开机制,具有专门的应急信息公开渠道 **3. 风险感知与预警能力** (1) 熟悉校园内已有的主要风险分布和风险等级,并做好预防措施; (2) 能够基于现场信息,对潜在的自然的/技术的/人为的风险、威胁和危害进行科学分析,对可能发生的突发事件进行预判; (3) 具有全覆盖的预警发布渠道; (4) 具有快速有效的预警应对机制 **4. 应急沟通能力** (1) 具有成熟的与教工、学生、家长等学校直接利益相关方沟通的机制; (2) 具有较强的舆情感知、舆情引导和媒体应对能力
任务领域	(事发)监测、预警及先期处置;(事中)应急处置与救援;(事后)恢复与重建
演练材料	1. 演练基本信息表(本表) 2. 演练日程安排表(附后) 3. 大学园区地图(附后) 4. 三方热反馈表(附后)

注:事件类型编码依照国家标准《突发事件分类与编码》(GB/T 35561—2017),下同。

2. 演练参与方信息

演练规划、设计、准备过程中涉及的人员此处不再赘述,演练实施现场的参与方如表 6-3 所列。其中根据《××××大学事故灾难类突发事件应急预案》,此次演练的参演者各方信息如表 6-4 所列。为保证演练效果,当参与演练的人员并不是表 6-4 中组织机构的实际成员时,参演者应做预先的调研和学习,熟悉演练的相关预案,熟悉校园的应急工作机制。

表6-3 演练实施现场的参与方

应急演练角色	职责
导调员(1~2名)	1. 执行演练计划、推动演练进程,必要时调整演练内容 2. 观察参演者表现,引导其聚焦于演练目标和核心能力 3. 必要时,模拟区级、市级应急管理部门、专业救援队伍、涉事企业、工地工人、学生、家长、市民、新闻媒体等角色,与参演者互动 4. 组织热反馈
参演者(9名代表,详见表6-4,人数超出较多时,可分为两组)	1. 代表自身所在部门,承担其部门在实际应急处置工作中的职责 2. 听从导调员引导,积极主动投入到演练过程中
观摩员(若干)	观摩演练实施过程,可邀请各院系安全员、学生代表、物业安全主管、驻校企业单位代表、周边院校领导等观摩演练实施过程
评估员(2名)	1. 做好会议记录,并全程录音录像 2. 发放、收集组织者/参演者/观摩者反馈表 3. 演练结束后编制评估总结报告
综合保障人员(2名)	1. 会务类的组织协调和后勤保障工作 2. 辅助导调员操作现场的计算机和多媒体设备 3. 安全保障工作

表6-4 演练实施现场的参演者

参演组织机构	职责	参演人员设置
学校突发公共事件应急处置工作领导小组(简称应急领导小组)	**领导小组:** 全面负责处置学校各类突发公共事件的应急响应行动,下达应急处置工作任务;在预测将要发生和已经发生突发公共事件时,启动突发事件应急预案,并开展应对突发事件的组织指挥;在处理突发公共事件过程中,协调与校外相关部门和单位的关系;在突发事件超出学校处置能力时,依程序向教育主管部门、市教工委及相关部门报送,请求指示与支援;决定信息报送教育主管部门、市教工委及相关部门的标准、内容以及请示上级部门指示、支援等事项;决定对外公布、公开与事件有关信息的口径及发布时间、方式等;部署和总结学校年度突发性公共事件应对工作	设置领导小组组长1名(党委书记担任)

续表

参演组织机构	职责	参演人员设置
应急领导小组办公室	**办事机构：**设在两办（党办、校办）。履行应急值守、信息汇总、综合协调职能，发挥运转枢纽作用。及时收集和分析相应的数据和工作情况，提出处理各类突发公共事件的指导意见和具体措施报学校应急领导小组；会同各应急处置工作组，及时总结学校处理突发公共事件的经验和教训；督导、检查校内各单位落实突发公共事件应急处理工作的情况；根据突发公共事件的性质提出对有关责任人的责任追究意见报学校应急领导小组	设置办公室主任1名（党办主任担任）
事故灾难类突发事件应急处置工作组（简称应急工作组）	**工作机构：**统一决策、组织、指挥涉及学校的事故灾难类突发事件的响应行动；指导校内各单位建立健全事故灾难的预防预警机制；对事故灾难防范处置工作进行督察、指导，进入现场进行协调处置，控制事态发展；根据事故灾难情况，提出相关对策和措施，决定是否在一定范围内停课，是否进行人员疏散等应急处理方法；积极配合校外有关部门进行应急处置工作；向应急领导小组提出报送信息、请求指示和救助等事项；研究对外公布、公开与事件有关信息的口径及发布时间、方式等；会同校应急领导小组办公室总结评估应急处置工作	设置组长1名（分管校领导担任）设置组员，包括保卫部部长、学生部部长、校医院代表、实验处处长、基建处处长共5名
应急工作组办公室	设在总务办公室，承担日常工作	设置办公室主任1名（总务办主任担任）

3. 情景描述

该演练包含三个情景模块，分别涉及事发时的事件接报及先期处置，事中的应急处置与救援，事后的恢复与重建三个阶段。演练情景设计如表6-5所列。

表6-5 演练情景设计表（演练设计者用，不公开）

事件信息	
演练时间	××××年××月××日
演练地点	××××大学××××楼××××会议室
初始触发事件	建筑施工事故——校园内某在建工地发生吊塔倒塌事故

续表

事件体系	事件1：建筑施工事故	
	在建工地发生吊塔倒塌事故	校内在建××××大楼(已建到第10层)的建筑工地上，吊塔突发机械故障，向东北侧倒塌，压住东北侧工地内部道路上的一辆泥头车，并砸到工地围墙
	事件2：危险化学品事故	
	实验室发生危险化学品泄漏事故	工地围墙无法持续支撑吊塔重量，吊塔进一步倾斜，约20min后，倾斜的吊塔砸向L楼与K楼之间的廊桥上，廊桥上多个危化品储存罐遭严重破坏，危险化学品开始泄漏并扩散

场景信息		
事件1：		
区域自然场景和社会场景	事发时间为16点30分，气温20℃，阴天，东风3级；事发地为××××大学校园内，建筑工地四周有封闭式围墙；建筑工地东北侧有L、K两栋教学办公楼(均为四层高)，北侧为校内道路，南侧为草坪和球场，西南侧为操场，西侧为学生宿舍楼和食堂等生活区；1条河流从校园内穿过，距离事发建筑工地直线距离约200m；校园周边有3个住宅小区(西南侧围墙外，距离事发建筑工地直线距离约200m)；校园临近1条市政主干道(北侧围墙外)。 L楼内第四层靠近工地角为××××实验室，L楼与K楼之间的廊桥上有多个危化品储存罐，储存了多种危险化学品。 校内师生近万人，此时有学生在L、K楼实验室内，有学生在事发地周边道路上行走，有学生在南侧球场打球，有学生在西南侧操场运动，有学生在宿舍楼内	
事件初始影响	泥头车被吊塔压住，驾驶室完全变形，驾驶室内有两人被困，身受重伤，急需救援。建筑工地东北侧围墙严重受损，暂时支撑住了倾斜的吊塔	
区域应急救援力量	校园内设有保卫部、校医院、公安派出所；校园外1km范围内驻有一支消防中队	
先期处置情况	多名目击者给校保卫部打电话报警，保卫部派出安保员前往核实，并上报校应急领导小组办公室	
事件2：		
区域自然场景和社会场景	基本同上；周边有部分学生、群众在围观并拍摄救援进展	
事件初始影响	泄漏的危化品在事发地形成液体池，液体池面积逐渐扩大，部分危化品暴露后逐渐挥发，周边空气中充满刺鼻的味道，并受东风影响开始向学生的生活区、操场方向扩散。部分学生和市民开始恐慌	
区域应急救援力量	同上	
先期处置情况	由事件1触发，现场已成立现场指挥部，有专业救援队伍正在处理事件1	

三个阶段的情景模块分别如表 6-6～表 6-8 所列。

表 6-6　情景模块 1

情景模块 1-1（事发阶段：事件接报及先期处置）
【初始信息】 　　××××年××月××日，星期四，16:30，气温 20℃，阴天，东风 3 级。 　　校内在建××××大楼的工地上，吊塔突发机械故障，向东北一侧倒塌。 　　安保处收到多名现场目击者（学生、工地施工人员、群众）电话报警。 　　安保处派出安保员前往核实，并上报校应急领导小组办公室。
情景模块 1-2（事发阶段：事件接报及先期处置）
【事件详细信息】 　　校内在建××××大楼的建筑工地上，吊塔（约 12 层楼高）突发机械故障，向东北侧倒塌，压住东北侧工地内部道路上的一辆泥头车，并砸到工地围墙。泥头车被吊塔压住，驾驶室完全变形，驾驶室内有 2 名乘员，被困在驾驶室内无法逃出，身受重伤，急需救援。建筑工地东北侧围墙严重受损，虽然暂时支撑住了倾斜的吊塔，但随时会崩塌。 【事发地周边情况】 　　事发地为××××大学校园内，建筑工地四周有封闭式围墙；建筑工地东北侧有 L、K 两栋教学办公楼（均为四层高），北侧为校内道路，南侧为草坪和球场，西南侧为操场，西侧为学生宿舍楼和食堂等生活区；1 条河流从校园内穿过，距离事发建筑工地直线距离约 200m；校园周边有 3 个住宅小区（西南侧围墙外，距离事发建筑工地直线距离约 200m）；校园邻近 1 条市政主干道（北侧围墙外）。 　　L 楼内第四层靠近工地角为××××实验室，L 楼与 K 楼之间的廊桥上有多个危化品储存罐，储存了多种危险化学品。 　　校内师生近万人，此时有学生在 L、K 楼实验室内，有学生在事发地周边道路上行走，有学生在南侧球场打球，有学生在西南侧操场运动，有学生在宿舍楼内。
情景模块 1-3（事发阶段：事件接报及先期处置）
【先期处置】 　　应急处置工作组到达现场，现场指挥部成立。 　　施工方负责人到达现场，工地一切施工作业停止。 　　现场围绕工地设置了隔离栏，保卫部派出多名安保员维持现场秩序。 【其他】 　　出现部分围观的学生和群众。

表 6-7 情景模块 2

情景模块 2-1（事中阶段：应急处置与救援）

【应急处置与救援】
　　校医院的医疗救护人员到达事发现场，对还被困在驾驶室的人员进行初步吸氧和止血救治。
　　消防车到达事发现场，工作组商讨救援方案，并实施救援。

情景模块 2-2（事中阶段：应急处置与救援）

【次生灾害】
　　在工作组商讨处置措施的时候，承受吊塔的工地围墙突然崩塌，吊塔进一步倾斜，砸上 L 楼与 K 楼之间的廊桥。
　　廊桥上存储危化品的储存罐部分被砸中，三个储存罐破裂，内部危化品泄漏，从廊桥上流到地面，三种危化品混合并慢慢形成一滩液体池（面积逐渐扩大）。
　　危化品挥发，并在东风作用下开始向学生宿舍楼、食堂、操场等生活区扩散。

【群众反应】
　　空气中开始出现刺鼻气味，围观群众纷纷掩鼻咳嗽，并迅速散去。
　　现场救援人员出现不适。

情景模块 2-3（事中阶段：应急处置与救援）

【应急处置与救援】
　　暂时撤离现场救援人员，并在液体池周围 15m 外设置隔离栏。
　　消防队请求增援消洗车和防护装备。
　　专家确认泄漏的三种危化品类型、特性和数量，分别为 A（易燃、极易挥发、低毒）、B（不可燃、极易挥发、无毒）、C（易燃、极易挥发、有毒），三种危化品共泄漏 N 升，混合后不会产生更严重的危害，有一定的火灾风险隐患。已泄漏危化品可用水缓慢稀释并回收，直接挥发的话预计 30min 后空气中的危化品浓度达到峰值，并在 1.5h 内会基本挥发完毕（＞95％）。
　　专家给出 2h 内的危化品扩散态势分析图，并指导救援人员在上风向进行稀释回收。
　　事发地西侧宿舍楼、食堂等区域受危化品扩散影响，潜在的安全风险高，物业组织关闭宿舍楼、食堂门窗，楼内学生立即疏散至上风向，并尽量远离事发地。
　　在学生安置区设置临时医疗点，天色渐晚，食堂安排临时就餐点。
　　校园应急短信通知全体师生，停止前往事发地方向，如有身体不适请尽快前往临时医疗点就诊。
　　安保人员按态势图扩大隔离区范围。

情景模块 2-4（事中阶段：应急处置与救援）

【群众请愿】
　　19:30，有学生代表来与工作组协商，表示今晚不愿意回宿舍休息，希望学校能安顿他们。

【公众关注】
　　有学生将现场视频、图像在微信、微博上发出，立即被多方转载和关注，相关的网络搜索量和浏览量剧增。网络上出现部分谣言声称已有××名学生中毒。有家长给学校和环保部门打电话表示担忧。校外居民区代表要求工作组公开危化品类型、扩散情况和处置措施，以及对他们身体健康可能产生的影响。有新闻媒体直接赶赴学校采访报道。公众对学校短期和长期的学生安全保障计划都表示出极大的关注。

表 6-8　情景模块 3

情景模块 3-1（事后阶段：恢复与重建）
【现场处置】 20：30 危化品回收洗消工作基本结束。 两名被困在驾驶室的重伤人员已被救出，基本脱离生命危险。 救援人员重回施工现场继续进行吊塔拆卸工作。 施工方组织工人处理崩塌的围墙。 环保部门工作人员带来专业检测设备对危化品残留情况进行检测。 【学生安抚】 各班主任组织召开学生会议，说明目前的处置救援进展情况，安抚学生情绪。 （危化品所属）实验室负责人协同实验教学中心临时制作了一份 PPT，供各班主任在会上向学生说明泄漏的三种危化品的特性。 【新闻发布会】 21：00 召开新闻发布会。 学校代表、施工单位负责人、教育主管部门代表、环保部门代表、消防中队队长出席，通报救援进展，回答家长代表、公众代表、媒体代表的提问。
情景模块 3-2（事后阶段：恢复与重建）
第二天 隔离区撤销。 施工现场安全检查与整改。 校方、实验室负责人、施工方协商赔偿问题。

演练情景设计表和情景模块描述了事件发生时的基本情况，演练设计者可以根据上述表格信息，整理好演练脚本，以体现演练场景的动态变化，并辅助导调员组织演练过程，演练脚本将在本章第二节"三、演练实施"中介绍。

此次演练对时间和节奏要求较低，以促进校园内应急领导小组以及负责处置事故灾难类突发事件的应急工作组熟悉预案、熟悉职责、提升能力为主要目的，因此演练脚本只供导调员使用。导调员基于演练脚本，以多媒体材料和 PPT 的形式一步步为参演者更新情景信息。参演者根据情景信息，讨论分析导调员不断抛出的问题，形成统一意见并反馈，以此来推进演练的进程。

二、演练准备

该演练场地设计如图 6-2 所示。物资清单如表 6-9 所列。

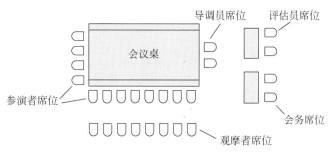

图 6-2　演练场地设计

表 6-9　需准备的物资清单

物资名称		说明	份数
信息表单类	签到表		1 份
	演练日程安排表		与会者每人 1 份
	演练基本信息表		与会者每人 1 份
	事发地周边的校园地图	二维纸质版，三维电子版	纸质版与会者每人 1 份
	热反馈表	导调员、参演者、观摩者三个不同版本	导调员、参演者、观摩者每人 1 份
	演练脚本	仅导调员持有	导调员每人 1 份
	评估表单	仅评估员持有	评估员每人 1 份
多媒体材料		PPT 和音视频，仅导调员持有	1 份
辅助类物资	台签	写明角色，在演练现场摆放	每组角色 1 个
	名牌	写明角色，现场参与人员佩戴	每人 1 个
	纸笔		每人 1 份
	白板	含马克笔、白板擦	1 套
	录像机	面对参演者	1 台
	投影仪		1 台
后勤保障类	饮用水		每人 2 瓶

三、演练实施

演练实施的流程可以日程表的形式呈现,如表 6-10 所列,总时长 180min。在实施阶段导调员的导调流程则需要通过演练脚本来呈现,这部分在表 6-11 中展开阐述。

表 6-10 演练日程安排表

演练日程安排		
××××年 ××大学 校园突发安全生产事故桌面应急推演 ××××年××月××日 ××××大学××××楼××××会议室		
时 间	活 动	主 持
14:00(10min)	签到	
14:10(10min)	欢迎辞、背景介绍、宣布演练启动	×××
14:20(40min)	情景模块1(表6-6)	×××
15:00(40min)	情景模块2(表6-7)	×××
15:40(20min)	情景模块3(表6-8)	×××
16:00(15min)	茶歇	
16:15(30min)	演练回顾、热反馈	×××
16:45(10min)	填写反馈表	×××
16:55(5min)	总结辞	×××
17:00(0min)	演练结束	

表 6-11 演练脚本(导调员专用)

序号	导调员工作事项	详 情
1	演练实施前准备	确认所有参与者就位; 发放演练基本信息表(表6-2),发放纸质版校园地图; 打开导调 PPT,确认多媒体材料正常播放; 致欢迎辞,必要时介绍到场人员; 介绍演练背景,三维场景展示校园该区域地图; 再次阐述演练目的,并宣布演练正式开始
2	组织讨论(15min)	【问题1】该区域的主要风险包括哪些?应做好哪些前期准备工作?请小组讨论并请应急领导小组办公室主任为代表介绍校园风险矩阵和前期的防灾减灾措施(开放性问题,不局限于此次演练情景)
3	展示演练情景 1-1	见表 6-6【情景模块 1-1】,用多媒体手段展现情景(动画或图片,报警录音)

续表

序号	导调员工作事项	详　情
4	组织讨论(5min)	【问题2】安保员需要现场核实什么信息？上报什么信息？请小组讨论并请应急工作组办公室主任为代表介绍应核实上报的信息项(给出信息条目即可)
5	展示演练情景1-2	见表6-6【情景模块1-2】，同时根据参演者提出的信息项进行必要的补充
6	组织讨论(20min)	(应急领导小组、事故灾难应急工作组主导) 【问题3】当前事件应作出什么先期处置？是否有优先级的不同？请小组讨论并请应急工作组组长为代表介绍 【问题4】需要设立哪些工作小组来投入后继的处置救援？职责分别是什么？请小组讨论并请应急工作组各组员介绍 【问题5】此类事件中，持续的现场信息获取和共享渠道是什么？包括技术性的和非技术性的渠道，包括对应急领导小组，向上对市级直属管理机构和应急管理机构，向下对学生、家长、市民等公众，请小组讨论并请应急领导小组组长为代表介绍
		【先期处置】(供导调员参考) 1. 应急领导小组启动应急预案； 2. 向教育主管部门、市教工委报告情况，请求指示和支援； 3. 应急工作组成立现场指挥部，成立现场处置组、宣传组、安保组等若干工作小组； 4. 停止一切施工作业，设置隔离区； 5. 联系邻近消防中队前来支援； 6. 调度校医院赶赴现场救治伤员
7	展示情景模块1-3	见表6-6【情景模块1-3】
8	展示情景模块2-1	见表6-7【情景模块2-1】
9	组织讨论(5min)	【问题6】基于地图信息，分析此时潜在的风险是什么？应如何预防？请小组讨论并请应急工作组组长为代表介绍 【预防措施】(供导调员参考) 1. 联系实验室负责人，令其迅速上报廊桥上存储的危化品类型、特性； 2. 组织施工方负责人和消防队评估围墙承重情况，商讨能够加快拆卸吊塔或者增加围墙承重的方法； 3. 初判是否需要疏散宿舍楼内学生，是否需要通告校内所有师生以及校外住宅区居民； 4. 上报环保部门

续表

序号	导调员工作事项	详情
10	展示情景模块 2-2	见表 6-7【情景模块 2-2】,可制作成动画
11	组织讨论(20min)	【问题 7】当前事件应做出什么响应行动？是否有优先级的不同？拟出应急响应计划,请应急领导小组组长为代表介绍。 【问题 8】如何通知学生进行疏散？宿舍楼的疏散路线是什么？小组讨论并请应急工作组相关组员介绍
12	展示情景模块 2-3	见表 6-7【情景模块 2-3】
13	组织讨论(5min)	【问题 9】讨论一下还有什么问题可能会出现？小组讨论并请应急领导小组组长为代表介绍
14	展示情景模块 2-4	见表 6-7【情景模块 2-4】,视参演者的讨论情况补充
15	组织讨论(10min)	【问题 10】应该如何与学生代表、家长代表、周边居民代表进行现场沟通？学校是否有成熟机制？应急工作组应传递出什么样的信号？小组讨论并请应急工作组相关组员为代表介绍
16	展示情景模块 3-1	见表 6-8【情景模块 3-1】
17	组织讨论(20min)	【问题 11】学校是如何做官方的信息公开、新闻发布、舆情感知与引导、媒体应对等工作的？是否有成文的预案或流程？小组讨论并请应急领导小组办公室主任为代表介绍。 【问题 12】有哪些后继工作？小组讨论并请应急工作组组长为代表介绍。 【问题 13】学校应如何提高其韧性和业务可持续性(开放性问题,不局限于此次演练)？小组讨论并请应急领导小组组长为代表介绍
18	展示情景模块 3-2	见表 6-8【情景模块 3-2】,情景模块结束
19	茶歇(15min)	协助评估员准备好反馈表
20	演练回顾(30min)	简要回顾演练过程,并请参演者、观摩者进行评述,评估员点评
21	填写反馈表(10min)	导调员、参演者、观摩者均需现场填写(三种反馈表是不同的)
22	总结(5min)	
23	演练结束	

在演练实施过程中,评估员负责做会议记录,使用表 6-12 记录并整理参演者对每个问题的反馈,以便作为演练结束后编制评估总结材料的资料依据。

表 6-12 演练观察记录表

序号	问题	参演者反馈
1	该区域的主要风险包括哪些;应做好哪些前期准备工作?	应急领导小组办公室主任:
2	安保员需要现场核实什么信息,上报什么信息?	应急工作组办公室主任:
3	当前事件应做出什么先期处置?是否有优先级的不同?	应急工作组组长:
4	需要设立哪些工作小组来投入后继的处置救援,职责分别是什么?	应急工作组各组员:
5	此类事件中,持续的现场信息获取和共享渠道是什么?包括技术性的和非技术性的渠道,包括对应急领导小组,向上对市级直属管理机构和应急管理机构,向下对学生、家长、市民等公众	应急领导小组组长:
6	基于地图信息,分析此时潜在的风险是什么,应如何预防?	应急工作组组长:
7	当前事件应做出什么响应行动?是否有优先级的不同?	应急领导小组组长:
8	如何通知学生进行疏散,宿舍楼的疏散路线是什么?	应急工作组相关组员:
9	讨论一下还有什么问题可能会出现?	应急领导小组组长:
10	应该如何与学生代表、家长代表、周边居民代表进行现场沟通?学校是否有成熟机制?应急工作组应传递出什么样的信号?	应急工作组相关组员:
11	学校是如何做官方的信息公开、新闻发布、舆情感知与引导、媒体应对等工作的,是否有成文的预案或流程?	应急领导小组办公室主任:
12	有哪些后继工作?	应急工作组组长:
13	学校应如何提高其韧性和业务可持续性?	应急领导小组组长:

四、演练评估

在热反馈阶段需要导调员、参演者和观摩者填写反馈表,反馈表形式参考表 5-5。此次演练规模较小,参演者是以一个团队的形式参与,因此可对该表进行简化,如表 6-13～表 6-15 所列。评估员在演练实施过程中使用表 6-12 对参演者表现进行记录,在演练结束后使用表 6-16 对演练目标的达成情况进行评估,并最终综合各种材料形成此次桌面演练的评估总结报告。

表 6-13 参演者反馈表

	参演者反馈表
参演者信息	姓名：_____ 电话：_____ 单位：_____ 职务：_____ 演练角色：_____ 本人第____次参演此类型应急演练
演练信息	时间：××××年××月××日　　地点：××××楼××××会议室 类型：桌面演练
参演者的自身表现	1. 我所代表的组织的主要职责是： 2. 我认为我的个人表现 【优点】： 【需改进与提升之处】： 3. 我认为我所在的组织表现 【优点】： 【需改进与提升之处】：

对演练设计及组织工作的评价	评价内容	评分(1~5分)	评分说明
	演练的安排和组织工作有序、高效		(如有哪个环节比较混乱,请明示)
	演练提供的情景描述真实度高,体现了校园的安全隐患,代入感强		
	演练提供的信息材料完整,能够辅助我开展分析讨论		
	演练设置的问题难度与我的经验水平相匹配		(偏难还是偏易,请明示)
	演练聚焦的应急管理能力符合我所在组织的核心能力需求		(请列出您觉得更需关注的应急能力项)
	通过演练,我个人应对此类突发事件的能力有了很好的提升		
	通过演练,我对所在组织在应对此类突发事件中的优点和短板有了更清楚的认识		

对演练设计及组织工作的建议	
评分说明	5分—完全同意；4分—同意；3分—基本同意； 2分—不同意；1分—极不同意

表 6-14　组织者反馈表

组织者反馈表

组织者信息	姓名：_____　电话：_____ 职务：_____　单位：_____ 本人第____次参与此类型应急演练，第____次组织此类型应急演练		
演练信息	时间：××××年××月××日　地点：××××楼××××会议室 类型：桌面演练		
组织者的自身表现	1. 我在此次演练的设计与组织工作中的主要职责是： 2. 我认为我的个人表现 【优点】： 【需改进与提升之处】：		
对演练设计及组织工作的评价	评价内容	评分（1~5分）	评分说明
	演练计划安排合理，实施过程有序、高效，未出现不可掌控的意外局面		（如有哪个环节比较混乱，请明示）
	演练的场地与物资准备合理，完整		（如有欠缺，请明示）
	演练设计的信息材料完整，只需要较少调整即可满足实施过程的需求		
	演练设置的问题合理，符合参演者的经验水平和实际需求，能够触发参演者的热烈讨论		（偏难还是偏易，请明示）
	通过演练，我个人组织此类桌面演练的能力有了很好的提升		
对演练设计及组织工作的建议			
评分说明	5分—完全同意；4分—同意；3分—基本同意； 2分—不同意；1分—极不同意		

表 6-15 观摩者反馈表

	观摩者反馈表		
观摩者信息	姓名：_____ 电话：_____ 职务：_____ 单位：_____ 本人第____次参与此类型应急演练，第____次观摩此类型应急演练		
演练信息	时间：××××年××月××日　　地点：××××楼××××会议室 类型：桌面演练		
对参演者的自身表现	我观察到参演者的表现 【值得学习借鉴之处】： 【需改进与提升之处】：		
对演练设计及组织工作的评价	评价内容	评分(1~5分)	评分说明
	演练的安排和组织工作有序、高效		(如有哪个环节比较混乱，请明示)
	演练的场地与物资准备合理、完整		(如有欠缺，请明示)
	演练提供的情景描述真实度高，体现了校园的安全隐患，代入感强		
	演练设计的信息材料完整，很好地推动了演练进程		
	导调员经验丰富，始终能将演练引导聚焦在核心问题上		
	演练设置的问题合理，参演者能够积极投入讨论		(偏难还是偏易，请明示)
	通过观摩，我能看出此次演练聚焦的核心能力是什么		
	通过观摩此次演练，我个人收获很大		
对演练设计及组织工作的建议			
评分说明	5分—完全同意；4分—同意；3分—基本同意； 2分—不同意；1分—极不同意		

表 6-16　演练活动观察评估表

演练活动观察评估表				
评估员信息	姓名：_____　电话：_____			
演练信息	时间：××××年××月××日　地点：××××楼××××会议室 类型：桌面演练			
评估内容		评分 (1～5分)	观察记录及评分说明	
应急能力	演练目标			
组织、指挥与协调能力	熟悉本单位的应急管理预案,能够快速组建应急响应指挥部和工作组,明晰各组织机构职责			
	能够快速厘清主要问题,制定出应急响应方案,并组织本单位人员开展先期处置			
	与所在行政区域的上级管理部门、应急管理部门、专业救援队伍均具有较好的协同联动机制			
信息收集与共享能力	具有较强的突发事件动态信息获取方法			
	具有清楚和顺畅的内部信息上下报送传递途径			
	具有成熟的应急信息公开机制,具有专门的应急信息公开渠道			
风险感知与预警能力	熟悉校园内已有的主要风险分布和风险等级,并做好预防措施			
	能够基于现场信息,对潜在的自然的/技术的/人为的风险、威胁和危害进行科学分析,对可能发生的突发事件进行预判			
	具有全覆盖的预警发布渠道			
	具有快速有效的预警应对机制			
应急沟通能力	具有成熟的与教工、学生、家长等学校直接利益相关方沟通的机制			
	具有较强的舆情感知、舆情引导和媒体应对能力			
评分说明	5分——参演者完全实现了演练目标,并有超出预期的表现; 4分——参演者按计划实现了演练目标,表现符合预期; 3分——参演者基本实现了演练目标,遇到一些挑战; 2分——参演者在实现演练目标过程中遇到了较大的挑战; 1分——参演者无法实现演练目标,此项目标的演练以失败告终			

第三节　拓展练习

上述实例以阐明如何进行桌面应急演练的设计与推演为主要目的,提供了较为详细的导调资料,主要供演练的设计者和组织实施者参考。如以锻炼参演者的应急管理能力为目的,则其中部分资料不应对参演者公开。

读者可以参照这个过程,为自己所在机构面临的主要风险设计一个桌面演练,并组织机构人员进行推演。例如在校园内学校、工作的读者,可以聚焦实验室安全问题,以校内某化学实验室发生爆炸为例进行充分的案例调研和政策调研,设计一套桌面演练文件。

第七章

基于桌面游戏的应急推演

第一节 应急演练桌面游戏介绍

一、桌面游戏简介

桌面游戏(简称桌游)一般指在桌面或任何平面上便可以开展的游戏,区别于肢体运动游戏和电子类游戏[63-66]。桌游的历史悠久,在世界各国的古代文明中,几乎都可以看到桌面游戏的影子。国外,人们在埃及法老图坦卡蒙的墓(约公元前 3000 年)里发现了塞尼特棋;国内,作为古老的东方文明古国,更是有围棋、华容道、象棋等经典桌面游戏。现如今,全球最大桌游信息网站 Board Game Geek(BGG)收录的桌游种类已经超过 10 万种,它们题材内容丰富,涉及面非常广。

按历史发展时期,桌面游戏在欧美国家的现代发展可分为四个阶段[63]:

(1) 发展期,开始于 20 世纪初,结束于第二次世界大战前经济大萧条时期。经典游戏"大富翁"就是在这一时期被发明并流行起来的。Lizzie Magie 于 1904 年设计了"大富翁"游戏,她将游戏建立在格鲁吉亚的经济原则基础之上,通过游戏让人们明白财产所有者和贫苦租户之间的利益关系。这款游戏由于设计本意与时代背景很好地结合起来,受到了很多人的欢迎。

(2) 黄金期,开始于第二世界大战后,结束于 20 世纪 80 年代末。随着经济的复苏,桌面游戏的类型也愈加广泛起来,策略类、图版类、卡牌类等类型在这一时期都得到了很好的发展,例如铁路大亨(Railway Rivals)、苏格兰场(Scotland Yard)、童话森林(Enchanted Forest)等。

(3) 衰退期，开始于 20 世纪 90 年代，结束于 21 世纪初。这一阶段由于互联网的发展，电子类游戏迅速兴起，桌面游戏受到了严重的打击。但是在这一时期也出现了一些经典的桌面游戏，例如游戏王、万智牌等。

(4) 复兴期，从 21 世纪初开始，桌面游戏逐渐回到人们的生活中，在白领人士中尤其活跃，例如幽港迷城（Gloomhaven）、改造火星（Terraforming Mars）等。

在国内，桌游的发展历程和上述历程相似。自 2005 年上海出现了我国第一家桌游吧以来，这种源自欧美的娱乐场所迅速受到了以白领人士和大学生为主的年轻人的追捧，从少数几家到全国性的普及仅仅用了两三年的时间[65]。其中流行的桌游不乏大家耳熟能详的作品，例如三国杀、狼人杀等。

BGG 将桌游分成以下几种类型：派对游戏、策略游戏、主题游戏、战争游戏、抽象游戏、交换卡片游戏、儿童游戏、家庭游戏。多种多样的游戏类型，可以满足不同玩家的不同需求。

由于兼具趣味性、挑战性、互动性等特点，能够锻炼参与者的观察、分析、推理、运算、协作等多方面能力，同时其对场地、道具、人数等的要求都不高，设计的类型可以多种多样，因此桌面游戏也非常适合在教育教学领域应用。

二、游戏化学习

游戏化学习是指把游戏融入教育教学活动，以游戏的方式，让学生在轻松愉悦的环境中学习知识、获得技能的过程[66,67]。现代心理学和教育学研究表明，游戏化学习能有效培养学生的学习兴趣，激发学生的学习原动力，强化学生的学习效果和效率，提升学生的问题解决能力、创造能力、协作能力、反思能力等高阶能力[68]。将游戏和教育相融合的理念，近年来逐渐受到国内外各界人士的关注。

自 2011 年起，美国新媒体联盟发布的《地平线报告》连续四年将"游戏化和基于游戏的学习"列为未来在教育领域得到广泛应用的技术之一[69]，如 2014 年的《地平线报告》中表明，游戏化教学正在获得越来越多的教育工作者的支持，列举的实践案例包括教师在课堂中使用增强现实游戏、模拟游戏等进行教育教学活动[70]。美国 AERA、AECT 年会把游戏化学习研究作为研究热点之一。2014 年，在美国教育传播与技术协会（AECT）的学术年会上，美国学者 Loh 首次提出"严肃游戏分析"的概念，并于 2015 年出版的《严肃游戏分析：测量、评价、提升绩效的方法论》一书中，严格定义了游戏学习分析的概念——通过分析学生在游戏化学习过程中的数据，来提升游戏化学习的成效[71]。2018 年，在美国教育研究协会（AERA）学术年会中，学者们广泛展开了对游戏化学习的讨论，论证了游戏化学习在提供娱乐性的同时，能满足学生对自尊和爱的需要，能促进学生将学习的外部动机转化为内部动机[72]。已举办 13 届的美国"游戏＋学习＋社会"（Games＋Learning＋

Society,GLS)会议,每年都在持续关注游戏化学习研究的最新进展。我国教育技术协会教育游戏专业委员会自2015年成立以来,每年都将游戏化学习确立为研究和会议的主题,并深入探讨游戏化学习的理论与实践[73]。

对桌面游戏来说,根据其在课堂教学中的应用方式,主要可以分为两类[66]:

(1) 给扑克牌游戏等现成通俗的桌面游戏赋予教育意义,将其用于教育教学活动;

(2) 针对特定的课堂教学内容,使用专门制作(通常是自制)的桌面游戏进行教育教学活动。

具体到本教材涉及的应急演练设计与推演课程,目前国内大多相关课程采用的主要是教师讲授方式,辅以传统的桌面演练实验。实战演练和虚拟演练由于受场地、软硬件装备、学员背景及技术水平的专业性等的制约,较难在学校教学中实际应用。然而对于大多数只具备理论知识,尚缺乏实战经验的读者群体来说,传统的桌面演练形式仍相对枯燥、死板,只能进行较为简单的,贴近其生活工作经验的突发事件应急演练,如第六章所举的校园内的突发事故。为了拓展应急演练教学的形式和范围,激发读者学习的自主性和积极性,使其能够充分运用相关理论知识解决实际问题,笔者通过大量的文献调研和对主流的教育类游戏分析,结合游戏化学习与安全工程学科的特点,针对森林草原火灾应急演练自主开发了极具趣味性和专业性的桌面游戏——"野火危情"。下面章节将详细介绍该游戏的组件、规则,并通过设置演练情景,指导读者展开基于桌面游戏的应急推演。

三、"野火危情"桌面游戏设计简介

"野火危情"——森林草原火灾应急演练桌面游戏是针对应急演练课程,专门设计的一款桌面游戏。这个游戏的特点是以应急演练专业知识为基础,森林草原火灾为背景,应急处置救援为任务,结合桌面游戏娱乐性与沉浸性的特点,把实际应急处置过程中应对的各种复杂情况进行抽象化模拟,使参与者既能体会到游戏的乐趣,又能在游戏中学习专业知识。

1. "野火危情"设计目标

(1) 在游戏中将应急管理的理论与实践有机结合起来,参与者可以运用专业知识做出判断和行动,并影响游戏的发展走向,最终获得成功控制、扑灭森林草原火灾,或者救援行动失败告终的结果,从而锻炼其学以致用的能力。

(2) 应急推演过程中,参与者将分别扮演市防火指挥部、县防火指挥部、武警森林部队、地方专业扑火队伍及气象局五种角色,并为了同一个目标进行协同会商、信息共享、共同决策和行动,以此提升参与者的团队协作能力。

2. "野火危情"设计原则

游戏教学的目的是让参与者在娱乐的过程中获得专业知识,提升其专业素养。基于

该目的,所设计的桌面游戏应满足如下原则[74]:

(1) 主题明确,紧密围绕应急演练的核心目的展开。

以应急演练为桌面游戏设计的核心,游戏的全部过程应紧紧围绕应急演练进行。通过游戏实施,参与者可以对应急演练有更加立体化的认识。

(2) 专业性强,以森林草原火灾应急处理专业知识为基础,在游戏中提升参与者对专业知识的应用能力。

为了让参与者在游戏的过程中掌握森林草原火灾相关的应急知识,应急演练桌面游戏应具有较强的专业性。游戏设计师应针对森林草原火灾应急处理相关的专业知识进行大量的文献调研,对游戏相关的专业知识有全面、深入的了解。

(3) 寓教于乐,以游戏化为依托培养参与者对学习的兴趣。

娱乐性是游戏化教学的灵魂。游戏设计师应对主流的桌面游戏进行大量的调研,从中选出适合在教学活动中应用的游戏模式,并对游戏的模式进行深入剖析,在继承原有模式的基础上进行融合和创新,完成游戏的主体模式设计。

(4) 虚实结合,把专业知识进行抽象化处理。

用于教学的严肃性游戏应满足其应有的专业性,但为满足娱乐性的特点,设计师应在设计的过程中对专业知识进行合理的抽象化,例如,把一整支武警森林部队抽象成一个单一的个体,这样既有利于游戏的进行,也适合专业知识的传授。

(5) 深入浅出,循序渐进,游戏规则能够针对参与者水平进行动态调整。

为满足不同程度的参与者的需求,游戏的难度应可以进行动态调整,具有较强扩展性,既能做到入门简单,支持初学者快速熟悉,又能扩展出复杂的流程,适合资深玩家进行深入复杂的推演。

3. "野火危情"设计流程

森林草原火灾具有涉及范围广、破坏性大的特点,其处理过程往往涉及多个部门、层级,甚至多个区域的协同。本着上文提到的设计原则,以能够有效结合实际、能够最大参与、能够互动合作、能够理解并实操、能够最大限度控制意外和成本为出发点,笔者所在团队以"森林草原火灾应急演练"为主题,为教学活动进行了"野火危情"桌面游戏设计。图 7-1 展示了该桌面游戏的设计流程。

1) 设计游戏背景

无论什么样的游戏,总是需要玩家扮演一个角色去经历一些事情,但是为什么要去经历这些事情?经历后会有什么结果?针对这些问题,游戏中需要进行一定的铺垫和限制,否则玩家在游戏的过程中就可能对游戏中给出的反馈感到迷茫。游戏背景给玩家提供了游戏世界的描述,使玩家在游戏过程中的行为具有合理性。例如,在一个原始社会的森林草原火灾中,告诉玩家可以使用直升机吊桶装水进行灭火操作,这会让玩家感到非常突兀;而在现代社会的森林草原火灾事件中,使用直升机吊桶装水进行灭火,就会变得非常合理。

第七章 基于桌面游戏的应急推演　　103

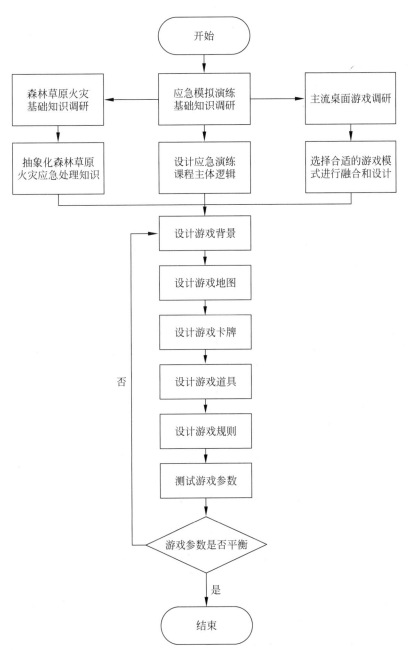

图 7-1 "野火危情"桌面游戏设计流程图

"野火危情"游戏以我国某森林草原火灾高发地区为地理依托,结合了我国目前森林草原火灾处理过程中可能涉及的多种应急要素进行设计,例如我国参与处置森林草原火灾的具体部门、实际使用的灭火战术、灭火装备、涉及的应急预案、法规以及在处理火灾过程中可能遇到的突发情况等。

2)设计游戏地图

游戏地图是游戏进行的主要载体之一,玩家在扮演一个特定的角色时,通过对地图中要素的理解,结合自己的角色特点,在游戏地图中进行合理的活动。可以说游戏地图就是游戏角色的整个世界。

"野火危情"的游戏地图是在结合实际森林草原火灾的特点基础上,再以抽象化的手法处理后设计的。例如,地图中对可燃物的处理采用了集中参数的原则,将一片区域的可燃物抽象成一个点,这样更有利于游戏的展示和进行。同时,为增加游戏的真实感和复杂度,地图中包含了森林平原地带,森林山区地带,森林峡谷地带,森林与草原的交接地带,草原地带以及必要的地理自然条件(如河流)等元素。

3)设计游戏卡牌

桌面游戏里的卡牌是玩家接触最紧密、最直观的部分,也是游戏设计过程中设计师最关注的部分。通过多样化的卡牌设计,可以让玩家和游戏中各种元素更好地进行互动。卡牌设计主要包括如下两个部分:

(1)外观设计。卡牌的外观是游戏给玩家的第一印象,优美的外观不仅能让玩家对游戏充满好奇感,更能让玩家在玩游戏的过程中有更好的体验。卡牌的外观设计可以基于实物通过适当的抽象化进行,以此来提升卡牌的美感。

(2)卡牌属性。在现实生活中,每类物体都具有其特有的属性,例如"可垂直升降"是直升机的属性之一。卡牌属性是卡牌所代表的人员、物体所具有的特定能力和特征的数字化体现,是游戏设计过程中不可缺失的性质。卡牌属性一般包括如下三个方面:

① 卡牌名称,以此来区分不同的卡牌。

② 卡牌功能,即卡牌的能力和特征描述,将卡牌所代表的人员、物体等的主要特征,以及其在游戏过程中的主要作用进行抽象。

③ 能力范围,即每张卡牌的每个功能应有其特定的作用能力。例如,手持扑火工具包的灭火力是1,而风力灭火机的灭火力是2,通过数值的不同体现不同卡牌的特点。

卡牌是玩家与游戏中各种元素交互的主要媒介,只有合理的卡牌设计,才能让游戏处于一种平衡中,让游戏更好玩、耐玩。"野火危情"卡牌设计如图7-2所示。

4)设计游戏道具

游戏道具是指游戏中能够与玩家互动,对游戏角色的属性有一定影响的物品。良好的游戏道具设计,既可以让玩家获得更好的沉浸感,又便于游戏的设计和运行。例如,为了让武警森林部队这个角色对自己有更强的认知,设计了迷你的武警森林部队官兵形象

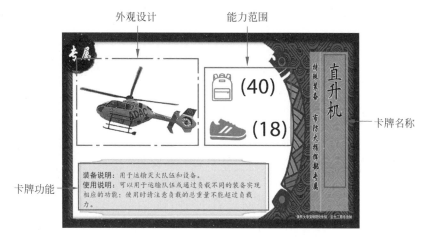

图 7-2 "野火危情"卡牌设计示例(见文后彩图)

的棋子;为了更清晰地表示火情态势,设计了红色的方块表示火焰,通过方块数量的叠加来表示火势的大小等。

5) 设计游戏规则

游戏进行过程中,几乎每一个元素最终都要同其他的一切发生联系,而联系的纽带就是规则。良好的游戏规则,是保证游戏质量的基础。"野火危情"的游戏规则具有如下四个特点:

(1) 一致性。游戏的规则要保持一致性,否则玩家在游戏的过程中可能会无所适从。一致性的另外一个含义是游戏中的常识性规则最好与现实保持一致。例如"野火危情"游戏中,火的蔓延方式是固定且满足森林草原火灾蔓延的基本原理的,通过保持一致的蔓延机制,玩家可以预测在某个时间点火会蔓延到哪里,这样可以让他们通过计算来决定如何进行灭火操作。

(2) 简单性。越简单的游戏规则越容易让玩家把握它的平衡性,也越容易衍生出大量的游戏策略。例如我国的围棋游戏,其规则十分简单,但是通过玩家的思考可以产生无限的变化。"野火危情"的游戏规则遵循简单的原则,火的蔓延方式、人员的移动方式、不同队伍的灭火方式以及不同卡牌的应用规则都简单易懂,玩家在经过简单的培训之后就可以迅速进入游戏。玩家在游戏的过程中可以通过自己的判断形成不同的策略,满足玩家思考与探索的需求。

(3) 平衡性。平衡性是判断游戏规则优秀与否的标准之一。设想如果一个游戏的规则导致游戏中有最强或者最弱的单位,例如在"野火危情"游戏中某个灭火装备的能力特别强,那么玩家就更倾向于使用这个装备,这不仅会让其他的装备处于无用的状态,还可能导致火被迅速地扑灭,从而使灭火变得非常简单,给玩家不好的体验感。

(4) 避免烦琐操作。设计规则时,既要兼顾玩家的真实感,又要考虑规则的颗粒度,不能让玩家做太琐碎的事情,以免拖沓游戏进程。虽然我们设计的是一款基于现实的严肃游戏,但是游戏毕竟不是现实,也不能完全真实地模拟现实,所以我们只要求在决定性的操作上由玩家控制。例如在实际情况下,专业扑火队伍在采取行动时是需要先向防火指挥部请示的,但是如果游戏中不断地请示就会让玩家觉得非常烦琐,因此在"野火危情"中省略了这一步骤,改为专业扑火队伍可以直接行动。

6) 测试游戏参数

实践是检验真理的唯一标准,只有通过游戏的实际测试,才能知道游戏的设计是否有不足的部分。在游戏的测试过程中,主要针对如下参数进行检验:

(1) 游戏时长是否合理。由于"野火危情"是服务于应急演练教学实践的桌面游戏,因此每一次游戏进行的总时长是需要重点关注的问题之一。通过对游戏的不断调整,单局游戏的时长控制在 90~110min。

(2) 是否有多余或者欠缺的元素。森林草原火灾的处理过程涉及的元素非常多,因此在设计过程中可能会产生冗余或者欠缺的元素。在测试过程中如果发现某个元素始终没有发挥作用,那么这个元素可能需要调整或者移除;如果发现在测试过程中缺少某个元素,那么就要补充这个元素。

(3) 游戏参数是否合理。"野火危情"中涉及的参数非常多。如果某个参数的影响太强或者太弱,那么就需要对这个参数进行调整。例如,如果某个灭火装备的灭火能力太弱,甚至在游戏进行的过程中玩家对这张卡牌产生厌烦感,那么这张卡牌的参数就需要进行适当的调整。

(4) 游戏规则是否过于复杂或者简单。如果在游戏的测试过程中,发现初学者需要很长时间才能理解游戏规则,那么这个游戏规则就是过于复杂,需要进行适当的简化。相反,如果玩家认为游戏的规则十分简单,甚至可选择的空间非常小,对于重复玩这款游戏有一种厌烦感,那么说明这个游戏的规则设计过于简单,应该适当地增加一些游戏元素,满足玩家对智力思考的需求。

游戏测试是游戏设计过程中不可或缺的部分,只有通过真实的测试,才能发现游戏在设计上的不足。当发现问题之后,通过认真分析,再把有问题的部分进行调整。通过不断地测试,不断地调整,最终达到游戏理想的目标。

第二节 "野火危情"游戏说明

一、游戏简介

游戏基本信息如下:

【游戏名称】:"野火危情"——森林草原火灾应急演练桌面游戏(简称:"野火危情")

【游戏类型】：角色扮演、森林草原火灾救援、合作游戏

【目标群体】：有一定的森林草原火灾应急管理知识的人士

【设计室】：清华大学深圳国际研究生院安全科学与技术研究所

【游戏人数】：5 人

【游戏参考时间】：90 分钟

【设计时间】：2018 年

【游戏背景】：

"野火危情"是针对应急演练设计与推演课程，专门设计的一款极具趣味性与专业性的桌面游戏。故事发生在我国某野火高发区域，这里是森林、草原、山地、平原的交织地带，附近有需要保护的重要建筑物。秋高气爽的天气里隐藏着巨大的危机，突发的一场小火，如果处理不当，极有可能迅速蔓延成一场无法控制的大火，造成无法挽回的损失。

游戏中，所有玩家将共同分析当下的局势，根据已学的专业知识，利用团队的智慧，控制火势的蔓延。想要成功控制、扑灭野火，不仅要利用玩家的个人专长，还要发挥团队精神。如果决策不当，分分秒秒间，野火将蔓延到无法控制的地步，整个区域都可能燃烧殆尽。

【游戏结果】：

在"野火危情"游戏中，玩家们将分别扮演森林草原火灾应急救援过程中涉及的某些政府部门和专业队伍。在森林草原被野火吞噬之前，全力阻止火势的蔓延，共同扑灭火灾。

"野火危情"是一款合作游戏，每名玩家均扮演一名独立的角色，凭借各自的特殊能力，增加全体的胜算。游戏结果只有两种情况，即所有玩家一同胜出，或是同告失败。

游戏目标是将野火全部扑灭。当出现以下状况之一时，即为游戏失败：

（1）手牌已经抽尽，表明已无资源继续进行处置救援；

（2）房屋被点燃且达到三个火焰方块，表明大火将重点防护目标烧毁，造成了重大经济损失；

（3）损失三个队伍，表明造成重大人员伤亡；

（4）火焰方块或燃尽标记物已经用尽，表明火势已完全无法控制。

二、游戏组件

1. 游戏地图

游戏地图如 7-3 所示，从功能上可以分为两个部分，主体区域为分布了众多地理要素的地图，右侧有三个放置区，分别放置待用的游戏道具、待抽取的卡牌，以及弃掉的卡牌。

地图上的地理要素如表 7-1 所列。

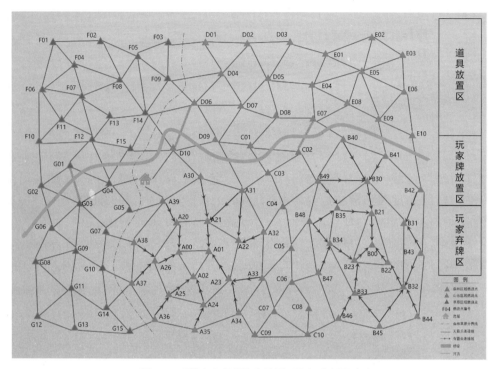

图 7-3 "野火危情"游戏地图(见文后彩图)

表 7-1 地图要素

地图要素	地图符号	含　　义
森林区域燃烧点	▲	红色三角形,代表森林区域野火燃烧点,所有的火都通过燃烧点进行燃烧和扩散
山谷区域燃烧点	▲	浅绿色三角形,代表山谷区域燃烧点,所有的火都通过燃烧点进行燃烧和扩散。山谷区域属于森林区域,当野火蔓延到山谷区域,可能会发生爆发火
草原区域燃烧点	▲	深绿色三角形(红边框),代表草原区域野火燃烧点,所有的火都通过燃烧点进行燃烧和扩散
燃烧点编号	F04	和地点卡牌相对应,用于指明不同的地点;编号由两部分组成——所在的区域和所在区域的编号,例如 F04 表示 F 区的 04 号地点
房屋	🏠	需要重点保护的建筑物,同时也是所有队伍的初始出发点
森林草原分界线	—·—	线的一边是草原地带,另一边是森林山地地带
无箭头连接线	——	连接燃烧点,代表同一高度上的野火蔓延路径和人员行走路径

续表

地 图 要 素	地 图 符 号	含 义
有箭头连接线	➔	连接燃烧点,代表山坡上的野火蔓延路径和人员行走路径。箭头方向表示上山的方向,即连接线箭头末端的地势高于首端
桥梁	≡	人员步行或开车通过河流的路径;野火也可以通过桥梁蔓延
河流	━	加粗蓝色线,代表河流。河流的阻火能力值为2,同时河流也是加水装备的蓄水池

注:阻火能力值表征了其阻止火势蔓延的能力,关于阻火能力值的应用,请参看第七章第二节"三、游戏流程"中的第5小节"步骤三——火势蔓延"。

2. 游戏卡牌

游戏卡牌包括角色卡牌、通用技能卡牌、负面效果卡牌、地点卡牌和装备卡牌五大类。每一张卡牌都具有名称、功能(或特征),以及该功能的作用能力三大属性。表7-2列出了卡牌的类型和张数,图7-4～图7-9给出了五种卡牌的示例。

表7-2 卡牌一览

卡 牌 类 型		张　　数
角色卡牌		5张
通用技能卡牌		5张
负面效果卡牌	风助火威	2张
	飞火传播	2张
	装备故障	3张
地点卡牌		50张
装备卡牌	灭火装备	19张
	开辟防火隔离带装备	10张
	特殊装备	1张

1)角色卡牌

一套卡牌包含了五张角色牌,参与者分别扮演县防火指挥部(此处指森林草原防火指挥部,牌面篇幅限制,简称防火指挥部)、市防火指挥部、地方专业扑火队伍、武警森林部队、气象局五个角色。图7-4展示了一张地方专业扑火队伍的角色卡牌。

各个角色的名称及所具有的技能如表7-3所列。专属卡牌是指该角色在游戏开始前就拥有的装备牌,玩家抽取完角色牌后,根据角色牌上的提示直接获取其专属卡牌。专属技能区别于通用技能,是指某个角色所独立拥有的特殊技能。每个角色拥有两个队伍棋子(详见表7-7中的游戏道具),通过在地图上操作队伍棋子,来发挥该角色的专属技能,以及其拥有的各类手牌的功能。

角色名称←

专属装备

专属技能←

图 7-4　地方专业扑火队伍角色牌（见文后彩图）

表 7-3　角色牌

序号	角色名称	专属技能		专属卡牌
		技能名称	技能说明	
1	县防火指挥部	启动应急预案	如果启动应急预案,则可以让武警森林部队、气象局参与活动,未启动前武警森林部队、气象局不能采取行动。采取该措施后,玩家须弃掉自己手中持有的装备牌和地点牌。注：已经装配给队伍的牌无需弃掉,且此功能只能使用一次；启动应急预案后武警森林部队、气象局仍须按顺序等到自己的回合才能采取行动	手持扑火工具包
		快速移动	自己队伍的移动速度+2	
2	市防火指挥部	请求直升机增援	请求直升机增援扑火后,可以使用直升机队伍。采取该措施后,玩家须弃掉自己手中持有的装备牌和地点牌。注：已经装配给队伍的牌无需弃掉,且此功能只能使用一次	直升机
3	地方专业扑火队伍	主动点火	自带点火力 3	风力灭火机
4	武警森林部队	强力砍伐	使用开辟防火隔离带装备时,伐木力+2,清除力+2,除草力+2	手持砍伐工具包
5	气象局	观测天气	自带人工降雨力 1	背负式喷雾灭火器

2) 装备卡牌

拥有并正确使用装备牌是执行救援行动的关键。除了各个角色的专属卡牌之外,其他的装备牌都是在游戏进程中抽取的。"野火危情"的装备分为三大类22种,分别是灭火装备、开辟防火隔离带装备和特殊装备,如表7-4所列。

表7-4 装备卡牌列表

序号	装备名称	装备功能
灭火装备		
1	手持扑火工具包	扑灭地表火
2	火药	爆炸可以让空气快速扩散并把土炸飞,覆盖可燃物
3	灭火弹	投掷灭火弹,进行精确灭火
4	风力灭火机	吹灭地表火
5	背负式喷雾灭火器	通过喷洒水灭火
6	抽送装备	延长消防水枪的使用距离
7	消防水枪	用河流水灭火
8	救火水车	扑灭所有类型的火
9	化学灭火剂	将化学灭火剂加入水中,增加灭火能力
10	直升机吊桶	搭载在直升机上使用,用于空中灭火
11	空投式灭火弹	搭载直升机上使用的灭火弹
12	直升机搭载式人工降雨弹	用于人工降雨,需要搭载直升机使用
13	高射炮发射式人工降雨弹	用于人工降雨
14	气球升空式人工降雨弹	用于人工降雨
开辟防火隔离带装备		
序号	装备名称	装备功能
15	手持砍伐工具包	开辟防火隔离带
16	链锯	砍伐树木
17	单人用掘沟机	开辟防火隔离带
18	推土机	开辟防火隔离带
19	爆破器材	爆破方式开辟防火隔离带
20	手持点火工具	人工点燃森林或草原
21	直升机点火装备	搭载在直升机上点火
特殊装备		
序号	装备名称	装备功能
22	直升机	用于运输队伍或搭载直升机专用装备行动,该装备只有市防火指挥部能调度

每张装备牌上都标注了装备名称、装备功能,以及能力值等属性,如图 7-5 所示。

图 7-5 救火水车卡牌(见文后彩图)

装备牌可能涉及的功能属性包括表 7-5 所列的几个方面,当某装备牌没有表中对应的属性时,表示该装备没有此功能或没有此限制。

表 7-5 装备属性

装备属性		
功能名称	图例	功能说明
灭火力		单个队伍在单个回合内可以清除火焰方块的总数
移动速度		使用该装备牌的队伍单回合可移动的步数
耐耗		一张装备牌可以使用的回合数。耐耗为 2 的卡牌在使用一次后,需要将这张卡牌在玩家装备栏里横置,再使用一次后从装备栏里移除,放到弃牌区;耐耗为 1 的卡牌,在使用一次后直接从玩家装备栏移除,放到弃牌区
负载力		运输装备进行资源运输时可以负载的总重量
伐木力		在森林区域开辟防火隔离带时,该装备单回合可砍伐树木的数量

续表

功能名称	图 例	功能说明
除草力		在草原区域开辟防火隔离带时,该装备单回合可清除的草的数量
清除力		在进行伐木操作之后,进行木材搬运,单回合可搬运木材的数量
重量		装配了该装备的队伍的总重量
人工降雨力		可以替代 N 张地点牌来发动降雨灭火功能
点火力		当使用点火装备点火时,可以点燃的燃烧点的数量

图 7-6 展示了涉及上述装备功能的几张典型装备牌,便于读者对照理解。

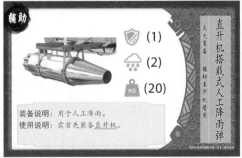

图 7-6 装备卡牌示例(见文后彩图)

3) 地点卡牌

地点卡牌在各种需要定位的场合使用,其样式如图 7-7 所示。卡牌左上角指明了该地点卡牌所代表的地点区域和编号。

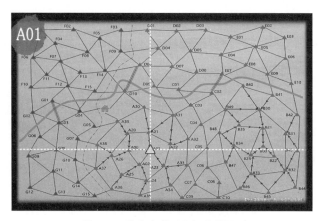

图 7-7　地点卡牌（见文后彩图）

4）通用技能卡牌

一套卡牌包含五张通用技能卡牌，每个角色持有一张，该卡牌用于描述玩家的通用技能（区别于专属技能），游戏过程中仅起到提示作用，如图 7-8 所示。

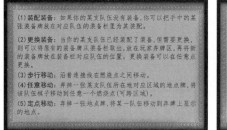 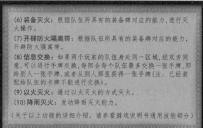

图 7-8　通用技能卡牌（见文后彩图）

通用技能可分为三种类型，包括如下 10 种技能，如表 7-6 所列。

表 7-6　通用技能

技能类别	通用技能	技能说明
装备类技能	装配装备	如果玩家的某支队伍没有装备，他可以把手中的某张装备牌放在对应队伍的装备栏里为其装配。例如，玩家把一张"手持扑火工具包"的卡牌放在玩家装备栏的 1 号位置，那么其 1 号队伍就有了手持扑火工具包所拥有的全部功能
	更换装备	当玩家的某支队伍已经装配了装备，但需要更换，则可以将原有的装备牌从装备栏取出，放在玩家弃牌区，再将新的装备牌放在装备栏对应队伍的位置。更换装备可以在任意点更换。 注：更换装备只能在玩家回合开始时进行更换

续表

技能类别	通用技能	技 能 说 明
移动类技能	步行移动	沿着连接线在燃烧点之间移动。没有装备的队伍,移动速度为4,即单回合内可以沿着连接线移动4步;带有装备的队伍,移动的最大步数和装备的移动速度相同;初始投入战斗的队伍以及刚刚更换了装备的队伍均具有冲锋属性,初始回合移动速度为$5+X$,X是装备具有的移动速度
	任意移动	弃掉一张某支队伍所在地对应区域的地点牌,将该队伍棋子移动到任意一个燃烧点(可跨区域)
	定点移动	弃掉一张地点牌,将某一队伍移动到弃牌上显示的地点
行动类技能	装备灭火	根据队伍所具有的装备牌对应的能力,进行灭火操作。例如,县防火指挥部的1号队伍装配的装备牌是"手持扑火工具包",在地图的A21位置有两个火焰方块,由于手持扑火工具包的灭火力为1,那么县防火指挥部可以将1号队伍棋子移动到A21位置清除掉一个火焰方块
	开辟防火隔离带	开辟防火隔离带是重要的灭火方式之一,具体规则如下: (1) 防火隔离带在燃烧点之间的连接线上开辟。 (2) 森林区域。每砍伐并搬运一个单位木头则阻火能力值+1,每个地点最多只能砍伐并搬运走三个单位的木头,即每个地点的阻火能力值上限为3。如果只是砍伐而没有搬运走,那么这条隔离带是无效的,即和砍伐之前相比,野火的蔓延并不会受到影响。例如,市防火指挥部的1号队伍的装备是链锯,2号队伍的装备是单人用掘沟机。该角色想在A21和A31两个相邻点之间开辟防火隔离带,他首先用1号队伍砍伐三个单位木头,然后在这线上放置三个木头模型,然后用2号队伍搬运三个单位木头,将三个木头模型取走并放置三个阻火能力标记物。这样A21和A31之间的隔离带的阻火能力值为3。 (3) 草原区域。每清除一个单位的草,阻火能力值+1,草原区域清除后不需要搬运,每个地点的阻火能力值上限也是3。 (4) 森林和草原的交界处。在该区域开辟防火隔离带时,按森林区域处理。 注:关于阻火能力值的应用,请参看第七章第二节"三、游戏流程"中的第5小节"步骤三——火势蔓延"
	信息交换	如果两个玩家的队伍身处同一区域,经双方同意,可以进行手牌交换,每回合每个队伍最多交换一张手牌,即给别人一张手牌,或者从别人那里获得一张手牌。 注:已经装配给队伍的卡牌不能进行交换

续表

技能类别	通用技能	技 能 说 明
行动类技能	以火灭火	以火灭火是指当火势难以控制，为避免火灾造成更大危害，扑火队员在火头蔓延方向，依托道路、河流等有利地形，点烧迎面火拓宽防火隔离带，以达到控制火势蔓延的目的。 　　具体到游戏中，通过点火器点燃的火的初始大小在 1~3 之间（可以由玩家自行控制）；人工主动点燃的火的基础蔓延临界值是 4，当人工点燃的火和野火叠加大于等于野火熄灭值的时候，火自动熄灭；人工主动点燃的火放置人工点火方块，独立蔓延；通过"以火灭火"方式灭掉的火放置以火灭火标记物，不会被再次点燃。 　　注：火灾蔓延具体规则和野火熄灭值参看第七章第二节"三、游戏流程"中的第 5 小节"步骤三——火势蔓延"
	降雨灭火	如果玩家可从手上弃掉四至七张同一区域的地点牌，且其某个队伍正在这个区域，那么该玩家就可以发动降雨灭火的能力。弃掉四张同一地区的地点牌，可以将这一地区每个燃烧的点去掉两个火焰方块；弃掉五张同一地区的地点牌，可以将这一地区每个燃烧的点去掉三个火焰方块；弃掉六张同一地区的地点牌，可以将这一地区每个燃烧的点去掉四个火焰方块；弃掉七张同一地区的地点牌，可以将这一地区全部的火焰方块都去掉。 　　需注意的是，装备牌中包含有不同类型的人工降雨弹，人工降雨弹的人工降雨力 X，表示玩家可以少弃 X 张牌而同样达到对应的降雨效果。例如，县防火指挥部的 1 号队伍在 A 区域，手里已经有 A01，A21，A23，A25 四张 A 区域的卡牌，且其 1 号队伍装配的装备是"高射炮发射式人工降雨弹"，这个装备的人工降雨力是 1，那么该角色就可以通过弃掉四张 A 区域的牌发动 5 级降雨灭火，即 A 区域每个已经燃烧的点可以去掉三个火焰方块

5）负面效果卡牌

负面效果卡牌代表了扑火过程中可能遇到的不利因素，如起风增大了火势、发生飞火增加了火点，或者装备故障延缓了救援进程等。负面效果牌是在游戏进行过程中抽取的，其出现的时间点随机，且抽到后立即执行，从而增加了游戏进程的不确定性，使其更贴合森林火灾应急处置的实际情况，也更能考验玩家的专业水平。

（1）风助火威。这张卡牌代表某一区域突然起风，导致这一区域的火势变得更大。当抽到这张牌时，请继续从牌叠顶层抓取两张牌，如果是非地点牌，则放入弃牌区；如果是地点牌,则该地点牌所指区域内所有已经燃烧的点增加一个火焰方块。如果增加后某个燃烧点达到蔓延临界值,则按火势蔓延规则处理。如果两张卡均非地点卡,则风助火威卡无效,游戏继续。

(2) 飞火传播。飞火是由于上升气流将正在燃烧的燃烧物带到空中,而后飘散到其他地区的一种火源。飞火是导致森林火灾快速大范围蔓延的一种重要途径。当抽到飞火卡牌时,请继续从牌叠顶层抽牌,如果抽到的是地点卡,则把这个地点点燃(如果该地点已经点燃,则不需要采取任何操作)。如果抽到的不是地点卡,则放置到弃牌区,并继续抽牌,直到抽到地点卡,并点燃一个燃烧点为止。

(3) 装备故障。在森林草原的救火过程中,可能出现某些装备发生故障的情况。抽到这张卡的玩家,其玩家装备栏 X 号装备放置区内的装备在下一个回合不能使用。玩家通过掷骰子决定 X 的数目,奇数为 1 号部队装备,偶数为 2 号部队装备。被判定为故障的装备牌横置于装备栏内,在下下回合恢复正常使用。图 7-9 展示了装备故障牌和玩家装备栏的样式。

图 7-9 装备故障牌和玩家装备栏(见文后彩图)

3. 游戏道具

为了辅助游戏运行,提升体验感,游戏过程中还需使用一些道具。表 7-7 列出了"野火危情"的道具清单。

表 7-7　游戏道具一览

类别	组件名称	图　例	作　用	数量
收纳道具	玩家装备栏		放在每个玩家面前，供玩家放置角色牌和装备牌，每个装备栏分为三个区域，分别是角色牌放置区、1号队伍装备放置区、2号队伍装备放置区	5个
人偶道具	队伍棋子		每个玩家(角色)拥有两个队伍棋子，代表其能装备和指挥调度的两支队伍	5套/10个
骰子道具	骰子		当某些环节需要进行随机判定时，使用骰子进行判定	1个
状态标记物道具	火焰方块		红色立方体。当地图上某个燃烧点被野火点燃时，在该点放置火焰方块；火焰方块的数量代表了该燃烧点火势的级别	200个
	人工点火方块		黄色立方体。当地图上某个燃烧点被人工主动点燃时，在该点放置人工点火方块	80个
	燃尽标记物		红色圆片。当地图上某个燃烧点只有人工点火方块或火焰方块，且其数量达到野火熄灭值时，在该点放置燃尽标记物；放置燃尽标记物的燃烧点，不会被再次点燃	50个
	以火灭火标记物		黄色圆片。当地图上某个燃烧点是使用以火灭火方式熄灭时，即该点既有人工点火方块又有火焰方块，且其数量达到野火熄灭值时，在该点放置以火灭火标记物；放置以火灭火标记物的燃烧点，不会被再次点燃	50个
	阻火能力标记物		黑色长方体。当地图上某条连接线被成功开辟为防火隔离带时，在该连接线上放置阻火能力标记物	100个
	木头模型		绿色长方体。当地图上某个燃烧点的木头被砍伐时，放置木头模型	30个

三、游戏流程

1. 游戏准备

游戏准备过程如图 7-10 所示。

图 7-10　游戏准备阶段流程图

1）摆放地图和组件

将游戏地图放置在桌面中央，将游戏卡牌和道具分别放在游戏地图上的放置区，并给每个玩家发放一个玩家装备栏，桌面布局如图 7-11 所示。

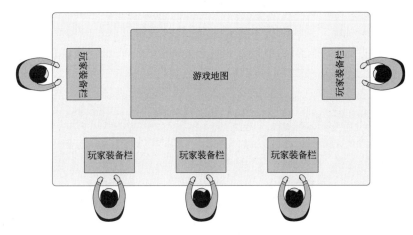

图 7-11　游戏桌面布局设计

2）设定初始燃烧点

在地图上选择若干个初始燃烧点（例如 F12、A32、D08 三个燃烧点）。初始燃烧点的选择可以根据检验不同的灭火战略或游戏难度进行灵活设计，同时设置初始火势级别（例如初始火势为 2 级，则在初始燃烧点上分别放置两个火焰方块）。

3）分发卡牌和棋子

每人分发一张通用技能卡牌。洗匀角色牌后，玩家各抽一张，放在玩家装备栏的角色牌放置区。根据角色牌将代表该角色的两枚队伍棋子和角色专属卡牌放在玩家面前。从卡牌中抽出所有的负面效果卡片，洗匀后放在一旁备用。将剩余的卡牌（地点牌与其他装备牌）放在一起，组成玩家牌叠，洗匀后给每个玩家分别发三张。

4）准备玩家牌

将剩余的玩家牌叠大约平均分成四叠,在第一叠中插入一张负面卡片,在其余三叠中各插入两张负面卡片。分别洗匀,内容朝下放置。再将这些牌叠按顺序逐一叠在一起,组成最终的玩家牌叠,放在地图右侧的玩家牌放置区。

5）开始游戏

由县防火指挥部开始行动回合,每回合的行动流程参考下一小节。

2. 单回合内游戏步骤

在一个回合内,每个玩家均需执行以下三个步骤,玩家之间按逆时针方向轮流进行。需注意的是,每个玩家完整执行完三个步骤之后,该玩家的回合才算结束,才能轮到下一个玩家。

(1) 步骤一——行动:根据通用技能卡牌和角色牌上的提示,采取行动;

(2) 步骤二——抽牌:从玩家牌叠顶层抓取两张玩家牌;

(3) 步骤三——火势蔓延:根据火势蔓延规则,改变火的蔓延范围和大小。

游戏鼓励玩家自由交流和畅所欲言,玩家手里的卡牌可以自由选择是否让队友看见。所有人均可发表意见,互提建议,但玩家在自己的回合内享有最终决定权。

3. 步骤一——行动

在一个回合内,玩家可以参考手里的卡牌执行行动,例如,步行移动、启动应急预案等,详见卡牌功能说明。当某些行动要求玩家弃掉某些牌时,将弃掉的牌放在玩家弃牌区即可。下面提供两个示例,读者可以对照图 7-12 的游戏地图(局部)和卡牌来理解。

(1) 示例 1:游戏一开始,张三担任的是县防火指挥部的角色,他执行了如下行动:

① 他的初始装备是"手持扑火工具包",他把工具包装配在 1 号队伍上(将手持扑火工具包卡牌放在 1 号队伍对应的装备放置区内),由于第一次装配装备的队伍具有冲锋属性(移动速度为 5+3,1 号队伍可以移动 1~8 步),因此他从房屋出发,将 1 号队伍步行移动到 G10 点;

② G10 点有两个火焰方块,手持扑火工具包的灭火力是 1,因此他发动工具灭火能力,除掉一个火焰方块;

③ 考虑灭火需要武警森林部队和气象局的能力,因此他启动了应急预案,并将自己所有的手牌(不包括已经装配给 1 号队伍的卡牌)放入玩家弃牌堆;

④ 张三选择不进行其他行动,该回合"步骤一——行动"结束。

(2) 示例 2:李四的角色是武警森林部队,他将自己的初始工具"手持砍伐工具包"装配在自己的 1 号队伍上,然后进行了如下行动:

① 由于初始投入战斗的队伍具有冲锋属性(初始移动速度为 5+3),因此他将 1 号队伍步行移动到 G10 点(消耗了 4 步);

第七章 基于桌面游戏的应急推演　121

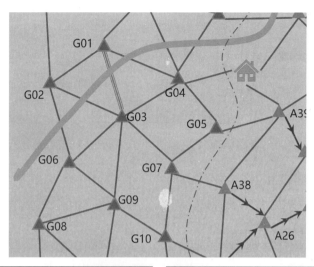

图7-12　示例1、示例2涉及的局部地图和装备牌（见文后彩图）

② 清除掉G10和G09之间的三个单位的草（"手持砍伐工具包"有三个除草力），并在连接线上放置三个阻火标记物；

③ 步行移动到G05（再消耗两步），清除掉G05和G04之间的两个单位的草（武警森林部队拥有"除草力+2"的专属技能），并在连接线上放置两个阻火标记物；

④ 李四选择不进行其他行动，该回合"步骤一——行动"结束。

4. 步骤二——抽牌

每个玩家完成"步骤一——行动"后，都必须从玩家牌叠最顶端抓取两张牌，加到其手牌中（当需要抓牌，却发现玩家牌叠剩余卡牌不足两张时，游戏结束，宣告所有玩家任务失败）。玩家手里保留的牌不能有负面效果卡牌，如果抽到负面效果卡牌，负面效果立即生效。

（1）每个人的手牌上限是七张，当手牌数量超过七张时要进行弃牌处理，弃掉的牌请放在玩家弃牌区。

(2) 容易忽略的游戏规则包括:
① 如抽到负面效果卡牌,按规则执行负面效果之后,不需要再抽取另外一张牌;
② 通过信息交换从其他玩家获得手牌后,如果手牌到达上限,须立即弃掉一张手牌;
③ 手牌不包括已经装配给队伍的卡牌。

5. 步骤三——火势蔓延

每个玩家完成"步骤二——抽牌"后,都需执行火势蔓延。火势蔓延遵循五个规则。

(1) 每个已经燃烧的点(有火焰方块或人工点火方块),火势+1。更新所有燃烧点的火势之后,再判定是否向周围蔓延。

(2) 森林草原火的蔓延只能在连接线间进行。只有临近的两个相互连接的点之间才能进行蔓延,只是临近但是没有连接,不会蔓延。

火的蔓延遵循如下公式:

$$蔓延临界值=基础蔓延临界值+阻火能力值$$

蔓延临界值是指当一个燃烧点的火焰方块(或人工点火方块)达到这个值的时候,这个点的火便会向与其相连的其他燃烧点蔓延。不同地区有不同的基础蔓延临界值,具体请参考表 7-8。阻火能力值表征了防火隔离带的阻火能力,在通用技能卡牌(表 7-6)中阐述了如何在森林区域、草原区域、森林和草原交界处开辟防火隔离带,提升阻火能力值。

表 7-8　不同燃烧点的基础蔓延临界值

燃　烧　点	基础蔓延临界值	燃　烧　点	基础蔓延临界值
森林上山方向	2	草原各个方向	2
森林等高方向	3	人工点火各个方向	4
森林下山方向	4		

以图 7-13 所示的局部区域为例,假设市防火指挥部已经将 A21 和 A22 两点间的木材砍伐两个,且已经清理,则此处的阻火能力值为 2。A21 和 A22 在森林区域同一高度平面,基础蔓延临界值为 3,由于有防火隔离带,那么蔓延临界值=3+2=5,在 A21 点的火焰方块达到五个的时候才会蔓延到 A22 点。

(3) 野火(有火焰方块的点)和人工主动点燃的火(有人工点火方块的点)的蔓延采取单独蔓延的方式,即野火和人工主动点燃的火之间的蔓延并不会受到对方的影响,但是其火势效果叠加。

(4) 当某燃烧点上的火焰方块或人工点火方块的总和达到野火熄灭值(森林区域野火熄灭值为 7,草原区域野火熄灭值为 5)的时候,表示此燃烧点已经燃烧干净,在这个点放上燃尽标记,并取走所有的火焰方块或人工点火方块。燃尽标记有两种类型,分别为燃尽标记物和以火灭火标记物,表征了两种不同的燃尽方式。单独有七个火焰方块,或者单

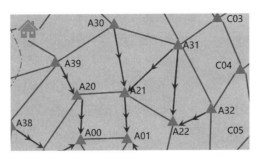

图 7-13　A21 和 A22 点间的局部地图（见文后彩图）

独有七个人工点火方块时，放置燃尽标志物。混合有两种方块的总和为 7 时，放置以火灭火标志物。

例如，图 7-13 中 A21 点有两个火焰方块和两个人工点火方块，周边没有防火隔离带，则 A21 点的野火会向上坡方向的 A01 点蔓延，不会向等高的 A20、A22 点，也不会向下坡方向的 A30、A31 点蔓延，同时 A21 点的人工火也不会蔓延。随着火势增大，当 A21 点人工点火方块达到 4 时，人工火开始蔓延。当 A21 点两种方块大于等于 7 时，野火熄灭，在该点放置以火灭火标记物。

（5）森林火灾救援过程中，如果火在山谷里（即 C 区域）燃烧，人员救火时极易受伤。针对这种情况，规定当山谷里已经有火焰方块或人工点火方块时，若有队伍在山谷里，则每一回合内，在进行"步骤三——火势蔓延"时，需要通过掷骰子的方式判定，如果点数小于等于 2 则发生爆发火，队伍损失，已损失的队伍不能被再次启用。

6. 补充规则

（1）无装备的队伍重量为 15，有装备的队伍重量和装备的重量相同（重量参数用于具有"负载力"属性的装备，如直升机）；

（2）玩家可以随时查看弃牌堆中有什么牌，但是不允许翻看未抽取的玩家牌叠；

（3）队伍在步行移动时可以行走到已经燃烧的燃烧点，不能穿过已经点燃的燃烧点；步行移动通过河流时，只能通过桥穿过；

（4）采取任何一种方式灭火时，如果一个燃烧点既有火焰方块又有人工点火方块，玩家可以自由决定去除哪种方块；

（5）每个队伍在一个回合中只能使用一种装备，即如果该队伍在更换装备前已经使用了旧的装备技能，则更换的装备必须等到下一回合才能使用；

（6）游戏初始，所有玩家默认都在房屋内，从房屋出发；

（7）玩家使用点火功能时，只能点燃未点燃的点，即可以根据人工点火相关的游戏规则点燃既没有火焰方块，也没有人工点火方块的燃烧点。

第三节　基于桌面游戏的应急推演实例

一、演练规划与设计

类似于基于脚本的桌面应急推演,在设计与规划阶段,也需整理出演练的基本信息与情景描述。

1. 演练基本信息

本次演练基本信息如表7-9所列。

表7-9　演练的基本信息

演练名称	"野火危情"——森林草原火灾桌面应急演练
演练时间、地点	××××年××月××日,××××大学××××楼××××会议室
演练安排	180min,包含一个情景模块,详见"演练日程安排表"(附后)
演练背景	事件发生在我国某野火高发区域,这里是森林、草原、山地、平原的交织地带,附近有需要保护的重要建筑物。秋高气爽的季节里隐藏着巨大的危机,突发的一场小火,如果处理不当,极有可能迅速蔓延成一场无法控制的大火,给国家带来巨大的损失。 　　演练过程中,所有玩家将共同分析当前局势,根据已学的专业知识,利用团队的智慧,控制火势的蔓延。想要成功控制、扑灭火灾,不仅要利用玩家的个人专长,还要发挥团队精神。如果决策不当,分分秒秒间,野火将蔓延到无法控制的地步,整个区域都可能燃烧殆尽。
演练概述	基于"野火危情"桌面游戏,利用学习过的专业知识,进行森林草原火灾事件扑火救援桌面应急推演
事件类型	森林火灾(10600);境内森林火灾(10601) 草原火灾(10700);境内草原火灾(10701)
演练目的	通过桌面游戏的形式开展应急推演,让参演者对前面章节所介绍的应急演练的流程、方法、工具等知识有更深入的理解;在游戏中将应急管理的理论与实践有机结合起来,参演者运用专业知识做出判断和行动,并影响游戏的发展走向,从而锻炼其学以致用的能力;应急推演过程中,参演者将分饰森林防火指挥部、地方专业扑火队伍、气象局等多个角色,并为了同一个目标进行信息共享、共同决策和协同行动,提升参演者的团队协作能力。

续表

演练目标	针对演练聚焦的核心应急管理能力,设置演练目标如下: **1. 组织、协调能力** (1) 熟悉应急演练过程中涉及的各个角色的职责和作用; (2) 根据当前野火情况,能够快速理清主要问题,制定出处置方案,并开展处置流程; (3) 演练过程中涉及的各角色之间具有较好的协同联动能力 **2. 沟通与信息共享能力** (1) 各角色之间能够进行有效沟通和信息共享; (2) 能够通过协同会商快速达成共识 **3. 森林草原火灾专业知识** (1) 清晰认识森林草原火灾的特点; (2) 熟悉森林草原火灾应急处理过程中涉及的战术、战法; (3) 熟悉森林草原火灾应急处理过程中涉及的主要装备
任务领域	(事中)应急处置与救援
演练材料	1. "野火危情"桌面游戏套装 2. 演练基本信息表(本表) 3. 日程安排表(附后) 4. 游戏活动观察记录表/评估表(附后) 5. "野火危情"桌面游戏评价表(附后)

2. 演练参与方信息

演练实施现场的参与方如表 7-10 所列。为保证演练效果,当参与演练的人员对森林草原火灾应急处置过程中涉及的专业知识不熟悉时,参演者应做预先的调研和学习,熟悉演练的相关知识,具体知识点可参考附录 B"森林草原火灾的基础知识"。

表 7-10 演练实施现场的参与方

应急演练角色	职 责
导调员(1名)	(1) 执行演练计划、推动演练进程,必要时调整演练内容; (2) 设置初始火情,组织分发卡牌,讲解"野火危情"游戏的规则; (3) 观察参演者表现,引导其聚焦于演练目标和核心能力; (4) 组织热反馈
参演者(5名)	(1) 熟悉森林草原火灾应急处置相关知识; (2) 根据"野火危情"桌面游戏规则,积极主动投入到演练过程中
观察员(若干)	观摩演练实施过程

续表

应急演练角色	职　责
评估员(2名)	(1) 做好演练观察记录,并全程录音录像; (2) 发放、收集桌面游戏评价表; (3) 演练结束后编制评估总结报告。 注:如参演者人数较多,需分组进行,则每组配置一名评估员
综合保障人员(2名)	(1) 会务类的组织协调和后勤保障工作; (2) 辅助导调员操作现场的计算机和多媒体设备; (3) 安全保障工作

3. 情景描述

该演练只涉及事中的应急处置与救援阶段,演练情景设计如表 7-11 所列。

表 7-11　演练情景设计表(演练设计者用,不公开)

演练时间	××××年××月××日
演练地点	××××大学××××楼××××会议室
初始触发事件	在我国某野火高发区域某处突发森林草原火灾事件
情景描述	××××区域地势东南高、西北低,平均海拔 800~1500m,最高海拔 3556m。南北长 214km,东西宽 495km,面积 8.04 万 km²。这里是森林和草原的交织地带,草原位于××××区域西边,地势较为平缓;森林位于××××区域东边,北部地势平缓,南部多山,且在 A 山和 B 山之间是山谷。此处属于温带干旱区,常年干旱少雨、日照充足、蒸发强烈,气候条件较为恶劣。由于自然条件原因,该区域经常发生森林草原大火。 　　××××年××月××日,县防火指挥部接到××××镇上报的紧急情况,在森林草原区域发现林火,且林火在多处同时发生,需要紧急处理。 　　起火点介绍:起火地点分别位于 G09、D07、B49 三点,且火势已经达到 2 级(即每个燃烧点上已有两个火焰方块),如不及时处理,极有可能演变成重大、特大火灾。G09 点位于草原区域中部,容易向四周蔓延;D07 点位于森林地带的北部,距离草场较近,如果处理不及时,很容易向草原地带蔓延;B49 位于山脚下,野火易向山顶蔓延;同时,B49 点距离山谷区(C区)很近,如果野火蔓延到 C 区,则会给灭火人员造成更大的困难。

演练情景设计表描述了事件发生时的基本情况,具体的演练实施过程将在本节"三、演练实施"中介绍。

此次演练对时间和节奏要求较高,要求参演者不仅掌握森林草原火灾应急处置过程中涉及的专业知识，拥有良好的团队协作能力，同时也必须拥有良好的时间把握能力，才能保证在规定的时间内完成应急处置任务。导调员除了讲解演练游戏规则之外，还要借用多媒体材料，一步步引导参演者进入演练情境中，并根据参演者的实际表现，适当地调整演练的难度，以此来推进演练的进程。

二、演练准备

该演练场地设计可以参考图 6-2，桌面布局可参考图 7-11。物资清单如表 7-12 所列。

表 7-12 需准备的物资清单

物资名称		说　明	份　数
信息表单类	签到表		1 份
	演练日程安排表		与会者每人 1 份
	热反馈表		导调员、参演者、观摩者每人 1 份
	演练脚本	仅导调员持有	1 份
	评估表单	仅评估员持有	1 份
道具类	"野火危情"游戏套件	根据参与演练的人数准备	每组 1 套
多媒体材料		游戏背景介绍视频，仅导调员持有	1 份
		桌面游戏规则讲解视频，可提前分发给参演者	1 份
辅助类物资	台签或铭牌	写清姓名和角色	每人 1 个
	纸笔	供评估员使用	1 份
	白板	含马克笔、白板擦	1 套
	录像机	面对参演者	1 台
	投影仪		1 台
后勤保障类	饮用水		每人 2 瓶

三、演练实施

演练实施的流程以日程表的形式呈现，如表 7-13 所示，总时长 180min。在实施阶段导调员的导调流程则需要通过演练脚本来呈现，这部分在表 7-14 中展开阐述。

表 7-13　演练日程安排

演练日程安排

××××年××××森林草原火灾桌面游戏推演

××××年××月××日

××××大学××××楼××××会议室

时　间	活　动	主　持
14:00(5min)	签到	
14:05(5min)	欢迎辞、背景介绍、宣布演练启动	×××
14:10(30min)	讲解桌面游戏规则	×××
14:40(50min)	游戏推演(上半场)	×××
15:30(5min)	演练回顾	×××
15:35(10min)	茶歇	
15:45(50min)	游戏推演(下半场)	×××
16:35(10min)	演练回顾、热反馈	×××
16:45(10min)	填写反馈表	×××
16:55(5min)	总结辞	×××
17:00	演练结束	

表 7-14　演练脚本(导调员专用)

序号	导调员工作事项	详　情
1	演练实施前准备	确认所有参与者就位； 发放演练基本信息表(表7-9),发放"野火危情"游戏套件； 打开游戏背景介绍及规则讲解视频,确认多媒体材料正常播放； 致欢迎辞,必要时介绍到场人员； 介绍演练背景,并再次阐述演练目的,宣布演练正式开始
2	讲解游戏规则(30min)	播放游戏规则讲解视频,并针对参与者不懂的问题进行及时的回答
3	展示游戏初始情景	在地图的 G09、D07、B49 三个燃烧点,分别放置两个火焰方块,并宣布游戏开始
4	游戏推演(上半场)(50min)	参演者根据游戏规则进行游戏,针对设定的场景进行灭火操作。 注：在上半场推演过程中,鼓励同学们积极讨论,不对个人操作的用时进行限制
5	演练回顾1(5min)	简要回顾上半场演练过程,总结经验,为下半场做准备
6	茶歇(10min)	协助评估员准备好反馈表
7	游戏推演(下半场)(50min)	继续完成桌面游戏。 注：导调员对参演者强调时间的紧迫性,并要求每个人的操作时间不超过90s。到达50min时若仍未结束,导调员宣布灭火失败
8	演练回顾2(10min)	简要回顾演练过程,并请参演者、观摩者进行评述,评估员点评
9	填写反馈表(10min)	导调员、参演者、观摩者均需现场填写
10	总结(5min)	
11	演练结束	

在演练实施过程中,评估员使用表 7-15 进行过程记录,以便作为演练结束后编制评估总结材料的资料依据。

表 7-15 演练观察记录表

演练活动观察记录表

序号	主要记录项
1	参演者对游戏规则有哪些问题:
2	演练使用的总时间:
3	各回合使用的总时间 第 1 回合:　　　　第 5 回合:　　　　第 9 回合:　　　　第 13 回合: 第 2 回合:　　　　第 6 回合:　　　　第 10 回合:　　　第 14 回合: 第 3 回合:　　　　第 7 回合:　　　　第 11 回合:　　　第 15 回合: 第 4 回合:　　　　第 8 回合:　　　　第 12 回合:　　　第 16 回合:
4	地图上燃尽点的数目:
5	地图上以火灭火点的数目:
6	队伍损失数
7	发动降雨的次数:
8	引起参演者进行讨论的燃烧点:
9	引起参演者讨论的问题:

四、演练评估

在热反馈阶段可以请导调员、参演者和观摩者填写反馈表,反馈表形式可以参照表 6-13～表 6-15 来设计,因评估内容大体相同,此处不再赘述,演练组织者可以根据本章的内容做适当的针对性调整。评估员在演练实施过程中使用表 7-15 对参演者表现进行记录,在演练结束后使用表 7-16 对演练目标的达成情况进行评估。所有参与者在结束后填写表 7-17,对"野火危情"游戏的设计水平进行客观的评价,并最终综合各种材料形成此次桌面演练的评估总结报告。

表 7-16 演练活动观察评估表

演练活动观察评估表

评估员信息	姓名：_____ 电话：_____		
演练信息	时间：××××年××月××日　地点：××××楼××××会议室 类型：桌面演练		
评估内容		评分 (1~5分)	观察记录及评分说明
应急能力	演练目标		
组织、协调能力	熟悉应急演练过程中涉及的各个角色的职责和作用		
	根据当前野火情况，能够快速厘清主要问题，制定出处置方案，并开展处置流程		
	演练过程中涉及的各角色之间具有较好的协同联动能力		
沟通与信息共享能力	各角色之间能够进行有效沟通和信息共享		
	能够通过协同会商快速达成共识		
森林草原火灾专业知识	清晰的认识森林草原火灾的特点		
	熟悉森林草原火灾应急处理过程中涉及的战术、战法		
	熟悉森林草原火灾应急处理过程中涉及的主要装备		
评分说明	5分——参演者完全实现了演练目标，并有超出预期的表现； 4分——参演者按计划实现了演练目标，表现符合预期； 3分——参演者基本实现了演练目标，遇到一些挑战； 2分——参演者在实现演练目标过程中遇到了较大的挑战； 1分——参演者无法实现演练目标，此项目标的演练以失败告终		

表 7-17 "野火危情"桌面游戏评价表

	"野火危情"桌面游戏评价表		
参与者信息	姓名：＿＿＿＿　　电　话：＿＿＿＿　　单位：＿＿＿＿ 职务：＿＿＿＿　　演练角色：＿＿＿＿ 本人第＿＿＿次参与此类型的桌面游戏		
基本信息	时间：××××年××月××日　　地点：××××楼××××会议室		
对此桌面游戏的评价	评价内容	评分(1~5分)	评分说明
	游戏背景设计合理		
	卡牌和道具的外观设计美观，能引起我的兴趣		
	游戏参数设置合理		
	游戏规则对我来说难度合适		
	我的每次行动都对游戏的走向产生一定的影响		
	游戏规则符合客观事实，在游戏过程中我觉得和实际的处置过程有较好的吻合度		
对游戏设计的建议			
评分说明	5分——完全同意；4分——同意；3分——基本同意； 2分——不同意；1分——极不同意		

附录 A

《生产安全事故应急演练评估规范》
（AQ/T 9009—2015）

生产安全事故应急演练评估规范

1 范围

本标准规定了生产安全事故应急演练评估（以下简称演练评估）的目的、内容、方法与工作程序。

本标准适用于针对生产安全事故应急演练所开展的评估活动。演练评估工作的组织及实施可根据演练内容、演练形式、演练规模和复杂程度参照本标准进行。

2 规范性引用文件

下列文件对于本标准的应用是必不可少的。凡是注日期的引用文件，仅注日期的版本适用于本文件。凡是不注日期的引用文件，其最新版本（包括所有的修改单）适用于本文件。

GB/T 29639—2013 生产经营单位生产安全事故应急预案编制导则

AQ/T 9007 生产安全事故应急演练指南

3 术语和定义

下列术语和定义适用于本文件。

3.1 应急演练 emergency exercise

针对可能发生的事故情景，依据应急预案而模拟开展的应急活动。

[GB/T 29639—2013,定义3.5]

附录A 《生产安全事故应急演练评估规范》(AQ/T 9009—2015)

3.2 应急演练评估 emergency exercise evaluation
围绕演练目标和要求，对参演人员表现、演练活动准备及其组织实施过程作出客观评价，并编写演练评估报告的过程。

3.3 演练情景 exercise scenario
根据应急演练的目标要求，按照事故发生与演变的规律，事先假设的事故发生发展过程，描述事故发生的时间、地点、状态特征、波及范围、周边环境、可能的后果以及随时间的演变进程等内容。

3.4 相关方 interested party
与应急演练单位应急救援工作成效有关或受其事故影响的个人或团体。

4 总则

4.1 评估目的
通过评估发现应急预案、应急组织、应急人员、应急机制、应急保障等方面存在的问题或不足，提出改进意见或建议，并总结演练中好的做法和主要优点等。

4.2 评估依据
主要依据以下内容：
a) 有关法律、法规、标准及有关规定和要求；
b) 演练活动所涉及的相关应急预案和演练文件；
c) 演练单位的相关技术标准、操作规程或管理制度；
d) 相关事故应急救援典型案例资料；
e) 其他相关材料。

4.3 评估原则
实事求是、科学考评、依法依规、以评促改。

4.4 评估程序
评估准备、评估实施和评估总结。

4.5 评估组

4.5.1 构成
评估组由应急管理方面专家和相关领域专业技术人员或相关方代表组成，规模较大、演练情景和参演人员较多或实施程序复杂的演练，可设多级评估，并确定总体负责人及各小组负责人。

4.5.2 职责
负责对演练准备、组织与实施等进行全过程、全方位地跟踪评估。演练结束后，及时向演练单位或演练领导小组及其他相关专业工作组提出评估意见、建议，并撰写演练评估报告。

5 演练评估准备

5.1 成立评估机构和确定评估人员
按照 4.5 的要求,成立演练评估组和确定评估人员,评估人员应有明显标识。

5.2 演练评估需求分析
制定演练评估方案之前,应确定评估工作目的、内容和程序。

5.3 演练评估资料的收集
依据 4.2 的要求,收集演练评估所需要的相关资料和文件。

5.4 选择评估方式和方法
演练评估主要是通过对演练活动或参演人员的表现进行的观察、提问、听对方陈述、检查、比对、验证、实测而获取客观证据,比较演练实际效果与目标之间的差异,总结演练中好的做法,查找存在的问题。

演练评估应以演练目标为基础,每项演练目标都要设计合理的评估项目方法、标准。根据演练目标的不同,可以用选择项(如:是/否判断,多项选择)、评分(如:0—缺项、1—较差、3——般、5—优秀)、定量测量(如:响应时间、被困人数、获救人数)等方法进行评估。

5.5 编写评估方案和评估标准

5.5.1 编写评估方案
内容通常包括:
—— 概述:演练模拟的事故名称、发生的时间和地点、事故过程的情景描述、主要应急行动等;
—— 目的:阐述演练评估的主要目的;
—— 内容:演练准备和实施情况的评估内容;
—— 信息获取:主要说明如何获取演练评估所需的各种信息;
—— 工作组织实施:演练评估工作的组织实施过程和具体工作安排;
—— 附件:演练评估所需相关表格等。

注:该部分内容引自 AQ/T 9007。

5.5.2 制定评估标准
演练评估组召集有关方面和人员,根据演练总体目标和各参演机构的目标,以及具体演练情景事件、演练流程和保障方案,明确演练评估内容及要求。演练评估参照附录 A.1、附录 A.2 事先制定好演练评估表格,包括演练目标、评估方法、评估标准和相关记录项等。

5.6 培训评估人员
演练评估人员应听取演练组织或策划人员介绍演练方案以及组织和实施流程,并可进行交互式讨论,进一步明晰演练流程和内容。同时,评估组内部应围绕以下内容开展内部专题培训：

a) 演练组织和实施的相关文件；

b) 演练评估方案；

c) 演练单位的应急预案和相关管理文件；

d) 熟悉演练场地,了解有关参演部门和人员的基本情况、相关演练设施,掌握相关技术处置标准和方法；

e) 其他有关内容。

5.7 准备评估材料、器材

根据演练需要,准备评估工作所需的相关材料、器材,主要包括演练评估方案文本、评估表格、记录表、文具、通信设备、计时设备、摄像或录音设备、计算机或相关评估软件等。

6 演练评估实施

6.1 评估人员就位

根据演练评估方案安排,评估人员提前就位,做好演练评估准备工作。

6.2 观察记录和收集数据、信息和资料

演练开始后,演练评估人员通过观察、记录和收集演练信息和相关数据、信息和资料,观察演练实施及进展、参演人员表现等情况,及时记录演练过程中出现的问题。在不影响演练进程的情况下,评估人员可进行现场提问并做好记录。

6.3 演练评估

根据演练现场观察和记录,依据制定的评估表,逐项对演练内容进行评估,及时记录评估结果。

7 演练评估总结

7.1 演练点评

演练结束后,可选派有关代表(演练组织人员、参演人员、评估人员或相关方人员)对演练中发现的问题及取得的成效进行现场点评。

7.2 参演人员自评

演练结束后,演练单位应组织各参演小组或参演人员进行自评,总结演练中的优点和不足,介绍演练收获及体会。演练评估人员应参加参演人员自评会并做好记录。

7.3 评估组评估

参演人员自评结束后,演练评估组负责人应组织召开专题评估工作会议,综合评估意

见。评估人员应根据演练情况和演练评估记录发表建议并交换意见，分析相关信息资料，明确存在问题并提出整改要求和措施等。

7.4 编制演练评估报告

7.4.1 报告编写要求

演练现场评估工作结束后，评估组针对收集的各种信息资料，依据评估标准和相关文件资料对演练活动全过程进行科学分析和客观评价，并撰写演练评估报告，评估报告应向所有参演人员公示。

7.4.2 报告主要内容

内容通常包括：

——演练基本情况：演练的组织及承办单位、演练形式、演练模拟的事故名称、发生的时间和地点、事故过程的情景描述、主要应急行动等；

——演练评估过程：演练评估工作的组织实施过程和主要工作安排；

——演练情况分析：依据演练评估表格的评估结果，从演练的准备及组织实施情况、参演人员表现等方面具体分析好的做法和存在的问题以及演练目标的实现、演练成本效益分析等；

——改进的意见和建议：对演练评估中发现的问题提出整改的意见和建议；

——评估结论：对演练组织实施情况的综合评价，并给出优（无差错地完成了所有应急演练内容）、良（达到了预期的演练目标，差错较少）、中（存在明显缺陷，但没有影响实现预期的演练目标）、差（出现了重大错误，演练预期目标受到严重影响，演练被迫中止，造成应急行动延误或资源浪费）等评估结论。

7.5 整改落实

演练组织单位应根据评估报告中提出的问题和不足，制定整改计划，明确整改目标，制定整改措施，并跟踪督促整改落实，直到问题解决为止。同时，总结分析存在问题和不足的原因。

附录 A.1（资料性附录）

实战演练评估

1 准备情况评估

实战演练准备情况的评估可从演练策划与设计、演练文件编制、演练保障 3 个方面进行，具体评估内容详见附表 A-1。

附录A 《生产安全事故应急演练评估规范》(AQ/T 9009—2015)

附表 A-1 实战演练准备情况评估表

评估项目	评估内容	
1. 演练策划与设计	1.1	目标明确且具有针对性,符合本单位实际
	1.2	演练目标简明、合理、具体、可量化和可实现
	1.3	演练目标应明确"由谁在什么条件下完成什么任务,依据什么标准,取得什么效果"
	1.4	演练目标设置是从提高参演人员的应急能力角度考虑
	1.5	设计的演练情景符合演练单位实际情况,且有利于促进实现演练目标和提高参演人员应急能力
	1.6	考虑到演练现场及可能对周边社会秩序造成的影响
	1.7	演练情景内容包括了情景概要、事件后果、背景信息、演化过程等要素,要素较为全面
	1.8	演练情景中的各事件之间的演化衔接关系科学、合理,各事件有确定的发生与持续时间
	1.9	确定了各参演单位和角色在各场景中的期望行动以及期望行动之间的衔接关系
	1.10	确定所需注入的信息及其注入形式
2. 演练文件编制	2.1	制定了演练工作方案、安全及各类保障方案、宣传方案
	2.2	根据演练需要编制了演练脚本或演练观摩手册
	2.3	各单项文件中要素齐全、内容合理,符合演练规范要求
	2.4	文字通顺、语言精练、通俗易懂
	2.5	内容格式规范,各项附件项目齐全、编排顺序合理
	2.6	演练工作方案经过评审或报批
	2.7	演练保障方案印发到演练的各保障部门
	2.8	演练宣传方案考虑到演练前、中、后各环节宣传需要
	2.9	编制的观摩手册中各项要素齐全,并有安全告知
3. 演练保障	3.1	人员的分工明确,职责清晰,数量满足演练要求
	3.2	演练经费充足,保障充分
	3.3	器材使用管理科学、规范,满足演练需要
	3.4	场地选择符合演练策划情景设置要求,现场条件满足演练要求
	3.5	演练活动安全保障条件准备到位并满足要求
	3.6	充分考虑演练实施中可能面临的各种风险,制定必要的应急预案或采取有效控制措施
	3.7	参演人员能够确保自身安全
	3.8	采用多种通信保障措施,有备份通信手段
	3.9	对各项演练保障条件进行了检查确认

2 实施情况评估

实战演练准备情况的评估可从预警与信息报告、紧急动员、事故监测与研判、指挥和协调、事故处置、应急资源管理、应急通信、信息公开、人员保护、警戒与管制、医疗救护、现场控制及恢复和其他等13个方面进行,具体评估内容详见附表A-2。

附表A-2 实战演练实施情况评估表

评估项目	评估内容
1. 预警与信息报告	1.1 演练单位能够根据监测监控系统数据变化状况、事故险情紧急程度和发展势态或有关部门提供的预警信息进行预警
	1.2 演练单位有明确的预警条件、方式和方法
	1.3 对有关部门提供的信息、现场人员发现险情或隐患进行及时预警
	1.4 预警方式、方法和预警结果在演练中表现有效
	1.5 演练单位内部信息通报系统能够及时投入使用,能够及时向有关部门和人员报告事故信息
	1.6 演练中事故信息报告程序规范,符合应急预案要求
	1.7 在规定时间内能够完成向上级主管部门和地方人民政府报告事故信息程序,并持续更新
	1.8 能够快速向本单位以外的有关部门或单位、周边群众通报事故信息
2. 紧急动员	2.1 演练单位能够依据应急预案快速确定事故的严重程度及等级
	2.2 演练单位能够根据事故级别,启动相应的应急响应,采用有效的工作程序,警告、通知和动员相应范围内人员
	2.3 演练单位能够通过总指挥或总指挥授权人员及时启动应急响应
	2.4 演练单位应急响应迅速,动员效果较好
	2.5 演练单位能够适应事先不通知突袭抽查式的应急演练
	2.6 非工作时间以及至少有一名单位主要领导不在应急岗位的情况下能够完成本单位的紧急动员
3. 事故监测与研判	3.1 演练单位在接到事故报告后,能够及时开展事故早期评估,获取事件的准确信息
	3.2 演练单位及相关单位能够持续跟踪、监测事故全过程
	3.3 事故监测人员能够科学评估其潜在危害性
	3.4 能够及时报告事态评估信息

附录A 《生产安全事故应急演练评估规范》(AQ/T 9009—2015)

续表

评估项目		评估内容
4. 指挥和协调	4.1	现场指挥部能够及时成立,并确保其安全高效运转
	4.2	指挥人员能够指挥和控制其职责范围内所有的参与单位及部门、救援队伍和救援人员的应急响应行动
	4.3	应急指挥人员表现出较强指挥协调能力,能够对救援工作全局有效掌控
	4.4	指挥部各位成员能够在较短或规定时间内到位,分工明确并各负其责
	4.5	现场指挥部能够及时提出有针对性的事故应急处置措施或制定切实可行的现场处置方案并报总指挥部批准
	4.6	指挥部重要岗位有后备人选,并能够根据演练活动的进行合理轮换
	4.7	现场指挥部制定的救援方案科学可行,调集了足够的应急救援资源和装备(包括专业救援人员和相关装备)
	4.8	现场指挥部与当地政府或本单位指挥中心信息畅通,并实现信息持续更新和共享
	4.9	应急指挥决策程序科学,内容有预见性、科学可行
	4.10	指挥部能够对事故现场有效传达指令,进行有效管控
	4.11	应急指挥中心能够及时启用,各项功能正常、满足使用
5. 事故处置	5.1	参演人员能够按照处置方案规定或在指定的时间内迅速到达现场开展救援
	5.2	参演人员能够对事故先期状况做出正确判断,采取的先期处置措施科学、合理,处置结果有效
	5.3	现场参演人员职责清晰、分工合理
	5.4	应急处置程序正确、规范,处置措施执行到位
	5.5	参演人员之间有效联络、沟通顺畅有效,并能够有序配合、协同救援
	5.6	事故现场处置过程中,参演人员能够对现场实施持续安全监测或监控
	5.7	事故处置过程中采取了措施防止次生或衍生事故发生
	5.8	针对事故现场采取必要的安全措施,确保救援人员安全
6. 应急资源管理	6.1	根据事态评估结果,能够识别和确定应急行动所需的各类资源,同时根据需要联系资源供应方
	6.2	参演人员能够快速、科学使用外部提供的应急资源并投入应急救援行动
	6.3	应急设施、设备、器材等数量和性能能够满足现场应急需要
	6.4	应急资源的管理和使用规范有序,不存在浪费情况
7. 应急通信	7.1	通信网络系统正常运转,通信能力能够满足应急响应的需求
	7.2	应急队伍能够建立多途径的通信系统,确保通信畅通
	7.3	有专职人员负责通信设备的管理
	7.4	应急通信效果良好,演练各方通信信息顺畅

续表

评估项目	评估内容
8. 信息公开	8.1 明确事故信息发布部门、发布原则,事故信息能够由现场指挥部及时准确向新闻媒体通报
	8.2 指定了专门负责公共关系的人员,主动协调媒体关系
	8.3 能够主动就事故情况在内部进行告知,并及时通知相关方(股东/家属/周边居民等)
	8.4 能够对事件舆情持续监测和研判,并对涉及的公共信息妥善处置
9. 人员保护	9.1 演练单位能够综合考虑各种因素并协调有关方面确保各方人员安全
	9.2 应急救援人员配备适当的个体防护装备,或采取了必要自我安全防护措施
	9.3 有受到或可能受到事故波及或影响的人员的安全保护方案
	9.4 针对事件影响范围内的特殊人群,能够采取适当方式发出警告并采取安全防护措施
10. 警戒与管制	10.1 关键应急场所的人员进出通道受到有效管制
	10.2 合理设置了交通管制点,划定管制区域
	10.3 各种警戒与管制标志、标识设置明显,警戒措施完善
	10.4 有效控制出入口,清除道路上的障碍物,保证道路畅通
11. 医疗救护	11.1 应急响应人员对受伤害人员采取有效先期急救,急救药品、器材配备有效
	11.2 及时与场外医疗救护资源建立联系求得支援,确保伤员及时得到救治
	11.3 现场医疗人员能够对伤病人员伤情作出正确诊断,并按照既定的医疗程序对伤病人员进行处置
	11.4 现场急救车辆能够及时准确地将伤员送往医院,并带齐伤员有关资料
12. 现场控制及恢复	12.1 针对事故可能造成的人员安全健康与环境、设备与设施方面的潜在危害,以及为降低事故影响而制定的技术对策和措施有效
	12.2 事故现场产生的污染物或有毒有害物质能够及时、有效处置,并确保没有造成二次污染或危害
	12.3 能够有效安置疏散人员,清点人数,划定安全区域并提供基本生活等后勤保障
	12.4 现场保障条件满足事故处置、控制和恢复的基本需要
13. 其他	13.1 演练情景设计合理,满足演练要求
	13.2 演练达到了预期目标
	13.3 参演的组成机构或人员职责能够与应急预案相符合
	13.4 参演人员能够按时就位、正确并熟练使用应急器材
	13.5 参演人员能够以认真态度融入整体演练活动中,并及时、有效地完成演练中应承担的角色工作内容
	13.6 应急响应的解除程序符合实际并与应急预案中规定的内容相一致
	13.7 应急预案得到了充分验证和检验,并发现了不足之处
	13.8 参演人员的能力也得到了充分检验和锻炼

附录 A.2（资料性附录）

桌面演练评估

桌面演练的评估可从演练策划与准备、演练实施两个方面进行，具体评估内容详见附表 A-3。

附表 A-3　桌面演练评估表

评估项目		评估内容
1. 演练策划与准备	1.1	目标明确且具有针对性，符合本单位实际
	1.2	演练目标简单、合理、具体、可量化和可实现
	1.3	设计的演练情景符合参演人员需要，且有利于促进实现演练目标和提高参与人员应急能力
	1.4	演练情景内容包括了情景概要、事件后果、背景信息、演化过程等要素，要素较为全面
	1.5	演练情景中的各事件之间的演化衔接关系设置科学、合理，各事件有确定的发生与持续时间
	1.6	确定了各参演单位和角色在各场景中的期望行动以及期望行动之间的衔接关系
	1.7	确定所需注入的信息及其注入形式
	1.8	制定了演练工作方案，明确了参演人员的角色和分工
	1.9	演练活动保障人员数量和工作能力满足桌面演练需要
	1.10	演练现场布置、各种器材、设备等硬件条件满足桌面演练需要
2. 演练实施	2.1	演练背景、进程以及参演人员角色分工等解说清晰正确
	2.2	根据事态发展，分级响应迅速、准确
	2.3	模拟指挥人员能够表现出较强指挥协调能力，演练过程中各项协调工作全局有效掌控
	2.4	按照模拟真实发生的事件表述应急处置方法和内容
	2.5	通过多媒体文件、沙盘、信息条等多种形式向参演人员展示应急演练场景，满足演练要求
	2.6	参演人员能够准确接收并正确理解演练注入的信息
	2.7	参演人员根据演练提供的信息和情况能够做出正确的判断和决策
	2.8	参演人员能够主动收集和分析演练中需要的各种信息
	2.9	参演人员制定的救援方案科学可行，符合给出实际事故情况处置要求
	2.10	参演人员应急过程中的决策程序科学，内容有预见性、科学可行
	2.11	参演人员能够依据给出的演练情景快速确定事故的严重程度及等级

续表

评估项目	评估内容
2. 演练实施	2.12 参演人员能够根据事故级别,确定启动的应急响应级别,并能够熟悉应急动员的方法和程序 2.13 参演人员能够熟悉事故信息的接报程序、方法和内容 2.14 参演人员熟悉各自应急职责,并能够较好配合其他小组或人员开展工作 2.15 参与演练各小组负责人能够根据各位成员意见提出本小组的统一决策意见 2.16 参演人员对决策意见的表达思路清晰、内容全面 2.17 参演人员做出的各项决策、行动符合角色身份要求 2.18 参演人员能够与本应急小组人员共享相关应急信息 2.19 参演人员能够全身心地参与到整个演练活动中 2.20 演练的各项预定目标都得以顺利实现

附录 B

森林草原火灾的基础知识

第一节 森林草原火灾的概念及燃烧特点

一、森林草原火灾概念及等级划分

森林或草原的可燃物在有利燃烧的条件下,接触人为火源或自然火源之后,就能燃烧、蔓延,对森林或草原造成不同程度的损害,这就是森林火灾或草原火灾,简称森林草原火灾[75]。森林草原火灾是一种突发性强、破坏性大、处置救助较为困难的自然灾害。

森林草原火灾已经成为对森林草原资源影响最大的灾害[76]。2009年1月1日起实施的《森林防火条例》第四十条中按照受害森林面积和伤亡人数将森林火灾分为一般森林火灾、较大森林火灾、重大森林火灾和特别重大森林火灾,目前我国各级森林火灾应急预案均采用此分类标准。

(1) 一般森林火灾(Ⅳ级):受害森林面积在1公顷(1公顷=10 000m^2)以下或者其他林地起火的,或者死亡1人以上3人以下的,或者重伤1人以上10人以下的。

(2) 较大森林火灾(Ⅲ级):受害森林面积在1公顷以上100公顷以下的,或者死亡3人以上10人以下的,或者重伤10人以上50人以下的。

(3) 重大森林火灾(Ⅱ级):受害森林面积在100公顷以上1000公顷以下的,或者死亡10人以上30人以下的,或者重伤50人以上100人以下的。

(4) 特别重大森林火灾(Ⅰ级):受害森林面积在1000公顷以上的,或者死亡30人以上的,或者重伤100人以上的。

针对草原火灾,原农业部草原防火指挥部办公室也下发了《草原火灾级别划分规

定》[77],根据受害草原面积、伤亡人数和经济损失对草原火灾做出如下分级:

(1) 一般(Ⅳ级)草原火灾:受害草原面积10公顷以上1000公顷以下的,或者造成重伤1人以上3人以下的,或者直接经济损失5000元以上50万元以下的。

(2) 较大(Ⅲ级)草原火灾:受害草原面积1000公顷以上5000公顷以下的,造成死亡3人以下的,或者造成重伤3人以上10人以下的,或者直接经济损失50万元以上300万元以下的。

(3) 重大(Ⅱ级)草原火灾:受害草原面积5000公顷以上8000公顷以下的,或者造成死亡3人以上10人以下的,或者造成死亡和重伤合计10人以上20人以下的,或者直接经济损失300万元以上500万元以下的。

(4) 特别重大(Ⅰ级)草原火灾:受害草原面积8000公顷以上的,或者造成死亡10人以上的,或者造成死亡和重伤合计20人以上的,或者直接经济损失500万元以上的。

二、典型森林草原火灾燃烧特点

森林火灾按其燃烧物和燃烧部位的不同,通常可分为地表火、树冠火和地下火3种,草原火灾主要包含草原火[78]。如附表B-1所列,这四类火灾是森林草原火灾的典型类型,研究它们的燃烧特点对于森林草原火灾的扑救具有重要的意义。

附表 B-1 典型森林草原火灾及其燃烧特点[79]

类型	主要燃烧地	燃烧特点
地表火	林地表面	蔓延速度主要取决于风速和空气的相对湿度
树冠火	林地中的树冠	蔓延速度相当快,一般情况下每小时可达5~25km,燃烧猛烈,热辐射强,扑救困难
地下火	高寒地区林地的腐殖质层和泥炭层	蔓延缓慢,在地表面不易看见火焰,只见烟雾
草原火	草原地表面	燃点低、起火快、燃烧时释放能量迅速

1. 地表火燃烧特点

地表火主要是由林地表面的枯枝、落叶、杂草、灌木等可燃物燃烧起来的。地表火主要在地面上燃烧,在地面上蔓延,能将幼树及地表植物烧毁,烟呈浅灰色。其蔓延速度分速进和稳进两种,这两种蔓延速度主要取决于风速和空气的相对湿度。

(1) 速进地表火。多发生在宽大草塘沟、疏林地和丘陵山区。其特点是温度高、烟雾大、火势猛、烟火很快被风吹散、不易形成对流柱等。火势蔓延速度快,在7级风以上时火势蔓延的最快速度可达20~30km/h,因蔓延速度快,使燃烧条件不充足的地方不发生燃烧,常常出现"花脸"。重大和特大森林火灾,多是由速进地表火造成的。火场的形状多为长条形和椭圆形。

(2) 稳进地表火。通常出现在火场风力较小(4级风以下)的情况下,其特点是火焰低、燃烧速度慢,火场上空常见蘑菇状烟云,这种烟云在很远处便可看见。稳进地表火燃烧产生的热空气垂直上升,四周空气立刻补充,冷热空气对流,形成对流柱,对流柱上升到露点时,便形成了蘑菇状烟云。由于稳进地表火蔓延速度慢,可燃物受火作用时间长,过火后几乎所有植物均被烧毁,因此这种地表火对森林危害严重。

2. 树冠火燃烧特点

地表火在强风的作用下,火焰会变得异常猛烈,易沿针叶幼树、枯立木、站杆、风倒树和低垂的枝丫等迅速蔓延至树顶,并沿着树冠成片发展,形成树冠火。树冠火和地表火经常同时发生,树冠火的蔓延速度相当快,一般情况下每小时可达5~25km,燃烧猛烈,热辐射强,扑救困难。根据燃烧的速度快慢,树冠火分为速进树冠火和稳进树冠火。

(1) 速进树冠火。火焰跳跃似地向前蔓延,容易产生飞火,飞火和跳跃的火焰距离与风速有关。顺风时,蔓延速度每小时可达8~25km,或是呈长带状向前延伸,容易形成大面积火灾。

(2) 稳进树冠火。因火焰向前推进的速度较慢,火势发展的幅面较宽,而且容易全面扩展。顺风时蔓延速度达5~8km/h。

3. 地下火燃烧特点

地下火是由地表面以下的腐殖质层和泥炭层燃烧起来的火。地下火不是任何林区都可以发生的,只有高寒地区林地,因有较厚的腐殖质层和泥炭层才能发生地下火。地下火因不受风的影响,在地下缓慢燃烧扩展,在地表面一般不易看见火焰,只见烟雾,只有在微风天的夜晚可以见到零星的明火。地下火燃烧慢,但燃烧持续的时间较长,有的几个月,有的一年,有的甚至更长,往往秋季起的火,在冰雪覆盖下,仍在继续燃烧,所以又称越冬火。由于地下火燃烧不易被发现,且土坡中的泥炭和腐殖质的深度不一,含量多少不等,发现后不易确定火场边界,更难确定火的流向,所以扑救地下火很困难,彻底扑灭则更不容易。

4. 草原火燃烧特点

草原生态系统主要由细小植物种群构成。草原火具有燃点低、起火快、燃烧时释放能量迅速等特点。在外界火源作用下,可燃物可在极短的时间内被点燃,并迅速形成连片燃烧。草原上可以阻碍或者减缓风速的高大地物很少,发生火灾后局部地区增温,不断补入的气流在形成风的同时,也将丰富的氧气源源不断地补入燃烧区,产生助燃作用,使火灾很快蔓延。草原火在大风与地形的作用下,如遇草原植被较密的地段,易形成爆发火。大风的作用也会导致飞火发生,引发新的火灾,使火区面积迅速扩大。草原火一般速度为5~10m/s,若遇8级以上大风,可达10~25m/s。

三、森林草原火灾的影响因素

森林草原火灾扑救受到很多因素的限制,其中主要包括天气条件、立地条件、林内小气候和氧气含量等。

1. 天气对森林草原火灾的影响

天气条件包括温度、相对湿度、降水和风速等各类气象要素。依据不同的天气条件,可以预测森林火灾等级情况。例如我国的林业网会根据中央气象台每日气象预报发布相应的全国森林火险气象等级预报[80]。

风是变化最大,对火影响最重要的天气因子。风对火的影响表现在许多方面。风能带走蒸发的水蒸气,使可燃物干燥;风能加速氧气的供应,使燃烧加强;风能吹散火场燃烧物,引发飞火;风向和风速能影响火蔓延方向和速度。因此,无论是对野火的控制,还是计划人工点火,风的因素是首先要考虑的。

2. 地形对森林草原火灾的影响

地形对太阳辐射、锋面移动、天气变化及植被分布都有一定影响,因而对火亦产生重要的影响[81]。

地形起伏会影响生态因子的分配,从而形成了多种多样的环境条件。如山谷水湿,土壤深厚;山坡潮湿,土壤适中;山脊陡坡干燥,土壤瘠薄;阳坡干,阴坡湿,因而构成各种不同的植物群落。植物群落之间燃烧性差异很大,有的易燃,有的难燃。地形起伏变化还影响到火行为的变化,如上山火发展较快,下山火蔓延缓慢。地形变化影响林火行为,给山地条件下灭火工作带来极大困难。

不同坡向受太阳的辐射不同,因此温度、植被类型和干燥度也不一样。对北半球而言,南坡受到太阳的直接辐射大于北坡,偏东坡上午受到太阳的直接辐射大于下午的,偏西坡则相反。南坡吸收的热量最多,温度最高,可燃物干燥易燃。据统计,不同坡向的火情分布以南坡最高。因此在预防、扑救火灾及计划烧除时,要注意坡向。

3. 气候对森林草原火灾的影响

气候决定了特定地区森林可燃物的含水状况,也决定了火灾季节的长短和严重程度。由于纬度、地形及距离水域远近等情况的不同,不同区域一年内火灾的发生及其严重程度差异悬殊。在纬度较高的地区,火灾季节多为夏季,虽然相对来讲比较短,但是火灾非常严重。从高纬度向低纬度地区火灾季节逐渐延长,直到赤道附近,全年均为火灾季节。根据不同月份的火灾次数、火灾面积或月降水量、年降水量等,可划分出不同的火险气候区。

第二节　森林草原火灾的扑救

一、森林草原火灾扑救原理与原则

1. 森林草原火灾扑救原理

森林草原可燃物燃烧的三要素分别为可燃物、空气和火源,三者缺一不可。扑灭森林草原火灾的基本原理,就是要破坏它的燃烧条件,不让燃烧三要素结合在一起[82],如附图 B-1 所示。只要消除三要素中的任何一个,燃烧就会停止。扑灭森林火灾的根本途径有三个,一是断绝或减少森林燃烧所需要的氧气,使其窒息熄灭;二是散热降温,使燃烧着的可燃物的温度降到燃点以下而熄灭;三是隔离火源,使着火的可燃物与未着火的可燃物隔离,破坏预热作用,达到灭火的目的。

1) 隔绝空气窒息法

利用覆盖、阻隔的方法隔绝空气,使空气中的氧气含量低于能够燃烧的下限,即空气中的氧气含量低于 14%～18%,从而阻止火势的发展,达到灭火的目的。实际中可使用扑打工具扑打或用土覆盖使可燃物与空气隔绝而窒息,亦可喷施化学灭火剂,使灭火剂受热分解,产生不燃气体,将可燃物与空气隔绝。这种方式适用于火燃烧的初期或消灭余火,若发生大面积森林草原火灾,由于空间过大很难控制,不宜采用这种方式。

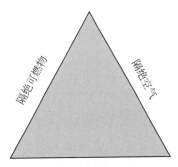

附图 B-1　火灾扑救原理示意图

2) 散热降温冷却法

采用有效的降温措施使燃烧物的温度降到燃点以下或使附近可燃物的温度达不到燃点,燃烧就会停止。可采用洒水、冷却、隔热等措施,如在燃烧的可燃物上喷洒水或覆盖湿土,达到降低温度,扑灭火灾的目的。

3) 可燃物隔离法

通过隔离封锁可燃物,使火与之隔离,达到灭火的目的。如可燃物为气体,可减少可燃气体的释放量,使其浓度低于能够燃烧的下限。实际中可采用建立防火线、防火沟、生土隔离带等措施,使燃烧的可燃物与未燃烧的可燃物隔离开来;亦可在未燃烧的可燃物上喷洒大量的水和化学阻火剂,改变可燃物的燃烧状态,使其难以燃烧或者不燃烧。

2. 森林草原火灾扑救战术原则

在认真贯彻"预防为主,积极消灭"这一森林草原防火方针时,把"积极消灭"具体化为

"打早、打小、打了",是公认的扑救森林草原火灾的基本原则。只有实现这"三打",才能把森林草原火灾的损失降到最低限度。这"三打"既是战略原则又是战术原则。

灭火战术,是指导和进行灭火战斗的原则和方法,是灭火战斗的经验总结,是理论研究成果的概括,对森林草原灭火战斗具有指导作用。在灭火战斗中,应针对火灾的特点和规律,根据灭火任务、行动原则、灭火装备、参战力量和火场环境等情况,因情就势,灵活运用灭火战术,积极夺取灭火战斗的主动权。常用的灭火战术包含以下 8 种[83]:

1) 一点突破,两翼推进

"一点突破,两翼推进"是指参战部队由一点突破火线,兵分两路沿火线扑打前进,直至扑灭森林草原火灾。这是采取直接灭火手段的主要战术之一。

(1) 运用时机和把握的要点:

① 初发火,火场面积较小、呈稳进地表火发展蔓延态势的中、小规模火场的扑救;

② 突破点应选择在植被相对稀疏、火势相对稳定的地段,如林火强度较大,应当选择在火翼或者火尾地段突破;

③ 推进中,当遇有低强度以下地表火,应组织快速推进;当遇到中强度地表火或者间歇性树冠火应稳步推进。

(2) 主要优长:

① 30 人以下作战单位独立作战,便于灭火行动的展开;

② 直接灭火,扑打、清理彻底,不易复燃;

③ 便于组织指挥和火场观察,有利于突发情况的处置。

(3) 主要不足:投入兵力相对较少,若火场气象条件发生较大变化,不易应对。

2) 多点突破,分段扑灭

"多点突破,分段扑灭"是指在面积较大的火场,参战部队选择两个以上的突破口,利用地空两线运兵,多点投放兵力,将整个火线分割成若干段,对整个火场形成合击态势。在行动中各部队应同时展开,分段扑灭,并相互实现与相邻作战部队会合,全歼林火。这是采取直接灭火手段的主要战术之一。

(1) 运用时机和把握的要点:

① 火场面积较大,兵力投入较多,能够实现火场封闭或基本封闭;

② 火场周边道路较多,利于多个分队从多个方向接近火场;

③ 火场周边适于机降或索降的地点较多,便于进行多点兵力部署。

(2) 主要优长:

① 火场合围态势明显,不易失控;

② 各参战分队担负作战任务较为均衡,利于战斗力的充分发挥;

③ 战斗分界线明显,责任明确,有利于清理看守火场;

④ 遇有突发情况,便于重新调整部署。

(3) 主要不足：

① 协同作战组织指挥难度较大；

② 兵力部署受地形和机动能力影响较大；

③ 如因其中一个分队行动迟缓，贻误战机，将影响整个作战行动，甚至会造成不良后果。

3) 穿插迂回，递进超越

"穿插迂回，递进超越"，是针对火场面积较大、火线较长、扑打困难，或因地形、可燃物燃烧性和含水率等的变化，产生了较多断续火线的火场。为提高灭火效率，分队从火烧迹地内直接穿插至其他火线，迂回向前实施灭火，或者视情况从火线内外超越，选择一处火线向前扑打，每完成一段向前超越一段。这是采取直接灭火手段的常用战术之一。

(1) 运用时机和把握的要点：

① 投入兵力较多，分队在一点或一线展开灭火效率低时，采取此战术灭火比较有效；

② 扑救中强度以下地表火，可燃物分布较为稀疏或成不连续分布时，采取此战术灭火比较有效；

③ 火线较长，可燃物载量大，清理困难时，穿插路线、方向选择要准确，确保安全、快捷。

(2) 主要优长：

① 控制范围增大，可有效控制林火扩展；

② 灭火效率高，一次扑打清理再接超越分队、班（组）反复清理，复燃可能性小；

③ 各分队、班（组）相互协同配合，可激发战斗热情；

④ 协同作战、相互支援，便于一线组织指挥。

(3) 主要不足：

① 穿插受现地条件影响较大，如组织不利会存在一定安全隐患；

② 如超越距离过长或迂回接应不及时，会增加后续分队扑打和清理难度，火场气象条件一旦突变，林火失控，将严重威胁超越分队的安全。

4) 两翼对进，钳形夹击

"两翼对进，钳形夹击"，是指火场形状呈带状、扇面状或者火尾自然熄灭，参战部队选择两翼进入火线，相向夹击林火。这是采取直接灭火手段的常用战术之一。

(1) 运用时机和把握的要点：

① 上山火因受地形、植被、可燃物含水率等影响，在坡度较大的山林地，当出现火线时断时续、极不规则的状态时，采取此战术灭火有效；

② 扑打蔓延速度较低的下山火。

(2) 主要优长：

① 该战术针对性较强，灭火效果好；

② 避开危险环境,安全系数大;
③ 部队战斗展开迅速,可机动灵活地采取多种战术手段;
④ 火场出现多条断续火线,投入足够兵力可按此战术同时展开行动。

(3) 主要不足:
① 如火场风力加大或遇特殊地形,火线形成蔓延速度快的一个或多个火头时,部队在较短时间内很难实现成功夹击;
② 在实战中对人员的体能要求较高。

5) 打烧结合,火攻灭火

"打烧结合,火攻灭火",是指灭火部队采取直接灭火与火攻灭火相结合的方法控制火场的发展蔓延。直接灭火适于火势较弱的火线,也适于扑灭侧翼燃烧较规则的火线,而当火势较猛灭火人员无法接近火线和扑灭上山火,或在燃烧火线不规则区段灭火时,可采取以火攻火的战术。

(1) 运用时机和把握的要点:
① 林火强度大、蔓延速度快、灭火队员无法接近火场时,采取此战术灭火;
② 扑救连续型树冠火无法采取直接灭火手段时,在火头前方合适地点开设隔离带,点放迎面火;
③ 火场附近有可利用的依托或者地形时,采取间接灭火手段,利用依托点放迎面火;
④ 火势威胁重点区域或重点目标时,采取打、烧防火线或开设隔离带点放迎面火加以保护;
⑤ 拦截火头时,在火头前方选择有利地形,采取火攻灭火方法拦截火头;
⑥ 遇到双舌形火线时,在火线的舌部顶端点火,把两个舌形火线连接起来扑灭外线火;
⑦ 遇到锯齿形火线时,在锯齿形火线外侧点火,把火线取直,扑灭外线火;
⑧ 遇大弯曲度火线时,在两条最近的火线之间点火,把两条火线连接在一起再扑灭外线火;
⑨ 遇难清地段火线时,在难清地段外侧较好清理地带点火,扑灭外线火,使难清地段变成内线火。

(2) 主要优长:
① 成功点烧可收到事半功倍的灭火效果;
② 可有效保护重点目标安全,防止造成更大的损失;
③ 参战人员体能消耗小。

(3) 主要不足:
① 对作战指挥要求高,点烧的时机把握至关重要,如出现失误,危险性极高;
② 必须要有良好的依托条件,人工开设依托一般困难较大。

6）打隔结合，隔离阻火

"打隔结合，隔离阻火"，是指在火尾及火场两翼组织实施灭火作战时，为防止火头失控威胁重要目标及重点区域安全，预先在火头蔓延前方有利地段开设隔离带阻火的方法，如附图 B-2 所示。

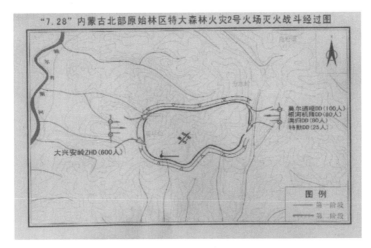

附图 B-2 "打隔结合，隔离阻火"战术实践图[84]

（1）运用时机和把握的要点：

① 火头的蔓延速度快，直接扑打火头把握较小时，采取此战术灭火；

② 火灾威胁重要目标和重点区域安全时，采取此战术灭火；

③ 预设隔离位置与火头的距离不宜过大，也不宜过小，应根据火头的蔓延速度而定，通常情况下火头的蔓延速度越快距离应越大，反之越小；

④ 开设隔离带要有一定时间保证，宽度要视所处地形和林火强度而定，开设方向要与林火发展主要方向垂直；

⑤ 预设隔离时，如有条件要利用自然依托，一般选择在山脚，亦可在山间小路或小溪一侧开设、加宽隔离带。

（2）主要优长：

① 危险程度小；

② 灭火效率高；

③ 人员集中，便于组织。

（3）主要不足：

① 受气象因素影响较大，如对森林火灾发展态势判断有误，火头改变推进方向，则会造成事倍功半；

② 需要的灭火力量多，工作量大。

7) 打清结合,稳步推进

"打清结合,稳步推进",是指灭火部队采取消灭明火与清理火线相结合,彻底消灭余火、暗火,防止复燃,以巩固灭火战果,如附图 B-3 所示。

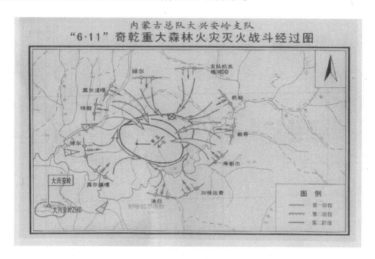

附图 B-3 "打清结合,稳步推进"战术实践图[85]

(1) 运用时机和把握的要点:

① 火场态势易被控制,参战兵力、机具充足;

② 作战时间相对充足,火势平稳、发展速度相对较慢的林火;

③ 地形较复杂的中幼密林、灌木林火火线。

(2) 主要优长:

① 组织形式灵活,可边打边清或者一打多清或者先打后清等;

② 采取扑灭明火与清理余火相结合的一次性灭火作业方法,可杜绝复燃和不打回头火。稳打明火,细清余火,一次作业彻底灭火,确保灭火安全。

(3) 主要不足:推进速度较慢。

8) 地空配合,立体灭火

"地空配合,立体灭火",是指利用飞机空中喷洒化学灭火药剂或直升机吊桶洒水,有效降低林火强度和火线蔓延速度,地面灭火部队利用这一有利时机,集中力量直接扑打明火,清理余火。

(1) 运用时机和把握的要点:

① 主要在扑救大面积森林火灾时使用,而且空中打击集中于主要火头以及地面灭火部队无法抵达的地带;

② 空中打击目标要准确,地面跟进配合要及时,迅速抓住有利时机组织灭火。

(2) 主要优长：

① 空中打击对扑救树冠火效果最佳，对灭火头、切火线效果最好；

② 灭火效率明显高于单一地面灭火作战；

③ 降低林火对地面作战人员和重点目标的威胁。

(3) 主要不足：

① 空中打击准确程度不高；

② 空中力量的使用受气候等客观因素影响较大；

③ 空中打击难以彻底熄灭余火，必须实施地面配合。

二、森林草原火灾扑救过程

根据森林草原火灾发生规律和林火扑救的特点，扑救森林草原火灾必须遵循"先控制，后消灭，再巩固"的程序，分阶段地进行。通常根据森林草原火灾扑救的过程，可将其划分为五个阶段[79]，如附图 B-4 所示。

附图 B-4　森林草原火灾扑救过程

1. 准备阶段

准备阶段是从发现火情，到扑火队伍到达火场，开始进行扑救之前的阶段。这一阶段的主要任务是制定扑火方案和调动扑火力量。扑火指挥部和指挥员按照扑火方案，将扑火队伍和扑火机具、设备调动到关键的部位，准备开始扑火战斗。

扑火方案有两种：一种是扑火预案；另一种是扑火实施方案。扑火预案是每年防火期到来之前预先制定的；扑火实施方案，是发现火情后，防火指挥部参考扑火预案，根据火情的具体情况临时制定的，它是扑火行动的依据。

2. 扑灭明火阶段

扑灭明火阶段是从扑火队员开始扑火，到火线明火被控制，火场停止扩展的阶段。这一阶段是整个林火扑救过程中最紧张、最激烈的阶段。此阶段结束的标志是各条火线上，扑灭明火队员扣头汇合。

扑火阶段要注意根据火场面积大小和火势强弱，利用各种条件，集中兵力封锁火头、限制火的发展。如果火场面积已经很大，火势很强，应扑打火翼，逐渐逼近火头，降低火势，直至将火全部扑灭。

3. 消灭余火阶段

消灭余火阶段是在控制火发展以后,对火场内的余火进行及时清理,彻底消灭的阶段。对可燃物积累深厚,一时难以清理彻底的地方,要组织力量就近取水浇洒或用土埋,彻底将隐火熄灭。

在火线边界附近的站杆、倒木是复燃火的主要引发地,一定要将它们锯倒、截开,抬到火线内侧 50m 或更靠近火烧迹地内部的地方。清理火场时要按战斗小组编队,明确责任,分片包干,反复清理,不留隐患。

4. 看守火场阶段

看守火场阶段指一场火灾被扑灭后,在经过多次清理、检查,没有发现问题的前提下,只留下部分人员看守火场的那段时间。看守火场是确保彻底灭火的最后保证。在火灾扑救实践中,火场余火复燃现象时有发生,经常造成"二次打火",或者酿成更严重的森林草原火灾。因此,不论火场大小,都要看守火场。此阶段,关键是"看"而不是"守"。即看守火场期间,看守人员要携带工具,轮流沿着火线边界巡护检查,发现火情及时处理。看守火场时间,一般要在大部队撤出至少 24h 后,经最后检查验收确保没有隐患后才结束。在长期干旱或气象条件不利的情况下,要看守火场 2~3 天以上。

5. 撤离火场阶段

撤离火场阶段是从验收火场开始,到扑火队伍全部撤离返回驻地的阶段。火场指挥员对整个火场要进行验收,验收合格后,扑火队伍方可全部撤离。火场验收标准是要达到"三无",即"无火、无烟、无气"。要加强撤离队伍的组织,保证安全,避免因扑火队员身体疲惫、注意力分散而发生人身伤亡事故或出现其他问题。

三、森林草原火灾扑救战法

灭火战法,是灭火战斗中为达成灭火战术目的而运用的具体方法,其在森林草原火灾扑救的各个阶段都发挥着重要的作用,具体可以归纳为以下 10 种战法[79]。

1. 扑打灭火法

扑打灭火法是最原始、最常用的灭火方法,适用于扑灭弱度和中等强度地表火,即使用灭火手持工具(如一号工具、二号工具、三号工具)直接扑打,如附图 B-5 所示。扑打时,扑火队员也要注意有效扑打。例如,使用二号工具时,队员应与火线成一定的角度站立,将二号工具斜向火焰,使其与地面成 45°角,轻举高压,一打一拖,这样容易将火扑灭;切忌直上直下猛起猛落的打法,以免煽风助燃和造成火星四溅,形成新的火点。

2. 风力灭火法

风力灭火法是我国扑救森林草原火灾采取的常规灭火手段,主要是利用风力灭火机

附图 B-5　扑打灭火[86]

产生的强风把燃烧释放出来的热量吹走,使温度降低到燃点以下,并将可燃性气体吹散,将火熄灭的方法,如附图 B-6 所示。风力灭火机使用方式主要有：①扑打式,主要用于扑救弱、中强度地表火,风口对准火焰底部,使可燃物和火源分离并将其吹向火烧迹地内侧。②清理式,主要用于清理火线,将未燃烧完整的可燃物吹向火烧迹地内,以拓宽防火隔离带。③控制式,是当火势较猛时,采取压制火焰的方法,阻止火线扩大和燃烧。④冷却式,是扑救高强度火灾,吹散灭火队员周围的热量,降低对灭火队员和风力灭火机构成的威胁,确保安全的一种方法。风力灭火机使用方式不同,产生的灭火效果也就不同,使用过程中,应根据战术需要,灵活运用。

附图 B-6　风力灭火[87]

3. 以水灭火法

以水灭火主要有水泵灭火和森林消防车等机械车辆灭火两种形式,其中运用最多的是水泵灭火,如附图 B-7 所示。水泵灭火有其独有的优势,主要特点是灭火迅速彻底、应用范围广、耗资低廉、安全系数高等。使用水泵灭火可采取直接灭火或间接灭火。直接灭火是使用水泵直接扑打或清理火线。间接灭火是使用水泵将水输送到火场边缘的软式水池或简易蓄水池,供其他灭火人员用灭火炮、水枪等机具灭火。森林消防车等机械车辆可以配合水泵直接或间接灭火,也可以利用道路等有利地形直接灭火。

附图 B-7　以水灭火[88]

4. 以火灭火法

以火灭火是指当火势难以控制,为避免火灾造成更大危害,扑火队员在火头蔓延方向,依托道路、河流等有利地形,点烧迎面火拓宽防火隔离带,以达到控制火势蔓延的目的,如附图 B-8 所示。这种灭火方法无须特殊设备,省工、省力,灭火效率高,但操作要求较高,必须由有实战经验的指挥员负责指挥,防止因指挥失误和操作不当引发安全问题。此法是在遇到高强度火灾时,已有的天然屏障和人工设施无法阻挡火势蔓延,而又来不及在火头前方开设较宽的防火线时所采用的应急方法。

5. 以土灭火法

以土灭火法主要适用于枯枝落叶层较厚、森林杂乱物较多的地方。当林火不易扑灭时,可利用工具取土盖火,如附图 B-9 所示。一般在林地土壤较疏松时使用。其优点是就地取材,效果较好。在清理火场时采用以土埋灭火法,防止死灰复燃十分有效。如果火势蔓延速度较快,超过覆土进度时,就应该在火头前方开辟生土隔离带来封锁火势的蔓延。生土隔离带的宽度应根据植被的种类和覆盖度而定,如林内枯枝落叶层较薄而生长较多的苔藓时,生土带的宽度一般为 0.5～1.5m 即可。林内枯枝落叶层较厚或倒木较多,生土隔离带宽度应在 2m 以上。如林内空地上有较密的禾本科杂草时,宽度应达 4～5m 以上,才能阻挡火势蔓延。

附图 B-8　以火灭火[89]

附图 B-9　以土灭火[90]

6. 航空灭火法

航空灭火主要是指利用直升机以水灭火,如附图 B-10 所示,主要可分为直接灭火和间接灭火两种。直接灭火就是用直升机吊桶载水,直接喷洒在火头、火线上灭火,也可喷洒在林火蔓延前方的可燃物上,起到阻隔火线蔓延的作用。吊桶灭火时,要根据火场的面积、形状、火线长度、林火强度及林火种类等诸多因素来确定所要采取的吊桶作业技术。其主要技术有点状喷洒、带状喷洒、弧状喷洒、条状喷洒和块状喷洒等。吊桶灭火还可以与机降和索降灭火相配合。配合机降灭火时,吊桶作业的主要任务是扑救火头、高强度火线和飞火,也可以向火线洒水降低火强度,有力地支援地面灭火。配合索降灭火时,首先进行索降作业,而后在火场周围寻找水源,进行吊桶配合灭火。间接灭火是指直升机在火线外建立阻火线阻隔林火蔓延,或为地面的水箱注水配合地面人员灭火。配合地面间接灭火且在火场烟大、能见度差时,可在火头前方建立阻火线,控制火场面积。水泵分队在水源困难或不利于直接抽水条件下,可以利用吊桶运水提供水源这种方法,较空中洒水更加准确、节水、效果好。

附图 B-10　航空灭火[91]

7. 化学灭火法

化学灭火如附图 B-11 所示,其目前已成为一些发达国家使用的高效灭火手段之一,各国都十分重视高效化学灭火药剂的研究和应用。降低化学灭火成本,提高药剂灭火性能是化学灭火的根本途径。不同化学药剂灭火效果不同,有的药剂能够产生泡沫,将可燃物与空气隔离;有的在分解过程中释放出不易氧化的气体,降低空气中氧气的含量;有

附图 B-11　化学灭火[92]

的药剂分解时吸收大量的热量,降低可燃物的温度;有的药剂可形成薄膜,覆盖在可燃物表面,起到隔绝氧气的作用;还有的药剂在高温时仍能保持湿润状态,阻止可燃物的燃烧。常用的化学灭火剂主要有磷酸铵、硫酸铵、硼酸盐和卤化烃等类型。近年来,一些新的化学灭火方法不断涌现出来。如俄罗斯研制出的一种装有硝酸钾的玻璃灭火瓶,将灭火瓶投入火焰中,在受热作用下,从溶液中分解出氮,与水蒸气一起窒息灭火,这种灭火瓶能存放多年而不降低有效性。在提高化学药剂的物理性能方面,科研人员研究出了专用浓缩剂,在水或化学液体中添加浓缩剂,使灭火液增稠,可提高灭火液的利用率。

8. 爆炸灭火法

爆炸灭火如附图 B-12 所示,也是当今国内外重要灭火手段之一,对扑救高强度地表火和地下火效果明显。对强度高、危险性大的火线,使用管状炸药、索状炸药实施爆破灭火作业,可迅速炸出一条生土带,使土覆盖部分可燃物,降低可燃物的燃烧性。同时,爆炸过程中可消耗火线附近氧气,使空气中氧气含量降低,爆炸还可产生强大的冲击力,使爆炸点周围的明火熄灭。爆炸灭火操作简单,灭火速度快,受林火种类及地形条件影响小,可用于森林草原火灾直接灭火和间接灭火,也可用于清理火场。

附图 B-12 爆炸灭火[93]

9. 阻隔灭火法

南方林区环境复杂,林火行为常因地形地貌和天气状况(风向、风力)而经常发生变化,遇到猛烈的上山火难以采用直接扑打法时,可选择有利的地形或要害部位,根据火蔓延速度,在火头前方一定距离或火翼两侧,使用铁锹、锄头、柴刀、锯等手持工具开辟防火线,清除杂草和枯枝落叶,并将易燃林木伐倒搬到安全地带,如附图 B-13 所示。如果时间允许,还可开设防火隔离沟或生土隔离带,提高阻挡林火蔓延的能力,达到灭火目的。采取这种方法灭火一般不应在上山火的方向,因为上山火蔓延速度快,十分危险,多数是选择下山火的前方开设。如上山火蔓延较缓慢,地形平缓,也可在山顶沿山脊线开设隔离带,阻挡林火转为下山火。

附图 B-13　阻隔灭火[94]

10. 人工增雨灭火法

世界各国发生的大面积森林火灾,最后几乎都是靠下雨浇灭的,因此在扑救大面积森林火灾时,人工增雨灭火尤为重要。人工增雨灭火是在人为作用下利用有利的气象条件,使云层产生降雨,从而达到灭火的目的。森林火灾发生前,也可以对干旱林区实施人工增雨,以降低该林区的森林火灾风险,预防森林火灾的发生。对已发生火灾的森林,可以对该林区实施人工增雨,直接浇灭林火或降低森林火灾的燃烧强度,协助地面灭火队伍直接灭火。人工增雨作业主要有两种方法:一是利用飞机在云层中洒催化剂;二是利用高炮把制冷剂或人工冰核打到云层(附图 B-14),爆炸后散布形成降雨。人工增雨作业技术性强,而且还要有一定的天气条件,要有符合人工增雨的云体。因此实施人工增雨时,要与气象部门、航空部门沟通配合。

附图 B-14　人工增雨灭火[95]

四、森林草原火灾扑救设备

21世纪扑火工具和技术有了很大的改变,灭火飞机和直升机的引进是最明显的变化[85]。世界上还有其他一些改进的扑火措施,这些设施、设备形成了一个更安全的扑火环境。另外,自动遥感气象站、火行为模型、卫星遥感平台等先进的科学技术,也能辅助危险环境中的扑火队员尽可能多地掌握火情信息,从而能够更好地做出扑火救援方案,在减少森林草原火灾损失的同时保障自身生命安全。良好的设备是扑火取得成功的基本条件,扑火设备的选择、保存、检查及保养都是重要内容。

在扑火救援实践中,常用的扑救设备包括手持工具、动力工具、点火工具、抽送工具、救火水车、化学灭火剂(阻火剂)、扑火辅助设备、扑火队员成套设备等,如附图 B-15 所示。

附图 B-15　森林草原火灾扑救设备

1. 手持工具

手持扑火工具是任何一个防火、灭火部门都使用的最基本工具,如附表 B-2 所列。

附表 B-2　手持扑火工具

工 具 名 称	用　　途
斧子	砍劈或伐木、清理火场
割灌弯刀	割灌木
康斯尔工具	耙、挖地、掘树根
横截锯或链锯	伐、锯木
耙地机	耙扫叶子及地面上轻型可燃物

续表

工 具 名 称	用 途
工具套	以防伤人或碰坏工具的刃口
扁斧锄	挖沟、掘树根
麦克劳德锄耙器	耙刮地、挖沟
普拉斯基斧锛器	砍树、掘树根
铁锹	挖沟、扬土、刮土
拍打工具	通常拍打燃烧的草、针叶及阔叶
楔(塑料或木楔)	控制树倒方向及防止夹锯

2. 动力工具

有许多因素影响动力灭火机具的选择和使用,包括火场位置、可燃物成本及成本效益等。使用动力设备能达到使用少量人员完成扑火任务的效果,而且扑火人员的体力消耗、伤亡危险性也会减少。扑火常用动力工具如附表 B-3 所列。

附表 B-3 扑火动力工具

工 具 名 称	用 途	备 注
链锯	伐树、伐站杆、锯木	
单人用掘沟机	挖防火线	重量56磅(1磅=0.454kg),单人可携带操作完成,单人作业相当于3个人使用手持工具完成的工作量
推土机	开设防火线	相当于20名受过良好训练的扑火人员的工作效率
防火犁(装有车轮并用拖拉机牵引)	开设防火线	工作效率高,在适宜的条件下,是推土机工作效率的3~4倍
平路机	整平防火线	能在平坦地、草地或林下稀少处,快速开出防火线
爆破器材	通过爆破方法开设防火线	4人用爆破方法开设的防火线相当于25~40名扑火队员使用手持工具开设防火线的工作量

3. 点火工具

现有的点火工具各种各样,在采用以火灭火战术时,需使用这些点火工具。用手工操作的工具有导火线、丙烷点火器、滴油点火器等。直升机可载胶状汽油进行空中滴油点火,其特点是既安全,工作效率又高。

4. 抽送设备

手泵和机械泵在森林灭火中起着重要作用,用它可把水或化学药剂泵送到需要的地方。目前常用的背负式喷雾器是手工操作泵,拉管式泵与可盛 4~5 加仑(15~19L,1 加仑≈3.785L)的背负水箱相连接。

5. 救火水车

活动式水车由一个水箱、水龙带卷盘和电动泵组成,可安装在任何一辆大小合适的小型运货车上或平板车上。固定安装式、便携式及组合式救火水车均由底盘、泵箱水龙带卷盘(或水龙带筐)、附件及手提工具箱所组成。水箱容量大小不等,有100~1000加仑。泵的工作效率为10~750加仑/min。

6. 化学灭火剂(阻火剂)

化学灭火剂可由灭火飞机喷洒,也可用地面救火水车进行喷洒。化学灭火剂包括以下几种:

(1) 短效灭火剂。通常往水里添加少量聚合物,以增加水的黏性。这时,水便形成微滴,足以穿过火焰,有相当数量的水滴可落到可燃物的表面,它们可以吸收热量,达到灭火的目的。

(2) 长效灭火剂。通常长效灭火剂的配方中含有增稠剂,增稠剂的特性与短效灭火剂相似。长效灭火剂中还含有一些其他的化学成分。当这些化学成分与可燃物同时受热时,它们可改变可燃物的热分解产物,使生成的可燃气体减少,从而阻止可燃物燃烧。甚至在水分完全蒸发干了后,长效灭火剂仍有效。

(3) 表面活化剂(湿润剂)。许多化学物质可降低表面张力,这样水能穿透可燃物的表面,侵入燃烧物的内部。

如同所有的灭火系统一样,灭火剂的灭火能力也有一定限度。是否使用灭火剂取决于火场的位置、空中及地面设备和人员情况、抢救受到威胁的资源及财产的紧迫性及其他一些环境因素。

7. 扑火辅助设备

供扑火人员和灭火部门野外使用的辅助装备有各种各样,它们的特点是重量轻,便于携带,易于装配或架设,并且包装科学实用。下面所列为一般使用的装备。

(1) 保健与安全。洗衣机和淋浴设备、医疗设备和药物。

(2) 通信设备。无线电设备、电话、电池、电源和通信中心设备等。

(3) 后勤供应。食品及配制食物所需的各种物品,如炊具、罐头食品、热餐、熟冷餐、脱水食物、饮用水容器、运输箱、宿营储水及给水装置、卧具、载重装置和扑火指挥所需的辅助装备。

8. 扑火队员成套装备

单人扑火成套装备一般在偏远、不易进入的地区使用。单人扑火成套装备所包括的东西必须满足在当地条件下工作的需要,通常包括罐头及包装食品、手持灭火工具、头盔灯、饭盒、干粮、小急救药箱及文件夹等。

小队伍(2~10人)使用的装备,无论是一件件散装的灭火工具配套装备还是装进防火背包的成套灭火工具装备,其工具设备的组成并非一成不变。主要是根据灭火队伍人员的多少、运输方式及当地可燃物类型等因素,对工具设备进行选择配备的。

供大队伍使用的装备,通常是预先配备包装好,储存在防火中心的仓库。该装备必须易于运送到偏远地区,可供人数较多的扑火队直接使用。

五、森林草原火灾扑救安全

1. 森林草原火灾扑救中的危险源

扑救森林草原火灾时,由于高温烤灼、浓烟熏呛以及连续作战精疲力竭等因素,稍有不慎,扑火队员极易发生伤亡事故。因此,在森林草原火灾扑救中,如何加强扑救队伍的安全防范工作,确保不发生人身伤亡事故,是每个指挥员必须高度重视的问题。高温、烟气和疲劳被称为扑火队员"危险三角"。可燃物燃烧能产生200℃以上的地面温度,并能轻而易举地产生1000℃以上的空气温度,而人体在高于120℃的环境中就会丧失功能。浓烟更是致命的因素,它除了呛眼和令人窒息外,还含有大量致命的一氧化碳。扑火人员参加扑火、长途跋涉以及持续工作6~8h是司空见惯的事,极度紧张和疲劳使他们极易受伤。围绕着"危险三角",森林草原火灾中的危险源主要包括高温伤害、一氧化碳中毒、烟尘窒息等。

2. 特殊火行为对扑火安全的影响

大面积、高强度森林草原火灾具有某些特征性的火行为,即特殊火行为。当影响森林草原火灾的各种因子都处于最不利的情况下时,爆发性的特殊火行为即可在瞬间发生,形成极为复杂的狂燃大火。在特殊火行为期间,直接灭火是不可能的[96]。目前对于特殊火行为的灭火技术也尚未十分明确,但仍需对其进行判断和预报,以确保救援人员的安全。

特殊火行为的特征包括火强度急剧增加、可持续的火蔓延速度很快、空气对流十分容易、远距离飞火、火旋风或大片的水平火焰、风突然平静等[97-99]。常规的火行为规律都是在低强度火或中等强度火中总结出来的,它们在高强度火中不适用。这些特殊火行为对扑火人员危害极大,稍不注意就会造成严重伤亡。例如,2019年3月30日,中国四川省凉山州木里县发生一起森林火灾,在扑火行动过程中突发爆发火。由于火势凶猛,且没有明显征兆,27名森林消防员和3名地方扑火人员未能成功逃生,不幸遇难。

1) 对流柱

森林草原燃烧时产生热空气垂直向上运动,四周空气补充产生热对流,在燃烧区的上方形成一个对流柱。对流柱类似烟囱,使火更猛烈。在大火中对流柱发展迅速,由于浮力的作用,常常携带大量正在燃烧着的可燃物,并将它们带到火焰前方未燃的可燃物中,引起飞火。当同时产生多处飞火时即可产生火爆,火爆现象一旦发生就可能产生火旋,即高速旋转的热气流,转速可达每分钟上万转之多,水平风速可达 10m/s 以上。对流柱形成后,火场周围温度迅速上升,对扑火人员造成高温热烤伤害。

2) 飞火

飞火是由于上升气流将正在燃烧的燃烧物带到空中,而后飘散到其他地区的一种火源。燃烧物质所携带的能量越多,飞火越多,则预示火行为越猛烈。飞火现象在各国火灾记录上是经常出现的。飞火飘移的距离可达数十米、数百米甚至数千米、十几千米或更远。在旋风的作用下,还可出现大量飞散的小火星,大多数吹落在火头前方数十米以至数百米处,可引燃细小可燃物,这种现象称为火星雨。飞火将可燃物余烬携带的热量传播到火头前方,有人把它看成火场中第四种热量传递的方式。飞火是导致林火快速大范围蔓延的一种重要途径,也是影响扑火人员安全的重大危险源。

3) 火旋风

由于同一平面气流流速的不一致而产生的水平涡流,称为旋风。旋风一般是受地形变化和受热的影响而生成的。由森林燃烧造成热的不平衡产生的旋风,称为火旋风。火旋风是高能量火的主要特征之一,它直接危及扑火人员的安全。实际上,火旋风是飞火严重发展的直接结果。火旋风加速了火的蔓延,特别是熄灭期的火旋风,能使死火复燃形成新的火场,扑火人员来不及躲避,易形成危险。

4) 火爆

当两个火头或多个火头相遇,地形条件合适时,由于辐射与对流的作用,会在火头所包围的局部空间形成大量的预混可燃混合气,从而引起爆炸式燃烧,形成火爆。由于能量释放过速,产生强大的抬升力,使燃烧着的可燃物碎片四处飞溅。火爆是高强度火的重要特征之一。火爆与移动的火头不同,前者相对后者是静止的,但是它的燃烧速度极快,在一个较大空间范围内形成一个强烈的内吸气流的巨浪,能席卷起重型可燃物,强烈燃烧。扑火人员易受到高温窒息危害。

5) 高温热流

如果某一区域到处都是火就会发生大面积的全面燃烧,火互相影响,以极快的速度烧成一片,形成高温区,在这种情况下上百公顷林地在几分钟内被大火烧毁是很普通的。在陡峭的峡谷或盆状峡谷中,这种燃烧更可能发生。高温热流是大面积的林火在风力作用下形成的。发生高温热流时看不到火光,但可以感觉到灼热的气流,它可以灼伤人体,甚至可以引燃可燃物,使其全面燃烧。

6) 爆发火

爆发火是森林草原火灾中典型的极端火行为之一,一般发生在特殊的地形,如山谷、峡谷或长的陡坡,以短时间内火蔓延速率和热释放速率突变为特征。起初,美国学者称之为"Blow-up"(爆炸)。由于这种极端火行为和火山爆发存在相似性,Viegas 等建议用"Eruptive fire"(爆发火)来描述这种极端火行为,爆发火能够较好地描述火灾蔓延速率的突然、持续性的增加。对于爆发火的形成,一些学者提出了可燃气体积聚、自加速理论等解释这种极端火行为,但是这些理论尚未得到学术界的公认。

附录 C

国内外应急演练实例资料

第一节 应急演练计划实例——深圳市 2018 年应急演练工作计划

深圳市应急办于 2018 年 2 月以公文的形式发布了全市全年应急演练工作计划[100]。在该通知中明确了演练的牵头单位为各专项应急指挥部牵头单位、各区应急管理办公室和应急指挥中心。演练的基本要求包括"加强对应急演练工作的组织领导""注重实效,广泛组织演练""认真总结评估,及时上报落实情况"三点。演练涉及的科目在附件中详细列出,分为市级和区级两个等级。市级应急演练包括自然灾害、事故灾难、公共卫生和社会安全四大类突发事件,涉及 40 个科目、24 个专项应急指挥部,整理如附表 C-1 所列。区级应急演练由各区拟定并上报汇总,覆盖了全市 10 个区,共计 80 余项演练科目,如附表 C-2 所列。对于每个演练科目,在该计划中均提供了牵头单位、演练时间、演练科目、演练类型、情景构建、联动响应范围等信息要素,附表 C-3 和附表 C-4 分别给出了一个市级演练科目信息的示例和一个区级演练科目信息的示例。可以看出深圳市在制定应急演练计划时非常细致,全市的演练工作是统筹规划的,基本实现了地区、组织和灾种的大面积覆盖。但由于未提供背景分析、需求分析和目的阐述,尚不能看出该年度计划制定的依据。

注:本节中提及的部分组织机构已改革,如深圳市应急办已改革为深圳市应急管理局,为保持与政府公文、新闻资料等的一致性,此处仍沿用机构原有名称。

市应急办关于印发 2018 年应急演练工作计划的通知

信息来源：市应急办 信息提供日期：2018-02-06

深应急办字〔2018〕21 号

各专项应急指挥部牵头单位，各区（新区）应急办、应急指挥中心：

在各单位的共同努力下，我办汇总制定了 2018 年全市应急演练计划。现印发给你们，请认真组织实施。为扎实做好应急演练工作，现就有关事项通知如下：

一、加强对应急演练工作的组织领导

加强应急演练，是提高突发事件应急处置能力的重要手段，是检验应急预案针对性、实用性和可操作性的必要途径。应急演练工作列入市政府绩效考核范围，请各单位和各区（新区）高度重视，加强组织领导，精心组织，落实应急演练方案，安排领导同志参与应急演练，加大保障力度，确保应急演练工作顺利进行。

二、注重实效，广泛组织演练

各单位要按照有关应急预案的规定，大力组织实战演练、桌面推演，在条件许可的情况下，积极组织实施双盲演练，进一步贴近实战，增强演练效果。

要认真做好演练方案制定工作，做好演练情景构建，落实组织指挥体系，安排应急救援队伍参演，重点检验应急指挥是否得当、应急响应是否快速、应急处置是否高效、应急机制是否顺畅。在演练组织过程中，要广泛动员市民、企业员工参与演练，普及应急知识，提高应急救援能力和自救互救能力。

三、认真总结评估，及时上报落实情况

在组织演练时要邀请应急专家现场观摩，做好演练总结、评估工作，针对演练暴露出的问题，及时制定改进措施，完善应急预案。有关演练评估指南，我办将于近期另行印发。

演练结束后，请于 5 日内将演练情况书面报送市应急办备案（包括图片、文字材料），并分别于 7 月 10 日前汇总上报上半年、2019 年 1 月 10 日前汇总上报全年情况。

特此通知。

附件：2018 年全市应急演练计划

深圳市人民政府应急管理办公室

2018 年 1 月 31 日

在各单位的共同努力下，深圳市应急办汇总制定了 2018 年全市应急演练计划，附表 C-1 列出了深圳市各专项应急指挥部的演练科目计划，附表 C-2 是深圳市各区（新区）的演练科目计划，附表 C-3 是深圳市市森林防火指挥部的应急演练计划，附表 C-4 是深圳市宝安区环保水务局的应急演练计划。

附表 C-1　深圳市 2018 年各专项应急指挥部的演练科目计划

演练领域	部　　门	演 练 科 目
自然灾害领域	市防汛防旱防风指挥部	水库大坝管涌抢修演练
		"三防"救援演练
		内涝紧急排水演练
	市地质灾害应急指挥部	突发地质灾害应急演练
	市森林防火指挥部	扑救森林火灾应急演练
公共卫生领域	市突发公共卫生事件应急指挥部	远程医疗救援应急演练
		重大疫情应急处置演练
	市食品安全事故应急指挥部	食品安全事故Ⅲ级(或Ⅳ级)应急演练
	市药品安全突发事件应急指挥部	药品安全突发事件Ⅲ级(或Ⅳ级)应急演练
	市重大动物疫情应急指挥部	深圳市重大动物疫情应急处置演练
事故灾难领域	市危险化学品事故应急指挥部	危化品事故应急演练
		石油管道事故应急演练
	市建筑工程事故应急指挥部	建筑施工坍塌抢险应急演练
	市燃气事故应急指挥部	西气东输二线广深支干线深圳段管道腐蚀抢修应急处置演练
	市消防安全应急指挥部	石油化工灭火救援、高层建筑灭火救援、道路交通运输危化品事故应急处置、集装箱码头危化品事故应急处置、城市综合体灭火救援实战演练
	市交通运输应急指挥部	处置轨道交通事故应急演练
	市特种设备安全事故应急指挥部	电梯困人应急救援演练
	市海上搜救应急指挥部	深圳港船舶防台应急演练
		涉客类船舶应急演练
		危险品泄漏应急演练
	市通信保障应急指挥部	通信应急抢修联动演练
	市环境污染事故应急指挥部	危险废物污染环境事件应急处置
社会安全领域	市突发事件新闻协调应急指挥部	突发事件新闻发布应急演练
	市民族宗教突发事件应急指挥部	宗教场所消防应急演练
	市反恐指挥部	地铁系统反恐应急演练
	市校园安全突发事件应急指挥部	深圳市校园安全突发事件应急演练
	市口岸突发事件应急指挥部	人流拥堵疏导应急演练、反恐应急演练、消防演练、电梯困人救援演练、市电停电应急演练、防台风、抗洪应急演练等
	市涉外(港澳)突发事件应急指挥部	深圳市涉外突发事件应急演练
	市邮轮突发事件应急指挥部	蛇口邮轮中心火灾应急演练
	市旅游突发事件应急指挥部	旅游景区安全应急演练(实际科目待定)

附表 C-2　深圳市 2018 年各区(新区)的演练科目计划

行政区	演练科目
福田区	地震综合应急演练、重大动物疫情应急演练、防震减灾及消防疏散演练、燃气泄漏应急演练、登革热疫情应急处置演练、"三防"及地面坍塌事故应急演练、突发环境污染事故应急演练、重点区域联勤联动反恐应急演练、电梯事故应急演练、高层建筑灭火应急演练
南山区	南山区恶劣天气拉动式应急演练、西丽街道消防应急救援综合演练、污染处置应急演练、高层楼宇应急救援演练、消防应急演练、客运场站旅客消防安全逃生演习、隧道突发环境事件应急演练、防震应急逃生演练、校园消防逃生演练、液化石油气泄漏事故应急演练、大型防暴队形演练、校园门口伤人事件演练
罗湖区	涉民族、宗教类突发事件应急演练、森林火灾应急处置演练、网络安全事件应急演练、隧道应急抢险联合演练、涉众型金融突发事件应急处置演练、劳资纠纷突发事件应急处置演练
盐田区	有限空间中毒事故应急救援演练、处置森林火灾应急演练、特种设备应急演练、盐田区突发公共卫生事件应急演练、盐田区人民医院传染病防控应急演练、刀斧砍杀恐怖袭击应急演练、盐田区海上危险化学品事故应急演练、盐田港区溢油应急演练
宝安区	橡皮艇冲锋舟救援演练、山洪灾害防御人员应急转移演练、内涝排水应急演练、水源保护区污染应急处置演练、宝安区扑救森林火灾应急演练、登革热暴发疫情应急处置演练、宝安区动物疫情应急处置演练、宝安区食品安全应急演练、宝安区地质灾害和危险边坡数字化沙盘演练、电梯困人事故应急救援演练、宝安区危险化学品泄漏事故应急演练、处置维修行业突发事故应急演练、校园应急疏散演练、宝安区校园安全突发事件应急演练
龙岗区	轨道交通事故综合应急演练
龙华区	龙华区危险化学品或粉尘事故应急演练、龙华区燃气管道泄漏事故应急演练、龙华区"三防"及地面坍塌抢险救灾演练、龙华区处置森林火灾应急演练
坪山区	坪山区危险化学品应急演练、工矿商贸生产安全事故综合应急演练、处置森林火灾应急演练、坪山站旅客滞留事件应急处理桌面演练、重大动物疫情应急演练、自然灾害救助应急演练、工矿企业消防疏散应急演练、高层建筑消防疏散应急演练、反恐应急演练、坪山区劳务派遣机构消防安全应急疏散演练、坪山区突发地质灾害桌面推演、一般级别食品安全事故(Ⅳ级)应急演练、药品安全突发事件Ⅳ级应急演练、电梯应急救援演练、消防安全应急处置综合演练、建设项目建筑工程事故应急演练、次高压管线安坪线抢修应急处置演练
光明新区	高层建筑灭火救援演练、突发环境污染事件应急演练、森林火灾应急演练、工矿商贸企业生产安全事故应急演练
大鹏新区	工矿商贸企业生产安全事故应急演练、成品油管道泄漏应急演练、建筑工程事故应急演练、校园食品安全事故预防与应急演练、新区校园安全稳定突发事件应急演练、新区防洪及防旱应急演练、网络安全突发事件应急演练、突发重大动物疫情应急演练、生活必需品市场供应突发事件应急演练、文体突发事件应急演练、防台风突发事件应急演练、火灾事故应急演练

附表 C-3　深圳市市森林防火指挥部应急演练计划

牵头单位	市城市管理局（森林防火办）
演练时间	2018 年 10—11 月，与全市森林防火现场会一起举行
出席领导	市委常委、市森林防火指挥部总指挥
演练科目	扑救森林火灾应急演练
演练类型	实战演练
情景构建	以扑救较大规模的森林火灾为背景，设置实际火场、模拟火场（燃放烟幕弹）。按照火场前期处置，启动扑火应急预案，建立前指、火场通信、水车和水泵以及直升机以水灭火，撤离（看守）火场等程序展开
联动响应范围	市森林消防队伍（包括市专业大队以及各区（新区）森林消防队伍、有关单位护林队）、城市消防队伍、航空消防、登山协会救援队伍等共 600 人，共同参与地空联合演练

附表 C-4　深圳市宝安区环保水务局应急演练计划

牵头单位	宝安区环保水务局（区"三防"办）
演练时间	2018 年 4 月 15 日前（共 3 次）
出席领导	环保水务局局长
演练科目	橡皮艇冲锋舟救援演练、山洪灾害防御人员应急转移演练、内涝排水应急演练
演练类型	实战演练、桌面推演
情景构建	1. 橡皮艇冲锋舟救援演练：组织全区"三防"应急抢险队员在长岭陂水库开展培训，并模拟应急抢险救援现场，迅速组织相关抢险人员进行橡皮艇冲锋舟紧急组装，迅速驾驶橡皮艇冲锋舟进入指定地点救援被困人员，并转移被困人员至安全地点。 2. 山洪灾害防御人员应急转移演练：暴雨预警信号发布，社区巡查员通过巡查发现险情并向街道指挥部发出预警。现场指挥长通过预警广播发布"社区遭遇暴雨，已接近我防治区的预警指标，请全体人员提高警惕，做好安全转移的准备"的指令。暴雨持续加强后，现场指挥长通过预警广播发布"暴雨加强，社区可能发生山洪灾害，请相关人员迅速转移到安全地带"的指令。拉响手摇报警器，各组以急促敲锣为转移信号。手摇报警器、敲锣发出转移信号后，立即组织相关人员 10min 内有序快速转移至安全区，后勤保障组及时到达安全区发放防汛抗旱物资和生活物资，切实保障后勤供应。 3. 内涝排水应急演练：暴雨预警信号发布，排水公司一线工作人员立即开展现场巡查值守。随着暴雨增大某易涝区域发生内涝积水，"三防"指挥部立刻调度排水公司工作人员开展应急排水处置工作，对现场开展应急抽排
联动响应范围	各街道办、各"三防"相关成员单位、各排水管网运营公司

第二节 应急演练方案实例——2017年攀枝花市食品安全突发事件应急演练实施方案

2017年12月29日,攀枝花市西区人民政府办公室发出《关于印发〈2017年攀枝花市西区食品安全突发事件(Ⅲ级)应急处置演练实施方案〉的通知》[101]。通知中附上了实施方案全文,笔者对其格式和内容顺序进行了整理,如下所示,便于读者阅读。需注意的是,依据《攀枝花市食品安全突发事件应急预案》,Ⅲ级食品安全事故应启动市级应急响应,成立市级应急指挥部。但这份通知的发出主体为区级人民政府办公室,因此实施方案中对演练情景的描述包括了初期的区级响应和随后的市级响应,但对组织机构的描述是站在西区人民政府的角度,只描述了与区级政府有关的应急机构。

2017年攀枝花市西区食品安全突发事件(Ⅲ级)应急处置演练实施方案

1 演练目的

进一步强化地方政府和食品安全监管部门的应急处置意识,提高应对食品安全突发事件的能力,熟悉应急处置的程序和方法,确保一旦发生食品安全突发事件,能够快速反应、高效处置,最大限度地减少事件的影响和危害。

2 演练时间

预演时间:2017年12月13日上午9:00
正式演练:2017年12月15日上午9:00

3 演练地点

攀枝花市西区第十二中学校体育场(攀枝花市西区苏铁中路316号)

4 情景概述

西区实验初级中学违规经营熟食品,未履行食品安全相关法律法规制度,造成一起因致病微生物沙门氏菌污染引发学生食物中毒的食品安全突发事件。

5 演练科目

1)事件发生与报告
2)先期处置与响应
3)紧急处置与调查

4）响应升级

5）响应降级与终止

6）后期处置

6　演练形式

为便于观摩，采用模拟现场和视频录播相结合的方式，逐科目、分层次演练。

7　演练组织与人员

7.1　承办单位

攀枝花市食品药品监督管理局、西区人民政府

7.2　演职人员

演练食品安全事故Ⅳ级应急响应时，应急处置力量以西区为主，西区相关单位人员本色出演。

7.3　演练方队

区市场监管、教育体育、农林畜牧、卫生计生、质监、公安组织人员加入市局相应单位方队，由区级单位与市局对应单位进行对口联系。

7.4　观摩人员

1）区政府相关领导

2）区食安委成员单位负责人和相关人员

3）区市场监管局有关人员

4）区内主要食品生产经营单位负责人和相关人员

5）区教育系统及学校负责食品安全校领导和管理人员

6）学生代表

7.5　区级应急组织机构设置

7.5.1　西区食品安全突发事件应急指挥部

启动食品安全突发事件Ⅳ级响应后，西区成立食品安全突发事件应急指挥部。指挥部办公室设在区食安办，成员包括：

指 挥 长：区政府副区长、区食安委副主任

副指挥长：区政府办公室主任、区政府应急办主任（兼）

　　　　　区教育体育局局长

　　　　　区市场监管局局长、区食安办主任（兼）

成　　员：区委宣传部副部长（分管常务工作）

　　　　　区委政法委副书记

　　　　　区经信商粮局局长

　　　　　区卫生计生局局长

　　　　　区农林畜牧局局长

区安全监管局局长

区公安分局副局长

区质监分局局长

团区委书记

清香坪街道办事处主任

区疾控中心主任

攀枝花市第二人民医院院长

攀枝花市第十二中学校校长

7.5.2 其他工作组

成立综合协调组、工作保障组、维稳信访组、交通秩序组、环境卫生整治组、宣传报道组,开展应急处置工作,详见附表 C-5。

附表 C-5 应急工作组信息

序号	应急工作组	牵头单位	组织领导	工作职责
1	综合协调组	区政府办公室	【组长】 区市场监管局局长、区食安办主任(兼) 【副组长】 区政府法制办副主任 区政府应急办专职副主任 区市场监管局副局长	负责组织协调各工作组开展应急处置工作,协调解决应急处置中的重大问题
2	工作保障组	区食安办	【组长】 区市场监管局局长、区食安办主任(兼)	1) 配合演练服务单位进行演练现场会场布置、现场建设、场景设置,确保主席台搭建安全性; 2) 观摩人员组织、现场服务等工作; 3) 演练全程供电保障; 4) 负责与市第二人民医院、区疾控中心的对接工作,组织安排好医护人员、救护车、执法车、医务室和医疗器具等; 5) 负责直播参演:校医务室直播场景(事件发生与报告);执法车辆赶赴现场场景(先期处置与响应);西区应急指挥部第一次会议(先期处置与响应);西区味美食品加工坊调查场景(紧急处置与调查);执法人员向西区实验初级中学校长送达行政处罚决定书(后期处置)

续表

序号	应急工作组	牵头单位	组织领导	工作职责
3	维稳信访组	区委政法委	【组长】 区委政法委副书记 【副组长】 区委群工局局长	负责演练期间的信访维稳工作： 1) 情报信息。主要负责情报信息收集、整理，第一时间将收集到的情报信息上报领导小组办公室，并协助处理涉稳信访事件； 2) 市十二中及周边路口沿线及现场稳控； 3) 社会面稳控。负责及时对不稳定因素进行排查化解，对重点群体及人员进行稳控，防止失管、漏管、脱管； 4) 沿途及现场安全保障。提前做好演练活动现场的安全检查，对存在的安全隐患及时排除，对出现的突发治安事件迅速果断处置； 5) 协调联络、应急机动。负责情报信息及现场处置的总协调工作； 6) 现场劝访。主要负责现场上访人员的接访、劝导、带离等工作
4	交通秩序组	区公安分局	【组长】 区公安分局副局长	1) 负责做好演练现场的秩序维护和安全保卫工作； 2) 负责演练期间车辆停放规划和管理； 3) 负责做好演练当日周边交通疏导工作；交通秩序组下设社会情报信息收集、维稳组、社会面治安秩序维护组、违法犯罪打击处理组、消防安全组、交通安全保障组、现场秩序维护组、突发事件处置组、后勤保障组9个工作职能组，全面负责安保任务的组织、指挥和落实
5	环境卫生整治组	区城市管理局	【组长】 区城市管理局局长 【副组长】 区城市管理局副局长	1) 负责对辖区主次干道乱摆摊设点、乱牵乱挂、机动车上人行道等行为进行整治； 2) 负责主次干道清扫保洁、垃圾清运、洒水降尘、环卫设备设施管理等工作
6	宣传报道组	区委宣传部	【组长】 区委宣传部副部长 （分管常务工作）	1) 协调省市媒体对演练过程进行报道； 2) 安排区内新媒体对演练过程进行报道； 3) 安排人员对演练过程进行资料留存

8 演练情景

攀枝花市西区实验初级中学学生于 2017 年 9 月 12 日 14 时 30 分左右陆续出现恶心、呕吐、腹痛、腹泻等症状,疑似食物中毒,截至 19 时 30 分,累计出现病患学生 95 人。攀枝花市西区人民政府立即启动食品安全突发事件Ⅳ级应急响应,并成立西区食品安全突发事件应急指挥部,迅速开展应急处置。经调查,患病学生中午均食用了学校食堂从西区唯美食品加工坊购进的卤牛肉。

2017 年 9 月 12 日 19 时 45 分,市中心医院收治 28 名出现呕吐、恶心、腹泻症状患者,东区市场监管局立即开展应急处置。经调查,患者均食用了西区唯美食品加工坊加工制作的卤牛肉。

因此次事件发病人数超过 100 人,事件涉及两个区,攀枝花市人民政府依据《攀枝花市食品安全突发事件应急预案》规定和省政府应急办、省食安办批示要求,成立攀枝花市较大食品安全突发事件应急指挥部,启动食品安全突发事件Ⅲ级应急响应,开展应急处置工作。

9 演练流程

演练主要按事件发生与报告、先期处置与响应、紧急处置与调查、响应升级、响应降级与终止、后期处置六个阶段进行。

> **第一阶段:事故发生与报告(10min)**

西区实验初级中学学生 9 月 12 日 14 时 30 分左右陆续出现恶心、呕吐、腹痛、腹泻等症状,疑似食物中毒。校医在就诊学生人数达到 23 人后向学校后勤处报告。学校后勤处主任赶赴现场了解情况后立即报告该校副校长、校长。由于患病学生人数增加,校医无法确定病因,立即将学生送往市第二人民医院救治。市第二人民医院即刻向西区市场监管局、西区卫生计生局报告,西区市场监管局随即向攀枝花市食品药品监管局、西区政府应急办报告,市食品药品监管局向市政府应急办、省食品药品监管局报告。

> **第二阶段:先期处置与响应(10min)**

接到医院报告后,西区食安办立即部署区市场监管局、区卫生计生局等部门开展先期处置工作,并根据初步调查情况召开分析评估会,向西区政府提出启动食品安全突发事件Ⅳ级响应的建议。经西区人民政府批准,成立"9·12"食品安全突发事件应急指挥部,启动食品安全突发事件Ⅳ级响应,由区政府副区长、区食安委副主任张林任指挥长,区政府办公室主任、区政府应急办主任李洪刚、区教育体育局局长高正良、区市场监管局局长吴伟任副指挥长,区食安委相关成员单位负责人为成员,指挥部办公室设在区食安办。

> **第三阶段:紧急处置与调查(15min)**

西区人民政府启动食品安全事故Ⅳ级应急响应后,应急指挥部各工作组立即赶赴事发现场,根据各自职责迅速开展救治、维稳、调查、检验检测、舆情监测与处置等工作。

> **第四阶段:响应升级(15min)**

模拟 19 时 45 分,市中心医院收治 28 名出现恶心、呕吐、腹痛、腹泻等症状患者,东区食安办立即向东区人民政府和市食品药品监管局报告。经调查,患者均食用了西区唯美食品加工坊加工制作的卤牛肉。因涉及人数超过100人,受污染食品涉及两个区,市食安办经研判评估,向市人民政府提出启动食品安全突发事件Ⅲ级响应的建议。市人民政府依据《攀枝花市食品安全突发事件应急预案》和省政府应急办、省食安办批示要求,成立较大食品安全突发事件应急指挥部,启动食品安全突发事件Ⅲ级响应,并报告省食安办、省政府应急办。指挥部各工作组与西区、东区应急和指挥部工作组合并开展医疗救治、事件调查、危害控制、维护稳定和舆情处置等工作,及时召开新闻发布会,通报事件基本情况和采取的措施。

➢ **第五阶段:响应降级与终止(6min)**

模拟此次食物中毒患者全部得到有效救治,病情稳定,无新增病例;查清了问题食品源头,并得到有效控制,次生、衍生隐患得到消除。市政府降低应急响应级别。在123名患者全部康复出院后,无新增病患出现,西区政府终止"9·12"食品安全突发事件Ⅳ级响应。

➢ **第六阶段:后期处置(6min)**

在响应终止后,市食品药品监管局会同市监察、公安、卫计、教体等部门组成食品安全事件责任调查组,对在落实食品安全主体责任、领导责任、主管责任和监管责任中没有履行相关法律法规的有关单位和个人进行严肃处理。

10 工作要求

1)加强领导,落实责任

各参演单位和部门要高度重视本次食品安全突发事件应急演练,按要求落实好人员和装备,请参演方队和现场直播参演单位按照时间要求参加预演和正式演练,确保正式演练取得圆满成功。

2)端正态度,严肃纪律

参加现场演练的各单位和部门人员要严肃认真、端正态度,服从现场指挥和调度;在演练过程中按脚本要求做到处置规范、贴近实战。

第三节 桌面应急演练实施实例——2014年美国全国高等教育机构桌面演练

2014年10月23日,美国全国高等教育学术研讨会暨桌面演练在美国东北大学举行[102]。本次桌面演练旨在提高学术界和国际学生对应急计划、应急准备和校园韧性的最佳做法的理解。

注:该演练从属于美国的校园韧性计划桌面演练系列(The Campus Resilience Program Tabletop Exercise Series(TTX Series))。校园韧性计划是DHS和FEMA为

高等教育机构量身制定的持续性项目,包含了一系列活动,每个活动都有独特的目标和结果。DHS 和 FEMA 组织美国的高等教育机构进行三个级别的桌面应急演练,分别是:①国家级别的研讨会和桌面演练,The National Seminar and Tabletop Exercise (NTTX),一般为一个为期两天的年度活动,包括研讨会、资源分享、复杂的桌面演练和演练后的回顾总结;②区域级别的桌面演练,The Regional Tabletop Exercises(RTTX),为期一天,旨在应对特定的区域威胁,这些地区性活动每年在美国各地举办多次;③领导人桌面演练,Leadership Tabletop Exercises(LTTX),是专门为校园领导人举办的活动,每两年举办一次,为期半天,旨在强化他们在突发事件应急管理中的角色和作用。这三个级别的一系列活动将高等教育机构的领导、地方、州和联邦官员以及行业领域专家聚集在一起,通过对特定案例的模拟、研究和推演来增强校园应急预防、准备、响应和恢复能力。

该演练聚焦大学校园内传染病疫情暴发事件,涉及的任务领域包括响应与恢复两个阶段。为指导参演人员更好地投入演练过程,FEMA 制定了一份详细的桌面演练情景手册(Situation Manual),包括了演练概况、议程、角色分配、基本假设、情景模块(包括演练的场景细节以及演练期间讨论的基本问题)等内容,笔者将其中重要的信息整理出来,供读者参考,详见附表 C-6～附表 C-11。

附表 C-6 演练概况

演练名称	2014 年美国高等教育机构国家级桌面演练
演练日期	2014 年 10 月 23 日
演练范围	基于讨论的演练,约 3h
事件类型	传染病疫情暴发
演练场景	大学校园受到一种新型流感病毒的影响
任务领域	响应、恢复
核心能力	计划、业务协调、情报信息分享、公共信息和预警、公共卫生和医疗服务
演练目标	1. 计划(持续性)。明确高等教育机构在面对可能威胁其声誉、基础设施、教学、校园服务以及重要活动的传染病暴发时,在维持其连续运作或重整运作的计划方面的优势和需要改善的地方。 2. 计划(国际学生管理)。检查确保国际学生维持(准许)入境状态的同时保证其自身的健康和安全的能力的计划、流程和程序。 3. 业务协调。评估高等教育机构与地方、州、联邦当局、非营利组织和非政府部门合作的计划、协议和程序。 4. 情报信息分享。检查高等教育机构在内部和外部合作伙伴之间共享信息的过程和工具,以确保及时有效的信息到达那些必须采取行动的人手里。 5. 公共信息和预警。评估为多个高等教育机构相关群体(如受到直接影响的学生、教师和职工;家庭成员;以及周围的社区)提供及时有效的信息的能力。 6. 公共卫生和医疗服务。审查高等教育机构在传染病暴发的情况下提供及维持卫生服务的能力、局限和制约因素

续表

演练赞助	国土安全部/联邦应急管理署/国土安全部国家演练司/学术交流办公室
参与组织	参演人员包括来自新英格兰地区众多高等教育机构的应急计划小组和领导小组
联系方式	××××　××××,国土安全部/学术交流办公室,202-×××-×××,××××.×@hq.dhs.gov ××××××,国土安全部/联邦应急管理署/国家演练司,202-×××-×××,×××.×××@fema.dhs.gov

附表 C-7　演练议程信息（仅包含桌面演练实施过程,不包含演练前的研讨会等其他部分）

2014 年美国高等教育机构国家级桌面演练

2014 年 10 月 23 日下午 1 点
东北大学,波士顿,马萨诸塞州

时　间	活　动
1:00 p.m.	情景模块 1:响应
2:35 p.m.	茶歇
2:50 p.m.	情景模块 2:恢复
4:15 p.m.	评估:明确关键问题
4:45 p.m.	结束词
5:00 p.m.	结束

附表 C-8　演练实施过程中的角色信息

演练角色	角色职责
参演者	参演者根据他们的专业洞察力、训练和对当前计划、程序的了解,对所呈现的紧急状况进行响应。这次演练的参演人员来自新英格兰地区众多高等教育机构的应急计划小组和领导小组。根据《高等教育机构高质量应急行动计划开发指南》的概述,来自不同核心计划团队的 3~5 位参演人员将代表各个高等教育机构参与本次演练。这些参演人员将按照机构进行分组,两所或两所以上高等教育机构的代表可在指定的桌子旁就座,以促进意见交流
导调员	首席导调员将展示演练场景,引导参演人员进行全体讨论,并要求其报告他们针对自己的桌子上分配的问题所进行的讨论结果
观摩者	来自地方、州、联邦机构的领域专家将观察这次演练,这些专家可能会被导调员要求描述或阐明其权限、计划或可能的响应行动
评估员	首席评估员将监督全体讨论并从参演人员那里收集一份反馈表,以评估演练是否达到了其目标,并提出高等教育机构在应急准备工作方面的改进建议,以及确定未来关于这一主题的演练可以改善的地方。评估员还可以查看针对参演人员进行的演练前和演练后的在线调查,该调查是自愿的、匿名的
记录员	每张桌子的记录员将辅助评估员记录演练讨论

附表 C-9 参演人员指南及基本假设

参演人员指南	高等教育机构国家级桌面演练将在一个开放、压力小、不追究责任和不归因的环境中进行。预计会有不同的观点和分歧。 参演人员应该基于对各自机构当前的资源、计划和程序的了解和见解响应演练呈现的状况。 决策不是预先设定的,也不能反映你的组织关于某个问题的最终立场。这个演练是探索性的,其目的不仅是明确问题,还包括探索多种可能的解决方案。 参演人员应熟悉本文件中的场景的发展和要讨论的问题,以便演练的实施。总共有六组场景(分两大模块),每一组场景的后面是针对该场景要讨论的问题。讨论的问题按照问题涉及的领域(如国际学生管理、情报信息分享、业务持续性、公共信息和预警、公共卫生和医疗服务)进行了划分。 为节省时间以便更充分地讨论,导调员只会对演练每个阶段情景的发展进行非常简要的总结,描述完每个场景后,导调员将会把一个问题领域分配给一张或者多张桌子进行讨论,并要求一些桌子向全体参演人员汇报他们提出的方法和对关键挑战的认识。 参演人员在他们的桌子上进行讨论时,不必解决本文档列出的所有问题。参演人员会被要求回答与每个问题领域有关的广泛的、开放性的问题。本文档提供了很多具体的问题以供参考,帮助促进思考和讨论
假设和人为设定	为高等教育机构国家级桌面演练设计的场景是为了实现演练目标而提出的高度复杂的现实情况的简化版本,在演练中适用以下假设和人为设定: (1) 该情景中描述的新型 H7N9 流感病毒是虚构的。 (2) 联邦政府、部落/州/当地政府、世界卫生组织根据既定的计划和方案响应大范围传播的疾病和死亡。演练场景中没有详细描述他们的响应行动,以便将重点放在高等教育机构的能力、决策和行动上。在这种情况下,归因于非高等教育机构实体的行动和建议看似是合理的,但可能无法反映实际的响应情况。 (3) 在场景设定中,这种新型 H7N9 流感病毒爆发于 A 国

2014 年美国高等教育机构国家级桌面演练的演练情景由两个大模块组成。第一个模块聚焦应急响应阶段,将讨论如何应对高等教育机构校园内爆发的传染病;第二个模块聚焦恢复阶段,参演人员主要讨论传染病暴发之后如何恢复和重建正常运作。讨论包括两种形式,一是导调员引导参演人员对场景引发的问题进行全体讨论,二是参演人员在他们自己的桌子上对某个问题领域进行小范围的讨论,两种形式交替进行。所有问题讨论完毕后,会有一个单独的 30min 的评估环节。两个模块提供的情景信息整理在附表 C-10 和附表 C-11 中。

附表 C-10　模块 1：响应

模块 1：响应

该模块聚焦响应阶段，提供了三个情景描述以及可供讨论的问题领域。针对每个问题领域，参演人员应准备好回答更多、更广泛、更开放的问题。

情景 1.1：2014 年 8 月 25 日　人际传播和美国首例病例

2014 年 7 月 1 日至 8 月 13 日，A 国在夏季流感季节出现了 100 多例新型 H7N9 流感病例，其中，不到一半的病例涉及与家禽的直接接触。根据医院相关的一组病例，世界卫生组织发布传染病大流行 4 级预警，表明人际传播急剧增加。

8 月 14 日，美国国务院及疾病控制和预防中心建议公众避免前往 A 国的非必要旅行。入境美国的旅客必须接受美国海关和边境保护局官员的"被动观察"(Passive Lookout)，以便及时发现出现相关病症的患者。

来自 X 大学和其他五所大学的 40 名学生，在 6 月下旬至 8 月中旬期间参加了 A 国的一所大学举办的暑期海外学习项目。X 大学还参与了 A 国的这所大学的秋季和春季课程。有 10 名学生和 2 名教员计划在秋季参加该课程，原计划在近期前往 A 国。

截至 8 月 19 日，新型 H7N9 流感病毒在 A 国所在地区的其他国家也发生了局部爆发，世界卫生组织发布大流行 5 级预警，表明该传染病的大流行即将到来。与此同时，国际学生通过海关和边境保护局的批准进入美国，陆续返回新英格兰地区准备上课。美国大学健康协会开始向其成员提供有关疾病发展的最新消息，并就建立美国校园潜在疫情监测和制定指导方针进行初步讨论。

8 月 19 日，X 大学的一名学生（学生 A）的家长告知注册办公室，学生 A 在家乡伊利诺伊州皮奥里亚住院 2 天，高热 103°F(39.4℃)、肌肉疼痛、咳嗽严重。他们注意到该学生参与了 A 国暑期项目。皮奥里亚市/县卫生局和伊利诺伊州公共卫生局通知他们，这是美国首例新型 H7N9 病毒感染病例。他们并不确定学生 A 能否参加第一周的课程

情景 1.1：2014 年 8 月 25 日　讨论问题

问题领域	具 体 问 题
情报信息分享	你所在的机构如何收集和共享可能对态势感知有用的信息？ 具体来说，考虑以下问题： (1) 你所在的机构的注册办公室（或海外留学办公室或你所在的机构中可能收到此类家长通知的任何办公室）是否会与校内其他可能需要了解该信息的办公室共享该海外学习参与者的信息？如何分享？ (2) 你所在的机构是否有义务向 X 大学和与患病学生一起参加留学项目的其他学校提供建议？ (3) 你是否会询问新生或者返校生过去几周有没有在病毒影响区域活动过？如果有，他们是否出现了类似流感的症状？ (4) 你是否需要新生或返校生提供其他信息，比如最近的体检结果？

续表

问题领域	具 体 问 题
国际学生	你所在的机构如何为国际学生应对突发事件做好准备,并履行与国际学生有关的特别通知义务? 具体来说,考虑以下问题: 你如何建议国际学生他们可能有资格减少本学期的课程负担? • 谁负责记录这些数据? • 你所在的机构里,谁负责与国土安全部就入境身份问题进行磋商? 这种磋商何时/多久进行一次?
公共信息和预警	你要与学生和其他利益相关者沟通些什么? 具体来说,考虑以下问题: (1) 你所在的机构是否告知了参加该留学项目的其他学生有关患病学生的情况? • 你们要提供什么信息? (2) 媒体确认了美国首例人感染新型 H7N9 流感病毒是你所在的机构的学生。 • 这对于你所在的机构的名誉有什么风险? • 你如何减轻这些风险?
持续性/公共卫生和医疗服务	如果有的话,你要采取什么行动来应对或减轻可能发生的疫情,以及何时采取这些行动? 具体来说,考虑以下问题: (1) 假设你已经制定了持续性和/或大流行准备计划,如果有的话,什么因素会触发你们执行该计划? (2) 在距离开学还有一周时,你要采取什么行动来加强准备和提高认识? (3) 在这种情况下,你是否允许前往 A 国的秋季留学计划继续进行? • 去其他地方留学怎么样? • 你会限制教师到海外进行研究吗? (4) 你所在的机构制定的计划是否规定了推迟开学时间? 你们在这种情况下会考虑这样做吗?

情景 1.2: 2014 年 9 月 5 日　校园和地区发现首例病例

截至 9 月 1 日,包括西雅图、旧金山、洛杉矶和芝加哥在内的美国多个大城市都出现了大量病例。世界卫生组织将大流行预警提升至 6 级,表明该传染病的大流行正在进行。

9 月 2 日,美国疾病控制与预防中心表示,这种新型 H7N9 流感病毒的疫苗最早要到明年 1 月才能上市。季节性流感疫苗仍然很重要,但是对这种病毒无效。此外,新型 H7N9 病毒对抗病毒药物奥司他韦(达菲)具有耐药性。尽管这种耐药性降低了达菲的治疗效果,但疾病控制和预防中心仍建议在治疗中使用这种抗病毒药物。建议公众养成良好的卫生习惯(比如经常洗手)、经常清洁表面、出现相关症状时自我隔离,以及避免出入人群较多的场合,这些都是帮助限制疾病传播的措施。对于医护人员(或出现已知的、可能的或疑似流感症状的个人),疾病控制和预防中心建议使用外科口罩。目前还没有建议学校放假。

9 月 3 日,州政府官员联系你所在的学校,确定如果需要的话,是否有可以提供集中护理和/或隔离服务的校园设施。

续表

同样在9月3日当天,宿舍管理员报告说,一些学生拒绝与来自A国的国际学生分配在同一间宿舍。一些家长(国内和国外)也在联系你所在的学校,寻求其他住房安排。同样,有些学生要求更改上课时间,以避免与来自A国的学生共用教室。

9月4日,一名三年级本科生(学生B)出现103°F(39.4℃)高热、肌肉疼痛、鼻窦充血、喉咙痛和严重咳嗽。他报告说,他的这些症状始于9月2日。8月29日,他从A国地区背包旅行回来飞到波士顿时没有任何症状。他住在你所在的机构的学生很喜欢的校外公寓里。

9月5日,你所在的学校的健康中心又有3名学生出现102°F(38.9℃)高热、肌肉疼痛、鼻窦充血、严重咳嗽。有一个是患有慢性哮喘的国际学生。两名学生和学生B住在同一栋公寓楼里。9月5日,波士顿公共卫生委员会和马萨诸塞州公共卫生署发布公告,称马萨诸塞州总医院(Massachusetts General Hospital)隔离了两例H7N9确诊病例

情景1.2:2014年9月5日 讨论问题

问题领域	具 体 问 题
持续性	在这种情况下,你所在的机构要采取什么措施确保教学和服务的正常进行? 具体来说,考虑以下问题: (1)这些场景事件如何导致你的机构运行发生改变? (2)在保持社交距离的前提下,你可以采取什么措施提供指导和服务? (3)许多院校计划依赖于通过互联网提供多媒体的指导,但是一些学校甚至在正常情况下都面临带宽和无线连接慢的问题。 • 你是否要求教师将所有的课程内容放在网上?如果不是,你是否有安排帮助教师把他们的课程转变成在线课程? • 如果有需要,你是否有安排增加带宽? • 你是否有规定限制使用非必需的带宽(比如娱乐用的流媒体电影和音乐)?可以实际执行和维护吗? (4)你有多余的、可用的住房来隔离出现相关症状的学生吗? (5)你如何在不让学生聚集在自助餐厅的情况下,按照饮食计划为学生提供饮食服务? (6)你的合同安排是否为(校园服务)承包商在类似流感大流行这种紧急情况下提供支持和服务?
业务协调、情报信息分享、公共卫生和医疗服务	你所在的机构开始与政府和非政府部门进行何种协调,以帮助管理该事件? 具体来说,考虑以下问题: (1)你会提供什么设施来支持州的要求吗? • 如果你所在的机构是公立的,你是否需要这么做?如果是,这将如何影响你处理这些事件的能力? • 如果你无须提供设施,你决定提供援助的因素有哪些?你所在的机构是否有提供这类援助的常设协议? (2)你与地方和州机构有哪些正式或非正式的联系? (3)你在分享关于患病学生的什么信息?和谁分享这些信息? (4)你是否有安排共享医疗能力和用品,或者转移超出你们的医疗服务能力的患者? • 如果校外的医疗系统也超负荷了会怎么样?你们能为学生、教职工提供什么?

续表

问题领域	具体问题
公共信息和预警	你要发布什么信息？向谁发布？如何发布？发布信息的目的是什么？ 具体来说，考虑以下问题： (1) 你是否就你所在机构里的生病学生发出紧急通知？什么时候？ (2) 你如何处理一些学生针对来自A国的国际学生表达的负面态度？ (3) 针对这些受众，你对情况的通知和你发布这些通知的机制有什么不同： • 学生？ • 教职工？ • 家长（包括国际学生的家长）？ • 周围的社区和公众？

情景1.3：2014年9月22日　传播到整个校园社区

截至9月22日，H7N9病毒在包括马萨诸塞州在内的10个州大范围传播。在全国范围内，H7N9病例的致死率约为5%，不过，有可能一些较轻微的病例尚未报告。

你所在的机构已经出现了第一例死亡病例：
- 9月10日，患有慢性哮喘的国际学生出现急性呼吸窘迫，在送往医院的途中死亡。
- 9月15日，一位广受欢迎的63岁教授在家中去世。他从9月11日开始取消他所授课的课程。

你们的卫生服务中心估计，到目前为止，可能的或确诊的流感病例不到100例。大约75人需要住院治疗，病情较轻的患者可能会选择远离，以免与病情较重的患者接触。许多没有患病的学生联系卫生部门，想要获取口罩和抗病毒药物。家长们也联系你所在的学校了解有关口罩和抗病毒药物的情况。

家长和学生同时也在抱怨隔离措施并不有效：
- 一名学生尽管咳嗽也拒绝离开图书馆，她称自己需要学习。
- 一名住在校外宿舍的学生在社交媒体上发帖称，当朋友们不再送食物时，他觉得自己即便有症状也要到社区里去。

校长和主管们估计，全体教职工的旷工率约为10%。

情景1.3：2014年9月22日　讨论问题

问题领域	具体问题
国际学生	在这种情况下，你所在的机构如何确保履行其对国际学生的义务？ 具体来说，考虑以下问题： (1) 你所在的机构如何处理国际学生的死亡事件？比如，需要什么通知以及如何发出通知？ (2) 如果国际学生无法上课，你如何追踪他们是否在上课？或者是否获得了减少课程负担的必要批准？

续表

问题领域	具体问题
持续性	你所在的机构如何为公共安全人员做好准备,以帮助学生或者监督和执行隔离政策? 具体来说,考虑以下问题: (1) 你们的校园公共安全人员在执行与自我隔离有关的政策(或要求)时遵循的规则是什么? (2) 你们的公共安全人员在与可能患病的学生近距离接触时,是否有足够的口罩或其他个人防护装备? (3) 你们的公共安全人员是否接受过培训,以确保他们在可能遇到的任何严重医疗紧急情况下提供协助?比如,他们接受过心肺复苏(CPR)的培训吗?

附表 C-11　模块 2:恢复

模块 2:恢复

该模块聚焦恢复阶段,提供了三个情景描述以及可供讨论的问题领域。针对每个问题领域,参演人员应准备好回答更多、更广泛、更开放的问题

情景 2.1:2014 年 10 月 23 日　盘点和展望未来

美国的每个州都确诊了 H7N9 病例,美国疾病控制与预防中心预计,全国 H7N9 流感的高峰期将在 11 月份出现。

美国大学健康协会收集的数据显示,大学校园报告的流感或疑似流感病例在 9 月份大幅上升(在全国范围内居首),在 10 月份上半月呈现下降趋势。这个结果警告人们,报告病例数量的下降可能是参与调查的校园出现了监控疲劳。根据以往 H1N1 流感的经验,美国大学健康协会预测,在 11 月全国流感高峰期间,校园里可能还会出现一个小的流感高峰。

整个州和国家的医疗能力因为病人和忧心忡忡的人们而负担过重,对外科口罩和抗病毒药物达菲的需求十分迫切,局部地区出现短缺的情况。

美国疾病控制与预防中心没有建议也没有要求关闭校园,国家不鼓励但不禁止大型的集会。

然而,位于波士顿的私立大学 X 决定从哥伦布日(10 月 13 日)到感恩节假期结束(11 月 28 日)期间停课,并对除了重要人员以外的所有人关闭校园。X 大学宣称这是因为其社区中出现的多人死亡带来了创伤,超过 25% 的教职工缺勤,以及想要保护学生的愿望(考虑到目前的情况已经超过学校的医疗能力)。这是一项极具争议的决定,原因如下:

- 批评人士在传统媒体和社交媒体上声称,X 大学的领导是受到来自家长的压力,尤其是一些重要捐赠者的压力。
- 一些人在社交媒体上开玩笑说,此举还让 X 大学的运动队在足球、篮球和曲棍球上免于一些尴尬。获得体育奖学金的学生并不觉得有趣,反而很担心他们的地位。
- X 大学因为将学生赶出校内宿舍而受到媒体的指责。
- 教师和研究生也在社交媒体上抱怨,称他们的实验室研究项目受到了干扰和破坏。
- 尽管 X 大学计划让学生在停课期间完成课程作业,包括自学辅导、写论文以及缩短寒假,但是许多学生和家长在寻求退款和转校。有些人还主张发起集体诉讼

续表

情景 2.1：2014 年 10 月 23 日　讨论问题

问题领域	具体问题
持续性	(1) 你所在的机构在什么情况下停课和停办其他活动？ (2) 在什么情况下你们会恢复正常的运作？你们是否准备好应对长期停课和停办其他活动的潜在后果？ 具体来说，考虑以下问题： ① 你们的流感大流行计划或连续性计划是否要求暂停课程和所有非必要的校园活动？ • 这类决定是否有特定的触发条件或阈值？ • 除了这些规定的阈值，还有没有一些其他的因素是领导们在把计划中的理论行动变成关闭校园的实际行动之前想要看到的？ • 目前的情况是否满足这些阈值和因素？在什么情况下你会考虑停课或关闭学校？ ② 如果你要暂停课程或其他活动，并/或关闭校园（只对重要人员开放），你会如何处理（或避免）以下可能令 X 大学难堪的问题？ • 该决定的医疗或行动理由？ • 这个过程中造成的影响的（公众）透明度？ • 要求学生离开校园宿舍？ • 如何保证学生完成学业，或补偿学生耽误的时间/指导？ • 如何维持科学研究？ • 如何维持运动队的地位（重新安排足够数量的比赛）？ ③ 还有其他的问题需要考虑吗？ ④ 如果你们要暂停课程和其他活动，那你们恢复正常运作的阈值或触发条件是什么？
公共卫生和医疗服务	你所在的机构所能够提供的健康和医疗服务的能力是决定是否继续运作的因素之一吗？ 具体来说，考虑以下问题： 无法为学生、教职工提供充足的医疗服务，是一个决定暂停运作的合理因素吗？ • 这是一个充分的依据吗？ • 如果周围社区的医疗能力也无法弥补，是否能构成一个充分的依据？
公共信息和预警/业务协调	如果有的话，你所在的机构如何与其他学校和政府实体协调停课和关闭学校的决定，以及如何传递这些决策信息？ 具体来说，考虑以下问题： (1) 如果你所在的机构继续正常运作，X 大学的部分关闭是否会单方面给你所在的机构造成公共信息问题？ • 你是正面解决问题，还是只在"如果被问及"时才解决？ • 你的信息有哪些要素？ (2) 对于类似关闭学校这种决策，你是否有与附近院校协调的机制？ • 政府当局是否也参与这些协调机制或提供建议？ • 在流感大流行的情况下，是否更愿意服从政府当局的领导（与校园其他特定事件相比）？

续表

情景 2.2：2014 年 11 月 12 日　X 大学的国际学生问题

X 大学的问题还在继续。美国国土安全部担心 X 大学的许多国际学生可能无法保持他们的入境身份，并希望针对这个情况进行讨论。

X 大学秋季运动队的名单上出现了没有参加比赛的国际学生，使得媒体更加关注 X 大学停课引起的国际学生问题。

虽然 X 大学有五名指定的校务官员，但校长指定的校务官员（符合规定的主要联络人）和 X 大学学生事务处负责处理国际学生事务的其他两名职员，自 10 月 1 日起就因病请假了。这使得各种行动存在可能会不了了之的风险

情景 2.2：2014 年 11 月 12 日　讨论问题

问题领域	具 体 问 题
持续性	你所在的机构如何保证国际学生的身份？ 具体来说，考虑以下问题： (1) 你所在的机构如何提供持续的国际学生服务？ (2) 你如何与国际学生保持联系？学生是主动报告的吗？ (3) 如果你所在的机构无法继续运作，使得国际学生面临失去入境身份的风险，你所在的机构能为国际学生提供什么帮助？ (4) 谁负责和国土安全部就入境身份问题进行磋商？

情景 2.3：2014 年 11 月 19 日　研究争议

从 A 国到波士顿都爆发了丑闻。

A 国某大学生物安全实验室的一名研究人员声称，7 月份发生了一起事故没有上报。据称，此次事故导致两名实验室技术人员感染了一种 H7N9 病毒。该病毒经改造后，在不丧失引发严重疾病的能力的同时，具有更强的传播能力。

A 国的卫生官员和该项目的首席研究员否认了发生事故的指控，他们还表示，实验室给雪貂注射的这种病毒的基因测序与从目前的 H7N9 流感患者身上采集到的病毒不同。

X 大学发表声明称，最近从 A 国某大学实验室休假归来的一名兼职教授没有参与这项有争议的研究项目。社交媒体现在充斥着关于 X 大学决定关闭学校的阴谋论。

该地区其他大学的在其生物防护设施中进行的危险病原体研究正在遭受重新的、严密的审查和负面的宣传。

包括学生、家长和捐赠者在内的，越来越多对阴谋论持怀疑态度的人表示，该地区几所大学的生物控制实验室存在危险病原体逃逸的风险。

该地区州立法机构的立法者呼吁暂停或禁止此类研究、禁止建设或升级二级以上生物安全实验室。他们指出，H7N9 大流行的持续后果可能是实验室事故造成的。保险公司也在研究这些风险以进行可能的调整

续表

情景 2.3：2014 年 11 月 19 日　讨论问题

问题领域	具体问题
公共信息和预警（风险沟通）	对于从事被视为危险的生物医学研究的机构而言，传染病暴发会给该机构的名誉带来哪些风险或机遇？ 具体来说，考虑以下问题： (1) 如果你所在的机构进行此类研究，你在这种情况下的公共事务立场是什么？ • 你有能力采取"如果被问及的话"的行动吗？ (2) 如果你不能声称这些研究活动是零风险的，你的信息的要素是什么？ • 研究的医疗效益？ • 研究的经济效益？ • 预防措施是否到位？ • 程序是否合规？ • 历史事故报告（或者没有事故可报告）？ • "功能获得性"研究与来自自然界的病原体研究的区别？

在桌面演练结束之后，首席评估员将主导撰写演练总结报告，总结演练中讨论的主要问题、形成的主要观点、参演人员表现出来的优势、参演者和组织者需要改进的地方，并提出增强校园韧性的建议。

演练总结报告的数据来源包括：

(1) 评估员对演练实施过程的直接观察；

(2) 参演人员填写的演练反馈表；

(3) 对参演人员在演练前、后进行的在线调查；

(4) 分配到每张桌子的记录员记录的信息。

演练总结报告包括如下内容：

(1) 演练基本信息（Exercise Overview），以表格的形式提供演练的基本信息，如前附表 C-6 所示；

(2) 演练简介（Introduction），对演练的背景、形式、目的再次进行简要的阐述；

(3) 讨论总结（Summary of Discussion），对演练中讨论的主要问题和参演者形成的主要观点进行总结；

(4) 结论及下一步措施（Conclusion and Next Steps）；

(5) 附件 1——参演人员（Exercise Participants），从附表中可以看出共 105 名人员（来自新英格兰地区各高校的应急计划小组和领导小组，以及地方、州、联邦政府的官员）参与了此次桌面演练；

(6) 附件 2——参演者反馈表统计报告，反馈表采用打分和选择题的方式，请参演者

对演练的组织情况、情景和问题的设计水平、自身的获益程度等方面进行评价,统计报告对各项评分和选择进行了统计和分析;

(7) 附件3——演练前、后进行的在线调查统计,该调查是为了检验演练前后,参演者对与自身机构相关的应急管理知识是否更加熟悉(如更了解机构的应急计划、明白如何与地方应急管理者进行信息共享、了解与地方/州/联邦协同处置的流程/协议等),以及应对此类紧急情况的信心是否有所提升而设计的。

第四节　实战应急演练实例——2012年深圳地铁综合应急演练

2012年,深圳市举办了一场大规模的地铁综合应急实战演练,近1000名应急管理人员、专业应急队伍、志愿者和市民参与了此次演练。笔者翻阅了相关的文献和新闻报道[103-106],将此次演练的基本信息和实施过程整理如下,供读者参考。

注:本节中提及的部分组织机构已改革,如深圳市应急办已改革为深圳市应急管理局,为保持与政府公文、新闻资料等的一致性,此处仍沿用机构原有名称。

2012年深圳地铁综合应急演练

(一) 演练基本信息

1. 演练目的

为了全面检测深圳轨道交通应急救援机制,有效提高轨道交通应急处理能力,提高广大市民的轨道交通安全意识和防范能力,切实保障轨道交通的运营和乘客的人身安全,市政府按照"保障安全、贴近实战、贴近公众、减少影响"的原则,在反复研究论证、实地考察、风险评估的基础上,决定开展"2012年深圳地铁综合应急演练"。

2. 演练目标

本次演练全过程围绕检验和提升全市轨道交通综合应急能力这一目的,总共设定了10项目标能力:

(1) 地铁火灾应急处置能力;

(2) 突发信息报送和新闻发布能力;

(3) 人员疏散安置和转运能力;

(4) 行车调整能力;

(5) 交通管制和疏导能力;
(6) 伤员转运救治能力;
(7) 预警信息发布能力;
(8) 部门应急联动能力;
(9) 指挥通信和后勤保障能力;
(10) 公众自救互救能力。

3. 演练类型

这是深圳市首次采用"半双盲"实战演练模式的综合应急演练,具体演练时间由参演市领导在地铁正常运营时间段临时确定。参与演练单位根据演练控制组的指令启动应急响应,按照轨道交通应急预案规定的职责和响应程序开展处置工作。

4. 演练原则

本次演练采取"四不"原则,包括不预先编排脚本和台词;不预先集结演练队伍;不预先告知演练具体时间;不预先进行合成演练,最大限度地接近实战状况。

5. 演练时间

2012 年 9 月 13 日下午的某个时段。

6. 演练地点

深圳地铁蛇口线(二号线)湾厦站。

7. 演练情景

地铁二号线(蛇口线)一列从赤湾开往新秀方向的列车运行到东角头——湾厦上行区间时,突然车厢内发生火灾和站厅燃爆,导致多人受伤,列车受损失去动力迫停于距湾厦站站台约 50m 处,二号线正常运营部分中断。

8. 演练组织与人员

深圳市应急办牵头,市委宣传部、市公安局、市交通运输委、市卫生人口计生委、气象局、团市委、公安消防支队、南山区人民政府以及地铁集团、巴士集团和深圳市的业余山地救援服务队等单位(共计 900 余人)共同开展本次演练。

团市委招募 100 名志愿者,地铁公司招募 100 名热心市民作为乘客,通过基本的应急知识培训后,直接参与了演练的准备与实施过程。

(二) 演练实施过程

2012 年 9 月 13 日

13:09,分管副市长走入深圳市指挥中心演练大厅,宣布演练正式开始。

13:26,蛇口线一列从赤湾开往新秀方向的列车行驶至距离湾厦站 50m 左右时爆炸起火,导致多人受伤,列车紧急迫停。车厢内乘客立即向 110 报警,地铁司机也向位于竹子林的地铁运营控制中心汇报,并组织车厢内乘客沿隧道有序撤离到赤湾站站台。

13:33,距离湾厦地铁站最近的消防中队赶到现场,进入列车车厢扑灭火灾。现场一名男性"重伤员"被两三名乘客抬出车厢,"重伤员"衬衣上满是鲜血。地铁站里响起广播,告知乘客地铁由于湾厦站发生意外事故,故地铁停运。

13:36,应急指挥车到达现场,市应急办、交委、卫人委、南山区政府和地铁集团相关负责人成立现场指挥部。随后,现场指挥部第一次汇总情况,通报事故原因为乘客携带的易燃易爆危险品突然"爆炸"引起"火灾",宣布地铁运营调整为湾厦站至新秀站小交路运行,中断赤湾站至湾厦站列车服务,同时启动赤湾站至海月站公交接驳。消防员进入地铁车厢灭火,南山公安分局疏散乘客和周边群众,交警进行交通疏导,反恐、刑侦、技侦等单位开展事故调查、搜索犯罪嫌疑人。

13:38,公交大巴接到指令赶到湾厦站开始疏散乘客。

13:45,离第一次的列车车厢"爆炸"不到 20min,乘客还在紧急疏散中,身着重型防化服的消防队员尚在检查现场,地铁湾厦站站台立柱的背后位置,突然发生第二次"爆炸"!

13:46,车厢内乘客全部疏散完毕。

13:48,市轨道交通应急指挥中心收到地铁集团运营控制中心报告,蛇口线湾厦站 3、4 站台中部发生火灾,有 2 名乘客重度"烧伤",多名乘客"晕倒"。在现场指挥部,公安部门负责人表示:"鉴于路面交通拥堵,救护车难以到达,建议调派直升机前来转运重伤员。"现场指挥同意了公安部门的请求。

13:50,10 个警种单位 260 人赶到现场进行人群疏散,并调查事故原因。在湾厦站站台上,消防人员在开展灭火救援工作,突然发现一不明物品,立即向现场指挥部汇报。公安部门立即出动刑侦、技侦等警力开始排查。

13:58,市政府新闻办通过短信平台发出第一次情况通报。

14:08,直升机赶到事故现场,降落到地铁站附近,将"重伤员"送往医院。

14:16,现场指挥部发出第二次情况汇总。据介绍,两起"火灾"共造成 15 名乘客"受伤",其中 8 名轻伤、5 名重伤和 2 名特重伤,均已送往医院抢救;消防部门扑灭明火,公安部门已经展开防爆排查;地铁停运近 1h,已经通过公交接驳转运疏散 600 多名乘客。

14:18,特警开始拆除疑似爆炸物。经查明,可疑物品为一拉杆箱,箱内只有电线等废旧物品,不存在爆炸等危险。

14:20,站台内尚有部分烟雾。几分钟后,消防部门按照现场指挥部的指令,留下两个中队在现场待命,其他人撤离现场。在防爆人员检查完可疑物品后,地铁集团检修人员开始修复被"损毁"的设备,争取时间尽早恢复列车运营。

14:32，地铁抢修完毕，地铁集团相关负责人到达现场指挥部，报告称地铁已具备通车条件，请求研究何时通车。坐镇市应急指挥中心的副市长发布指令："确保安全的情况下，地铁车辆在轨道区间空转两圈之后再通车。"

14:45，地铁蛇口线火灾事故处理完毕，全线恢复正常运营。卫生、公交、消防、交警、特警等部门人员陆续撤离，地铁集团员工组织乘客有序乘车。而现场指挥部则处理善后事宜，并委托市交委相关负责人在地铁湾厦站 B 出口举行新闻发布会，向媒体通报"事故"调查和处理进展。

（三）演练评估

本次演练针对 10 项目标能力，设计、建立了 10 大类、24 个科目、230 项具体指标的评估指标体系。特别邀请国家、省有关应急管理专家，地铁行业专家和部分市应急管理专家组成员组成专家评估组，从第三方的专业角度，在深圳市政府应急指挥中心、市轨道交通应急指挥中心和事发现场三个地点进行观察评估。演练结束后召开了评估工作会议，及时总结经验，提出了多项改进和加强深圳市轨道交通应急管理工作的意见和建议，形成评估报告，使演练真正发挥科学指导应急管理工作的作用。

部分专家点评如下：

——演练评估小组专家、国家行政学院应急管理培训中心教授李雪峰：从演练策划方面来说，此次深圳地铁综合应急演练采取"半双盲"方式进行，理念非常先进，在全国来看也非常少见，体现了深圳的创新、开放和务实精神。总体而言，此次演练非常成功，具有重要意义。首先是磨合了机制，第二是锻炼了队伍，第三是检验了预案，第四具有科普宣教的功能。

——演练评估小组专家、德国国际合作机构中德灾害风险管理项目主任周科：这次深圳地铁综合应急演练采取了一种国际通行的方式进行。此类演练的目的一方面是测试救援队伍的能力，包括交通、消防、医疗等，另一方面是检查我们的应急预案是否做到与时俱进、及时根据最新情况调整。总体来说，此次演练非常成功。演练中展现的指挥体系、结构非常明晰，各部门反应迅速。

第五节　应急演练评估指标体系实例——美国应急演练评估设计

美国国土安全部在国土安全演练与评估项目（HSEEP）中指出，应急演练评估是连接应急演练和改进计划的重要纽带，也是演练的基石，在演练全周期的所有阶段都需要考虑。应急演练评估通过在演练总结报告、演练改进计划中记录演练的优势、需改进的领域、核心能力的表现和改进行动,评估参演者实现演练目标和核心能力的能力[35]。

在美国的应急演练评估中,有三个非常重要的概念贯穿始终,分别是"核心能力"(core capability)、"能力目标"(capability target)及"关键任务"(critical task)。

1. 核心能力

美国的应急管理流程分为五个任务领域:预防(Prevention)、保护(Protection)、减缓(Mitigation)、响应(Response)、恢复(Recovery)。在美国国土安全部主持编制的《全国准备目标》(*National Preparedness Goal*)中,按这五个领域提出了美国需具备或者说需建设的 32 项核心应急能力。有些核心能力只属于某一任务领域,有些核心能力则跨越了多个领域。这些能力不专属于任何一个政府或组织,而是需要全社会共同努力才能达成[107]。

2. 能力目标

美国联邦应急管理署(FEMA)编制的《核心能力开发表》(*Core Capability Development Sheets*)为组织者提供了建立或维持能力,并缩小已知的差距的工具。该表中列出了五个任务领域的每一个核心能力对应的标准化的能力目标。这些能力目标将核心能力与关键任务连接起来,为用户确立关键任务提供更具体的依据[108]。

3. 关键任务

在《全国准备目标》的基础上,美国国土安全部依照上述的五个任务领域,制定了更详细的《全国计划框架》(*National Planning Frameworks*),包含五个文件,分别是《全国预防框架》《全国保护框架》《全国减缓框架》《全国响应框架》和《全国恢复框架》。《全国计划框架》更加详尽地描述了实现能力目标需要完成的相关的关键任务[109-111]。

核心能力—能力目标—关键任务基本上构成了美国应急演练评估的依据,换句话说,美国的应急演练评估过程,就是检验参演者是否实现了某些能力、目标及关键任务的过程[35],附表 C-12 整理了美国五个应急管理任务领域对应的 32 项核心能力与 107 项能力目标。由于每项能力目标对应了若干关键任务,限于篇幅不再列出,感兴趣的读者可以查阅美国《全国计划框架》文档。

附表 C-12　美国应急演练评估指标设立依据

任务领域 Mission Area	核心能力 Core Capabilty	能力目标 Capability Targets
预防 Prevention	计划 Planning	在计划过程中明确关键目标，完整、综合地描述实现目标的任务顺序和范围，同时利用与预防计划有关的可用资源，确保目标在计划设想的时间范围内是可实施的
		与地方、州、部落、领地、联邦和非政府部门协作制定和执行适当的行动方针，以防止发生在美国境内的恐怖袭击
	公共信息和预警 Public Information and Warning	与公众和其他利益相关方分享实时的可采取行动的信息，包括全国恐怖主义咨询系统警报，以便在符合现有程序和协定书规定的时间表的情况下，协助防止当前的或后续的恐怖袭击
		提供提高公众意识的信息，使公众了解如何识别并向有关执法部门提供与恐怖主义相关的信息，从而使公众能够在防止当前的或后续的恐怖袭击中发挥最大的作用
	业务协调 Operational Coordination	根据既定的协议，在合适的实体之间通过多用途综合通信执行行动，以防止美国境内的初次或后续的恐怖行动
	情报信息分享 Intelligence and Information Sharing	通过情报周期预测和识别新出现的和/或者即将发生的威胁
		与地方、州、部落、领地、联邦、非政府部门和国际合作伙伴分享相关的、实时的、可采取行动的信息和分析，开发和普及合适的保密/非保密产品
		确保地方、州、部落、领地、联邦和非政府部门合作伙伴掌握或有权向执法部门提交与恐怖主义相关的信息和/或可疑活动报告的机制
	阻截和破坏 Interdiction and Disruption	最大限度地提升响应能力，阻截陆地、空中和海上的与当前的恐怖主义威胁或活动有关的特定运输工具、货物和人员，阻止其进入美国或防止事故在美国发生
		根据既定的协议，在多个地点和所有环境中执行安全处置 CBRNE（化学、生物、放射性、核和爆炸）危害的操作
		根据既定的协议，防止恐怖主义的资金/物质支持达到其目标
		根据既定的协议，防止恐怖分子获取和转让 CBRNE 材料和相关技术
		在多个地点和所有环境中进行战术反恐行动

续表

任务领域 Mission Area	核心能力 Core Capabilty	能力目标 Capability Targets
预防 Prevention	筛查、搜索和检测 Screening, Search, and Detection	使用技术、非技术、侵入性或非侵入性手段，最大限度地筛查与当前的恐怖主义威胁或活动有关的目标货物、运输工具、邮件、行李和人员
		立即开展行动，查找与当前的恐怖主义威胁或活动有关的人员和网络
		根据既定的协议，在多个地点和所有环境中执行CBRNE搜索/检测行动
	取证和归因 Forensics and Attribution	优先收集和分析实物证据，协助防止初次或后续的恐怖行动
		优先收集及分析化学、生物、放射性、核和爆炸（CBRNE）材料（块体和痕量），协助防止初次或后续的恐怖行动
		优先收集和分析生物特征，协助防止初次或后续的恐怖行动
		优先考虑数字媒体、网络开发和网络分析技术，协助防止初次或后续的恐怖行动
保护 Protection	计划 Planning	根据计划要求，制定明确关键目标的保护计划，完整、综合地描述实现计划目标的任务顺序和范围，同时利用与保护计划有关的可用资源，在计划预期的时间范围内实施计划要求
		执行、演练和维护计划，保证行动的连续性
	公共信息和预警 Public Information and Warning	使用有效的可访问的预警系统，向涉及的操作员、安全官员和公众传达重大危害信息（包括警报、检测能力和其他必要、适当的资产）
	业务协调 Operational Coordination	建立和维护保护要素之间的合作架构，以支持联网、计划和协调
	情报信息分享 Intelligence and Information Sharing	通过情报周期预测和识别新出现的和/或者即将发生的威胁
		与地方、州、部落、领地、联邦、非政府部门和国际合作伙伴分享相关的、实时的、可采取行动的信息和分析，开发和普及合适的保密/非保密产品
		为地方、州、部落、领地、联邦和非政府部门合作伙伴提供一种向执法部门提交与恐怖主义相关的信息和/或可疑活动报告的机制或途径

续表

任务领域 Mission Area	核心能力 Core Capabilty	能力目标 Capability Targets
保护 Protection	阻截和破坏 Interdiction and Disruption	通过关键的业务活动和基础设施部门，对威胁国土安全的国内、跨国犯罪和恐怖活动进行威慑、侦查、阻截和保护
		拦截恶意移动和获取/转移化学、生物、放射性、核和爆炸（CBRNE）材料及相关技术
	筛查、搜索和检测 Screening, Search, and Detection	使用基于信息的和物理筛查技术及流程，对货物、运输工具、邮件、行李和人员进行筛查
		利用①实验室对食品、农业（植物/动物）、环境、医疗产品和临床样本的诊断能力；②生物监控系统；③CBRNE检测系统；④训练有素的卫生保健、应急医疗、兽医和环境实验室专业人员，检测大规模杀伤性武器、传统的和新兴的威胁和危害
	访问控制和身份验证 Access Control and Identity Verification	执行和维护协议，以验证身份并授权、允许或拒绝对特定位置、信息和网络的物理和网络访问
	网络安全 Cybersecurity	采取风险导向的指导方针、法规和标准，通过网络安全合作计划和努力，确保关键信息、记录、通信系统和服务的安全、可靠、完整和可用
		根据既定的协议，执行和维护程序，检测网络恶意活动，并对恶意行为者采取基于技术和调查的对策、减缓措施和行动，以对抗现有的和新兴的网络威胁
	物理防护措施 Physical Protective Measures	通过部署物理防护措施，识别、评估和减缓面对事故的脆弱性
		采取与事故风险相称的保护措施，并与促进商业和维护公民权利的互补目标相平衡
	保护项目和行动的风险管理 Risk Management for Protection Programs and Activities	确保关键基础设施部门和保护要素具有并保持风险评估流程，以确定资产、系统、网络和功能的优先级
		确保业务活动和关键基础部门拥有并保持适当的工具，以便识别和评估威胁、漏洞和后果
	供应链的完整性和安全性 Supply Chain Integrity and Security	确保关键节点、节点间的传输方法和传输中的材料的安全和韧性

续表

任务领域 Mission Area	核心能力 Core Capabilty	能力目标 Capability Targets
减缓 Mitigation	计划 Planning	根据所有地方、州、部落、领地和联邦合作伙伴的风险评估结果,制定经批准的应对相关威胁/危害的减灾计划
	公共信息和预警 Public Information and Warning	在风险评估后,以可访问的方式传达社区内面临的风险相关的合适信息
	业务协调 Operational Coordination	建立协议,整合减灾数据元素,以支持与地方、州、部落、领地和岛屿地区合作伙伴的行动,并与联邦机构协调
	社区韧性 Community Resilience	通过在整个社区建立合作关系,制定本地化的基于风险信息的减灾计划,最大限度地在美国推广 允许个人和社区做出明智的决定,促进其采取必要行动适应、抵御和从未来的事故中迅速恢复
	减少长期脆弱性 Long-Term Vulnerability Reduction	在人口基数不断增长、气候条件不断变化、对信息技术和基础设施的依赖不断扩大的情况下,使国家的长期脆弱性在现有基础上明显降低
	风险和灾害韧性评估 Risk and Disaster Resilience Assessment	确保地方、州、部落、领地和岛屿地区政府和排名前100的大都市统计区完成一次风险评估,确定当地的针对其自然、人类、物质、网络和社会经济利益的潜在的自然的、技术的和人为的威胁以及危害相关的脆弱性和后果
	威胁和危害识别 Threats and Hazards Identification	依据以健全的科学为基础的国家标准,全社会合作确定地方、州、部落、领地和岛屿地区政府以及排名前100的大都市统计区内部的和之间的威胁及危害
响应 Response	计划 Planning	根据计划要求制定充分明确关键目标的行动计划,完整、综合地描述实现目标的任务顺序和范围,同时利用现有资源,在计划预期的时间范围内实施
	公共信息和预警 Public Information and Warning	通过一切必要手段,包括可访问的工具,向所有受到影响的社会阶层通报关键的救生和维持生命的信息,快速提供应急服务,并协助公众采取保护行动
		提供可信的、可以采取行动的信息,向正在进行的应急服务和公众通报保护措施和其他维持生命的行动,促进其恢复

续表

任务领域 Mission Area	核心能力 Core Capabilty	能力目标 Capability Targets
响应 Response	业务协调 Operational Coordination	调动所有关键资源，在受影响的社区内、周边社区的其他协调机构以及全国范围内，建立指挥、控制和协调机构，在事件发生的整个期间一直设立
		加强和维护与国家事故管理系统（NIMS）一致的指挥、控制和协调机构，以满足人们的基本需求，稳定事件，并向恢复过渡
	基础设施系统 Infrastructure Systems	减少和稳定受影响人群面临的直接基础设施威胁，包括可能受到连锁效应影响的附近社区，以及以生命维持和集中护理服务为重点的大规模护理支持设施和疏散处理中心
		在受影响地区重建关键基础设施，以支持正在进行的应急响应行动、生命维持活动、社区功能，并向恢复过渡
		负责清扫、清理和清除废墟
		与政府和非政府部门网络事件应急响应队伍建立正式的合作关系，以有效的方式接受、分类和合作应对级联影响
	关键运输 Critical Transportation	通过适当的运输走廊建立物理通道，提供必要的资源以拯救生命和满足灾难幸存者的需要
		确保满足人们的基本需求，稳定事件，辅助受影响区域向恢复过渡，恢复基本服务和社区功能
		清除各种类型线路（道路、铁路、机场、港口设施、水路）的障碍，方便应急响应行动
	环境响应/健康和安全 Environmental Response/ Health and Safety	识别、评估和减轻工人健康和安全危害，并向响应和恢复人员宣传健康和安全指南和资源
		通过危害评估和实施公众保护措施，将公众对环境危害的暴露降至最小
		检测、评估、稳定和清理泄漏到环境中的石油和有害物质，包括建筑物/构筑物，并妥善管理垃圾
		确定、评估和采取措施防止、最小化各种危害突发事件和应急响应行动对环境、自然和文化资源以及历史遗产的影响
	殡葬管理服务 Fatality Management Services	建立和保持在地理位置分散的地区运送大量遇难者的业务
		减缓遇难者遗体带来的危害，促进对幸存者的关怀，运回遇难者遗体并妥善安置

续表

任务领域 Mission Area	核心能力 Core Capabilty	能力目标 Capability Targets
响应 Response	消防管理和灭火 Fire Management and Suppression	提供传统的第一响应或消防灭火救援应急服务
		通过消防管理和专业灭火资源的协调响应,开展扩大或扩展的消防救援和支援行动
		确保协调部署合适的地方、地区、国家和国际消防管理及灭火资源,加强消防工作,对之后的火灾保持适当的防护水平
	物流和供应链管理 Logistics and Supply Chain Management	动员和提供政府、非政府组织和企业的资源,救援生命、保护生命、满足人们的基本需求、稳定事件并向恢复过渡,包括调动和提供资源和服务,满足灾难幸存者的需求
		加强对受影响地区的公共和私人资源及服务的支持
	群众保健服务 Mass Care Services	调动和提供资源和能力,满足灾难幸存者的需求
		为受影响人群建立、提供和配备应急避难场所及其他临时住房选择(包括无障碍住房)
		从集中照护转向非集中照护,为无法返回灾前家园的家庭提供搬迁援助或临时住房解决方案
	大规模搜救行动 Mass Search and Rescue Operations	开展搜救行动,寻找和抢救遇险人员
		在大范围的地理位置分散的区域开展基于社区的搜救支援行动
		确保地方、地区、国家和国际队伍的同步部署,加强正在进行的搜救工作,并向恢复过渡
	现场安全、保护和执法 On-Scene Security, Protection, and Law Enforcement	在受影响区域建立一个安全可靠的环境
		提供和维持现场安全,满足地理位置分散的区域内的受影响人群的保护需求,同时消除或减轻对人员、财产和环境造成进一步损害的风险
	调度通信 Operational Communications	确保与应急响应组织和受影响人群进行沟通的能力,并在联邦、部落、州和地方一级应急人员之间建立可互操作的语音和数据通信
		在受影响区域内重建充足的通信基础设施,以支持正在进行的救助活动,保证人们的基本需要,并向恢复过渡
		重建关键信息网络,以提高态势感知能力,支撑事故响应,支持关键系统的韧性
	公共卫生、保健和应急医疗服务 Public Health, Healthcare, and Emergency Medical Services	向受影响人群提供医疗建议
		完成伤员分类、初步稳定伤员,并开始对可能从受伤和疾病中幸存下来的人进行针对性治疗
		将医疗应急资源恢复到事故前的水平,完成健康评估并确定恢复措施

续表

任务领域 Mission Area	核心能力 Core Capabilty	能力目标 Capability Targets
响应 Response	态势评估 Situational Assessment	为有关紧急救生和维持生命的活动的决策提供充足的信息,并调动受影响地区内外的政府部门、非政府组织的资源,满足人们的基本需求,稳定事故,并向恢复过渡
		为加强正在进行的救生和维持生命的活动提供重要的信息,并调动受影响地区内外的政府部门、非政府组织的资源,满足人们的基本需求,稳定事故,并向恢复过渡
恢复 Recovery	计划 Planning	召集计划团队(灾前确定)的核心人员,监督灾后恢复计划
		完成一个包括总体战略和时间表的初步恢复计划,包括各种核心能力和综合考虑社会经济、人口、可访问性、技术和风险评估(包括预测气候变化影响),并按照计划中的时间表实施
	公共信息和预警 Public Information and Warning	向社区内的所有人提供有效的、可采取行动的、与恢复相关的、残疾人和英语水平有限的人也可以获知的公共信息和通信。保护受影响人群的健康和安全,确保利益相关者清楚了解现有的援助及其作用和责任
		通过一个系统为受影响人群和利益相关方提供支持,该系统提供合适的实时信息,这些信息包括各种持续援助信息,以及针对长期影响的稳定状态资源信息,并提供有效的、可访问的方式(让公众)监督这些项目
	业务协调 Operational Coordination	建立分层的综合领导和开放性合作组织,统一开展工作,并得到充分的评估和分析的支持,为恢复活动提供明确的框架和决策过程
		为领导制定路径和时间表,以实现管辖权的目标:有效协作并适当使用地方、州、部落、领地、岛屿地区和联邦援助,以及非政府和私营部门的资源
	基础设施系统 Infrastructure Systems	恢复和维持基本服务(公共和私人),维护社区功能
		为重新开发社区基础设施制定有明确时间表的计划,促进韧性、访问性和持续性
		在恢复计划制定的时间表内,提供满足社区需求的系统,同时将恢复期间的服务中断时间降至最短
	经济恢复 Economic Recovery	对经济问题进行初步评估,确定促进受影响社区稳定的潜在障碍
		在恢复计划规定的时间内恢复受影响地区的经济
		确保社区恢复和减灾计划与经济振兴相结合,消除政府对灾后经济的可持续性的限制,同时维护公民的权利

续表

任务领域 Mission Area	核心能力 Core Capabilty	能力目标 Capability Targets
恢复 Recovery	健康和社会服务 Health and Social Services	明确短期、中期和长期恢复中的受影响人群、群体和关键合作伙伴
		根据整个社区在恢复计划过程中的投入和参与,完成社区卫生和社会服务需求评估,优先考虑他们的包括可访问性需求在内的需求,并制定一个全面的恢复时间表
		恢复卫生保健(包括行为健康)、公共卫生和社会服务功能
		恢复和改善卫生保健系统、社会服务能力和网络的韧性及可持续性,以便按照制定的恢复时间表促进社会成员的独立和福祉
	住房 Housing	评估初步的住房影响和需求,确定目前可供选择的临时住房,制定永久住房计划
		确保社区住房恢复计划继续满足过渡性住房的需求,评估永久住房的选择,确定建成韧性的、可获取的、可持续性住房市场的时间表
		建立一个满足社会需要的韧性的可持续发展的住房市场,在恢复计划制定的时间表内提供住房
	自然资源和文化资源 Natural and Cultural Resources	采取措施保护、保存记录和具有重要文化意义的文件、物品和建筑
		减轻对自然资源和文化资源的影响,并对影响进行初步评估,确定在通过恢复实现稳定的期间需要采取的保护措施
		完成对受影响的自然资源和文化资源的评估,制定应对这些影响的可持续的、韧性的时间表
		通过自然资源和文化资源专家以及恢复小组的合作努力,按照恢复计划的具体时间表,将自然资源和文化资源作为整个社区恢复的一部分进行保护

应急演练评估主要评估与演练目的及核心能力相关的能力目标和关键任务的实现情况。演练评估的前期准备工作包括以下环节:

(1) 选举首席评估员,明确评估团队要求;
(2) 设计《应急演练评估指南》;
(3) 招聘、培训和指派评估人员;

(4) 设计完成评估文件；

(5) 召开预备会，明确评估人员的角色和职责。

其中 HSEEP 为《应急演练评估指南》(Exercise Evaluation Guides，EEGs)的设计提供了一个标准化的模板。该评估指南实质为一系列表单，主要用于指导评估员观察演练和收集数据。EEGs 与演练目的和核心能力保持一致，并列出了相关的能力目标和关键任务。附表 C-13 是一个 EEG 表的典型样式，该示例是 FEMA 提供的"America's PrepareAthon"桌面演练计划中的森林火灾桌面应急演练评估表[111]。该演练设置了 8 个核心能力，涉及 11 项演练目的，针对每个目的都有一个 EEG 表单。附表 C-13 显示的是针对减缓阶段的社区韧性这一核心能力下某一能力目标进行设计的评估表单，该能力目标下有 4 个关键任务。从这个示例可以看出，EEG 表只是一个工具模板，用户参照 FEMA 提供的这些资料设计自己的应急演练时，可以对该表单进行修改，比如制定更贴合实际的能力目标、关键任务或操作程序等。即使想要直接使用这个模板，也可以根据实际情况对关键任务进行筛选，确定其是否与本次桌面演练相关。对于每个关键任务的实现程度，EEGs 设置了 P、S、M、U 共 4 个评估等级，如附表 C-14 所列。

在演练结束之后，评估小组会主持编制一个演练总结报告，英文中称之为 AAR (After-Action Report)，这是一个总结与评估相关的关键信息的文档。AAR 的长度、格式和设计框架取决于应急演练的类型和范围。由于 AAR 是基于 EEG 表格编制的，因此其主要内容仍是对核心能力、能力目标和关键任务实现程度的分析。一般来说，AAR 还包括应急演练的基本信息，如应急演练名称、类型、日期、地点、参与组织、任务领域、特定的威胁或危害、简要场景描述、应急演练组织者和联系方式等。

附表 C-13　EEG_社区韧性

应急演练评估指南—全社区桌面演练(TTX)

应急演练名称：[输入应急演练名称]		评估员信息：	姓名：_____
组织/管辖：[输入组织/管辖]			邮箱：_____
应急演练日期：[输入应急演练日期]			手机：_____
任务领域：减缓			
应急演练目的		评估公共部门和非政府部门相关方对整个社区面临的危险的认识，以及现有公共部门针对危险产生的后果进行准备、减缓、响应和恢复的计划	
核心能力		社区韧性：领导识别、理解、沟通、计划和处理风险的综合工作，以便社区能够制定一套实现减灾和提高韧性的行动	

续表

与此核心能力相关的特定组织能力目标评估			
组织能力目标1： [根据计划和评估，编辑/制定目标]		在整个社区建立合作关系，制定本地化的基于风险信息的减灾计划，最大限度地在美国推广	
是否与桌面演练相关？ 是　否	关键任务 [制定每个框架、计划或标准操作程序]	评估员观察记录和评级说明	目标评级
□　□	为各级政府和非政府组织建立合作框架		
□　□	将公共服务和非政府资源纳入应急行动计划和应急演练		
□　□	为公众提供核心能力教育和培训		
□　□	为公众提供参与日常运作和处理突发事件的机会		
评级	P——没有挑战 S——小有挑战 M——挑战较大 U——无法执行	核心能力综合评级	

附表C-14　应急演练评估等级定义

评级	定义
没有挑战(P)	实现了与核心能力相关的目标和关键任务，没有对其他活动产生负面影响。活动没有对公众或者应急人员造成额外的健康和/或安全风险，且按照适用的计划、政策、程序、法规和法律开展
小有挑战(S)	实现了与核心能力相关的目标和关键任务，没有对其他活动产生负面影响。活动没有对公众或者应急人员造成额外的健康和/或安全风险，且按照适用的计划、政策、程序、法规和法律开展。但是，发现了可以提高效能和/或效率的机会
挑战较大(M)	实现了与核心能力相关的目标和关键任务，但观察到下列部分或者全部情况：实际表现对其他活动的表现有负面影响；对公众或者应急人员造成了额外的健康和/或安全风险；和/或者没有按照适用的计划、政策、程序、法规和法律开展
无法执行(U)	没有实现与核心能力相关的目标和关键任务

参 考 文 献

[1] 国家减灾委员会办公室,等.2016年中国自然灾害图鉴[M].北京:中国地图出版社,2018.

[2] 李生才,笑蕾.安全事故报告[J].安全与环境学报,2018年1—2月,3—4月,5—6月,7—8月,9—10月,11—12月.http://www.aqyhjxb.com/.

[3] 袁宏永,黄全义,苏国锋,等.应急平台体系关键技术研究的理论与实践[M].北京:清华大学出版社,2012.

[4] 中国法制出版社.中华人民共和国突发事件应对法(实用版)[M].北京:中国法制出版社,2010.

[5] 刘奕,翁文国,范维澄.城市安全与应急管理[M].北京:中国城市出版社,2012.

[6] 闪淳昌,薛澜.应急管理概论——理论与实践[M].北京:高等教育出版社,2012.

[7] 赵秋红,郄蒙浩.非常规突发事件应急管理体系的组织设计——理论、方法与应用[M].北京:科学出版社,2017.

[8] 国务院.国家突发公共事件总体应急预案[EB/OL].http://www.gov.cn/yjgl/2006-01/08/content_21048.htm.2006-01-08/2019/04-28.

[9] 史培军.灾害研究的理论与实践[J].南京大学学报(自然科学版),1991,(6):37-42.

[10] Liang Zheng,Fei Wang,Xiaocui Zheng,et al. Discovering the relationship of disasters from big scholar and social media news datasets [J]. International Journal of Digital Earth,2018,DOI:10.1080/17538947.2018.1514082.

[11] 袁宏永,苏国锋,陈建国,等.突发事件及其链式效应理论研究与应用[M].北京:科学出版社,2014.

[12] 国务委员王勇.关于国务院机构改革方案的说明[EB/OL].http://www.chinanews.com/gn/2018/03-14/8467128.shtml.2018-03-14/2019/04-28.

[13] 杨帅.中国救援队赴莫桑比克实施国际救援[J].中华灾害救援医学,2019,7(4):70.

[14] 北京辰安科技股份有限公司.习主席出访厄瓜多尔 高度评价辰安科技研发的ECU911技术系统[EB/OL].http://www.gsafety.com/news_view.aspx?TypeId=28&Id=424&Fid=t2:28:2.2016-11-17/2019-04-28.

[15] 闪淳昌,等.中国突发事件应急体系顶层设计[M].北京:科学出版社,2014.

[16] 范维澄,闪淳昌,等.公共安全与应急管理[M].北京:科学出版社,2014.

[17] 闪淳昌,周玲,钟开斌.对我国应急管理机制建设的总体思考[J].国家行政学院学报,2011,(1):8-10.

[18] 国务院应急管理办公室.突发事件应急演练指南[EB/OL].http://www.ruzhou.gov.cn/221/28653.html.2009-10-27/2019/04-28.

[19] 李雪峰.应急演练规划指南[M].北京:中国人民大学出版社,2018.

[20] 夏保成,张小兵,王慧彦,等.突发事件应急演习与演习设计[M].北京:当代中国出版社,2011.

[21] 张小兵,张然,解玉宾.我国应急演练管理研究新进展[J].中国安全生产科学技术,2016,12(10):68-73.

[22] 艺术在线.解密12米古画《元人秋猎图》[EB/OL].http://www.sohu.com/a/121397975_

235451. 2016-12-13/2019-04-28.

[23] 周家铭,邢培育,汪丽莉,等. 安全生产应急预案桌面推演的设计与实施探讨[J]. 中国安全科学学报,2007,17(9):39-44.

[24] 百度百科. 兵棋[EB/OL]. https://baike.baidu.com/item/%E5%85%B5%E6%A3%8B/3712179. 2019-03-18/2019-04-28.

[25] U. S. Department of Homeland Security. 2018 Philadelphia Regional Tabletop Exercise Photos [EB/OL]. https://www.dhs.gov/2018-philadelphia-rttx-photos. 2018-03-06/2019-04-28.

[26] 吕品. 哈尔滨森林消防支队开展灭火作战实兵演习[EB/OL]. http://www.chinanews.com/tp/hd2011/2019/04-21/878678.shtml. 2019-04-21/2019-04-28.

[27] 洪凯,陈绮桦. 美国应急演练体系的发展与启示[J]. 中国应急管理,2011,(9):54-59.

[28] 北京辰安科技股份有限公司. 核与辐射应急平台[EB/OL]. http://www.gsafety.com/prod_view.aspx?TypeId=12&Id=166&FId=t3;12;3. 2019-04-28.

[29] 北京辰安科技股份有限公司. 发挥专业技术优势 辰安科技核应急又添案例[EB/OL]. http://www.gsafety.com/news_view.aspx?TypeId=4&Id=878. 2019-04-28.

[30] 佚名. 铁路应急演练[EB/OL]. http://www.rescuesim.cn/html/368.html. 2012-07-02/2019-04-28.

[31] 余建斌. 国家海洋局组织举行2013年海啸演习[N]. 人民网-人民日报,2019-05-13. http://politics.people.com.cn/n/2013/0513/c1001-21455857.html.

[32] 李杨洋. 中国举行海啸实战演习 模拟菲律宾以西海域9级海底地震[N]. 人民网,2011-11-10. http://politics.people.com.cn/GB/16203032.html.

[33] 冯杰,罗迅,张鉴燮,等. 基于协调联动的电力无脚本演练情景模型研究[J]. 中国安全生产科学技术,2016,12(5):164-169.

[34] 本刊编辑部. 广州市借助"双盲"演练增强应急实战能力[J]. 中国应急管理,2014,(3):65.

[35] U. S. Department of Homeland Security. Homeland Security Exercise and Evaluation Program [R]. 2013-04-01. https://www.fema.gov/media-library/assets/documents/32326.

[36] U. S. Federal Emergency Management Agency. National Level Exercise 2018 [EB/OL]. https://www.fema.gov/nle. 2018-11-6/2018-12-25.

[37] U. S. Federal Emergency Management Agency. NLE 2018 After-Action Report Executive Summary [R]. 2018-11-06. https://www.fema.gov/media-library-data/1536933926216-070fca9639f39aa7f3719e71fd631573/NLE2018_AAR_Final_PublicExecSum.pdf.

[38] 广州市民防办公室. 日本灾难应急管理的主要特点及启示[EB/OL]. http://www.sohu.com/a/203137999_99893772. 2018-2-12/2018-12-25.

[39] 青岛市人民政府应急办. 日本开展应急管理工作的做法与启示:青岛市应急管理考察调研小组赴日调研报告[J]. 中国应急管理,2010,(10):49-53.

[40] 杨彦宇. 日本"防灾日"前夕 东京小学生举行地震模拟演习[EB/OL]. http://www.chinanews.com/tp/hd2011/2018/08-31/838572.shtml. 2018-08-31/2019-04-28.

[41] 赵菊. 英国政府应急管理体制及其启示[J]. 军事经济研究,2006(10):77-78.

[42] U. K. Government Cabinet Office. Emergency response and recovery [EB/OL]. https://www.gov.uk/guidance/emergency-response-and-recovery. 2013-2-20/2019-04-28.

[43] 翟良云. 英国的应急管理模式[J]. 劳动保护,2010(7).

[44] 王辉. 欧洲最大救援演习在英国排练4天 现场真实感十足[N]. 环球时报,2016-03-02. http://world. huanqiu. com/exclusive/2016-03/8634649. html.

[45] Hello 英国. 英国伦敦地铁爆炸演习,规模浩大,场景逼真[EB/OL]. http://www. sohu. com/a/61234647_157552. 2016-03-01/2019-04-28.

[46] 张亚丽,潘奕婷. 伦敦举办欧洲史上最大规模灾害救援演习[J]. 中华灾害救援医学,2016(4).

[47] 雷东瑞. 伦敦进行应急演练 模拟地铁站上方大楼倒塌[N]. 新华网,2016-03-01. http://www. xinhuanet. com//world/2016-03/01/c_128764315. htm.

[48] 闪淳昌. 居安思危 常备不懈——四川省"5·12"防灾减灾综合实战演练观感[J]. 中国应急管理,2012(06):10-11.

[49] 本刊编辑部. 北京举行城市轨道交通重大运营突发事件应急演练[J]. 中国应急管理,2014(12):59.

[50] 江西省应急办. 泛珠三角区域9省区开展防洪抗灾联合应急桌面演练[J]. 中国应急管理,2016(12):87.

[51] 广州市人民政府. 率先推行"双盲"应急演练 努力提升应急管理能力和水平[EB/OL]. http://www. gdemo. gov. cn/yjjl/gdyjjl/201504/t20150415_211963. htm. 2015-4-16/2018-12-25.

[52] 邓庆彪. 创新演练形式,提升实战能力——"双盲"突袭式应急演练探索和实践[J]. 中国应急管理,2013(6):54-58.

[53] 李雪峰. 提升应急演练实效的分析与建议[J]. 中国应急管理,2018(12):44-45.

[54] 中华人民共和国应急管理部. 应急管理部成立后首次开展地震救援跨区域实战演练[EB/OL]. http://www. mem. gov. cn/xw/yjyw/201806/t20180627_229916. shtml. 2018-06-27/2019-04-28.

[55] 邓云峰,郑双忠,刘功智,等. 城市应急能力评估体系研究[J]. 中国安全生产科学技术,2005(6):33-36.

[56] 李忠强,杨锐,杜立刚. 应急能力评估标准及指标体系构建[J]. 中国标准化,2011(10):34-40.

[57] 深圳市应急办. 深圳市人民政府应急管理办公室关于进一步加强全市应急能力建设的意见[EB/OL]. http://www. sz. gov. cn/cn/xxgk/zfxxgj/tzgg/201805/t20180525_11941594. htm. 2018-5-25/2019-04-28.

[58] 陈安,亓菁晶. 突发事件应急演练脚本的编写研究[J]. 科技促进发展,2010,6(9):31-35.

[59] 李雪峰. 应急演练实施指南[M]. 北京:中国人民大学出版社,2018.

[60] 李雪峰. 应急演练评估指南[M]. 北京:中国人民大学出版社,2018.

[61] U. S. Federal Emergency Management Agency. Emergency Planning Exercises[EB/OL]. https://www. fema. gov/emergency-planning-exercises. 2017-04-13/2019-04-28.

[62] U. S. Department of Homeland Security. Campus Resilience Program[EB/OL]. https://www. dhs. gov/academicresilience. 2019-04-23/2019-04-28.

[63] 卞琪. 浅析桌面游戏对社交需求满足的积极影响[J]. 校园心理,2016,14(3):194-196.

[64] 叶璐. 桌游"只言片语"在中职心理社团活动中的使用[J]. 科教导刊(上旬刊),2018,355(11):169-170.

[65] 王乾元,罗婧. 浅析我国桌游吧市场发展困境[J]. 市场周刊(理论研究),2017(9):82-83.

[66] 吴振兴. 浅谈台湾地区桌游融入教学的现状及启发[J]. 吉林广播电视大学学报,2018(5):82-84.

[67] 陈博殷,钱扬义,李言萍.游戏化学习的应用与研究述评——基于国内外课堂中的"化学游戏化学习"[J].远程教育杂志,2017(5).

[68] 尚俊杰,裴蕾丝.重塑学习方式:游戏的核心教育价值及应用前景[J].中国电化教育,2015(5):40-49.

[69] 李艳,姚佳佳.高等教育技术应用的热点与趋势——《地平线报告》(2018高等教育版)及十年回顾[J].开放教育研究,2018,24(06):14-30.

[70] 新媒体联盟,美国高校教育信息化协会.Part I 新媒体联盟地平线报告(2014高等教育版)[J].北京广播电视大学学报,2014(S1):3-38.(美国新媒体联盟授权北京开放大学翻译并发布中文版)

[71] 贺宝勋,庄科君,马颖峰.游戏学习分析:教育游戏融入课堂教学的核心要素——国外游戏学习分析发微[J].电化教育研究,2018,39(09):96-101.

[72] 胡艺龄,胡梦华,顾小清.兼容并包:从多元走向开放创新——美国AERA 2018年会述评[J].远程教育杂志,2018,36(05):15-26.

[73] 徐杰,杨文正,李美林,等.国际游戏化学习研究热点透视及对我国的启示与借鉴——基于Computers&Education(2013—2017)载文分析[J].远程教育杂志,2018,36(6):73-83.

[74] 伍建平,谌宝业.游戏架构设计与策划基础[M].2版.北京:清华大学出版社,2018.

[75] 贺庆棠.中国森林气象学[M].北京:中国林业出版社,2001.

[76] 周广胜,卢琦.气象与森林草原火灾[M].北京:气象出版社,2009.

[77] 农业部草原防火指挥部办公室.草原火灾级别划分规定[J].青海草业,2017,26(1):41.

[78] 赵凤君,王明玉,舒立福.森林火灾中的树冠火研究[J].世界林业研究,2010,23(1):39-43.

[79] 赵凤君,舒立福.森林草原火灾扑救安全学[M].北京:中国林业出版社,2015.

[80] 中国林业网.森林火险气象等级预报(20190217)[EB/OL].http://www.forestry.gov.cn/main/3563/20190218/081645175346782.html.2019-02-18/2019-04-28.

[81] 姜伟.森林火灾扑救的原理原则及影响因素[J].吉林农业,2018(4):79.

[82] 德林.森林火灾扑救原理和原则[J].国土绿化,2017(10):54.

[83] 刘德晶,翟洪波.森林火灾扑救指挥及战术系统开发与示范[M].北京:中国林业出版社,2010.

[84] 郑文友.扑救内蒙古大兴安岭原始林区火灾组织指挥研究[D].北京:中国农业科学院,2007.

[85] 马洪波,李林,金森.从第四次国际林火大会看未来的扑火安全研究[J].森林防火,2003(4):23-24.

[86] 曾玉峰.云南保山发生森林火灾 过火面积200余亩[EB/OL]http://news.ifeng.com/gundong/detail_2014_02/07/33570184_1.shtml.2014-02-07/2019-04-28.

[87] 陈岚,王晓亮.黑龙江东宁县发生森林火灾[EB/OL].http://www.xinhuanet.com/photo/2014-04/16/c_126394440.htm.2014-04-16/2019-04-28.

[88] 陈维奇.365天的绿色坚守 记火场上忠实履行使命的武警森林部队官兵[EB/OL].http://news.163.com/12/0428/09/805V3NPS00014JB5_all.html.2012-04-28/2019-04-28.

[89] 张景鹏,敖东,郑威,等.内蒙古森林官兵西部亮剑[EB/OL].http://nmg.news.163.com/06/1016/11/2TI651MN00660082.html.2006-10-16/2019-04-28.

[90] 陈畅.乌克兰总统尤先科亲自参加森林灭火(组图)[EB/OL].https://news.sina.com.cn/w/2007-08-23/113712436718s.shtml.2007-08-23/2019-04-28.

[91] 徐金玉,闫嘉琪.武警森林部队演练直升机灭火战法[EB/OL].http://military.people.com.cn/n/2014/0707/c1011-25249437-12.html.2014-07-07/2019-04-28.

[92] 王齐胜.警地联合演练助力大兴安岭防火[EB/OL].http://hlj.people.com.cn/n/2015/0922/c220027-26480792.html.2015-09-22/2019-04-28.

[93] 成伟,康利平,张宇驰.平凉森林消防支队:上山入林踏歌行 野营拉练备冬防[EB/OL].http://www.81.cn/201311jxjjh/2018-12/07/content_9371602.htm.2018-12-07/2019-04-28.

[94] 夏曼.山边防支队官兵2小时扑灭山火 保2000余名群众安全[EB/OL].http://www.legaldaily.com.cn/police_and_frontier-defence/content/2015-04/17/content_6047603.htm?node=23292.2015-04-17/2019-04-28.

[95] 刘琛敏,刘克,李朝华,等.32枚火箭弹"轰出"一场雨[EB/OL].http://www.dzwww.com/xinwen/shehuixinwen/201810/t20181017_17953400.htm.2018-10-17/2019-04-28.

[96] Johnson E A,Miyanishi K.The Need for Consideration of Fire Behavior and Effects in Prescribed Burning[J].Restoration Ecology,1995,3(4):271-278.DOI:10.1111/j.1526-100x.1995.tb00094.x.

[97] 戴兴安,周汝良,李小川,等.森林燃烧中的特殊火行为研究进展[J].世界林业研究,2008(1):47-50.

[98] 谢小冬.上坡地表火蔓延的实验和理论研究[D].合肥:中国科学技术大学,2014.

[99] D.X.Viegas.Parametric study of an eruptive fire behaviour model[J].International Journal of Wildland Fire,2006,15(2):169-177.

[100] 深圳市应急办.市应急办关于印发2018年应急演练工作计划的通知[EB/OL].http://www.sz.gov.cn/cn/xxgk/zfxxgj/tzgg/201802/t20180206_10768973.htm.2018-02-06/2019-04-28.

[101] 攀枝花市西区人民政府办公室.关于印发《2017年攀枝花市西区食品安全突发事件(Ⅲ级)应急处置演练实施方案》的通知[EB/OL].http://www.pzhsxq.gov.cn/zwgk/zfwj/qzfbwj/3020139.shtml.2017-12-29/2019-04-28.

[102] U.S.Department of Homeland Security.National Tabletop Exercise for Institutions of Higher Education.[EB/OL].https://www.fema.gov/media-library/assets/documents/101306.2015-1-2/2019-04-28.

[103] 深圳政府在线."2012深圳地铁综合应急演练"筹备工作新闻发布会文字实录[EB/OL].http://www.sz.gov.cn/cn/xxgk/xwfyr/wqhg/20120906/.2012-09-06/2019-04-28.

[104] 黄湘岳.深圳地铁"四不"应急演练实例分析[J].中国应急管理,2013(9):52-55.

[105] 深圳特区报.我市地铁13日举行应急大演练[EB/OL].http://www.sz.gov.cn/cn/xxgk/zfxxgj/zwdt/201209/t20120907_5297170.htm.2012-09-07/2019-04-28.

[106] 深圳市交通运输委员会.深圳地铁蛇口线13日成功举办大规模应急演练.[EB/OL].http://www.sz.gov.cn/jtj/qt/gzdt/201209/t20120914_2018047.htm.2012-09-14/2019-04-28.

[107] U.S.Federal Emergency Management Agency.Core Capabilities[EB/OL].https://www.fema.gov/core-capabilities.2018-2-7/2019-04-28.

[108] U.S.Federal Emergency Management Agency.Core Capability Development Sheets[EB/OL].https://www.fema.gov/core-capability-development-sheets.2018-10-18/2019-04-28.

[109] U. S. Federal Emergency Management Agency. National Preparedness Goal, Second Edition [R]. 2015-10-2. https://www.fema.gov/media-library/assets/documents/25959.
[110] U. S. Federal Emergency Management Agency. National Planning Frameworks [EB/OL]. https://www.fema.gov/national-planning-frameworks. 2018-12-17/2019-04-28.
[111] U. S. Federal Emergency Management Agency. America's PrepareAthon! Tabletop Exercise Materials (Wildfire Tabletop Exercise Materials) [R]. 2014-12-22. https://www.fema.gov/media-library/assets/documents/100098.

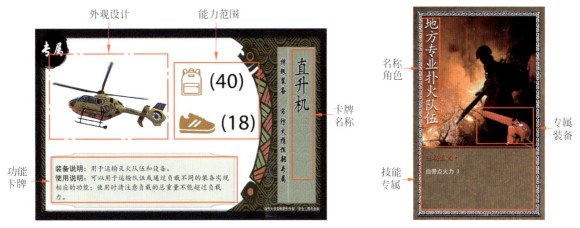

图 7-2 "野火危情"卡牌设计示例   图 7-4 地方专业扑火队伍角色牌

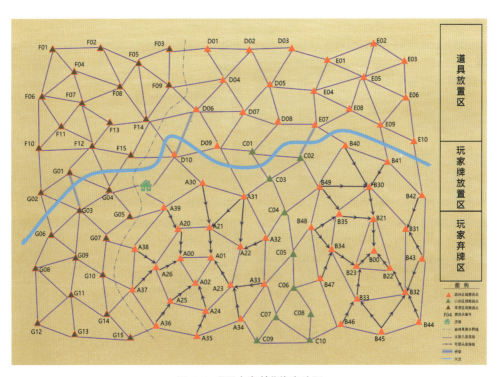

图 7-3 "野火危情"游戏地图

图 7-5 救火水车卡牌

图 7-6 装备卡牌示例

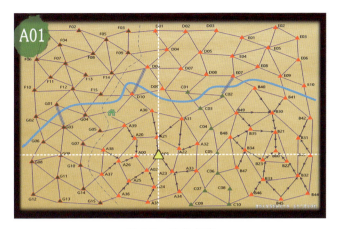

图 7-7 地点卡牌

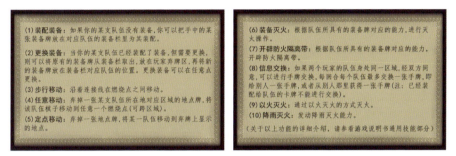

图 7-8 通用技能卡牌

图 7-9 装备故障牌和玩家装备栏

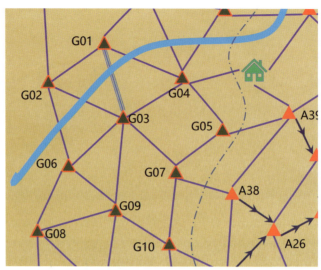

图 7-12 示例 1、示例 2 涉及的局部地图和装备牌

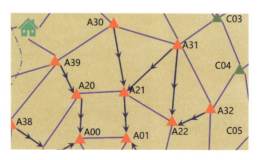

图 7-13 A21 和 A22 点间的局部地图